创合汇 新商学 | 21世纪新商学系列

可复制的增长力

樊纲
孟宪忠 等/著
邵钧

中国出版集团
東方出版中心

图书在版编目（CIP）数据

可复制的增长力 / 樊纲，孟宪忠，邵钧著. 一上海：东方出版中心, 2022.7

ISBN 978-7-5473-2008-2

Ⅰ. ①可… Ⅱ. ①樊… ②孟… ③邵… Ⅲ. ①企业创新一案例一中国 Ⅳ. ①F279.23

中国版本图书馆CIP数据核字（2022）第087422号

可复制的增长力

著　　者　樊　纲　孟宪忠　邵　钧
责任编辑　沈　敏　黄升任
封面设计　孙秋雅

出版发行　东方出版中心有限公司
地　　址　上海市仙霞路345号
邮政编码　200336
电　　话　021- 62417400
印 刷 者　上海颛辉印刷厂有限公司

开　　本　890mm × 1240mm　1/32
印　　张　12
字　　数　254千字
版　　次　2022年7月第1版
印　　次　2022年7月第1次印刷
定　　价　78.00元

作者团体

按照书中文章顺序排列

樊　纲

创合汇特聘顾问导师

中国经济体制改革研究会副会长，中国社会科学院研究员、国民经济研究所所长，央行货币政策委员会委员，国家级有突出贡献的中青年专家。

邵　钧

创合汇、创合汇新商学创始人，北京大学企业大数据研究中心常务理事，21世纪新商学研究院理事长、执行院长，新商学理论创建者。

孟宪忠

创合汇新商学联合创始人

上海交通大学安泰经济与管理学院教授、国家级有突出贡献专家，国家教育部首批跨世纪经济学人才。

兰　涛

创合汇资深实战专家顾问

原华为公司战略部部长，预研部技术总经理，全球区域营销部部长、大客户营销部长、华为变革管理者。30 年管理经验，其中 17 年主抓华为产品规划与创新，主持公司级3～5年战略规划、海外区域 3 年战略规划和营销计划等。《华为智慧》、《华为营销铁军》书籍作者。

张继立

创合汇资深实战专家顾问

原华为集团移动解决方案总裁，华为公司级解决方案战略规划和营销负责人，在公司多次临危受命组建新团队完成挑战。拥有多年跨部门组织管理经验，直属管辖团队规模超过 4 000 人，所负责产品线为公司年贡献利润超过 10 亿美金，是华为内部知名的能打硬仗和敢打硬仗的管理者。

张思宏

创合汇资深实战专家顾问

原亚马逊中国副总裁，公司“用户体验官”。英国国际心理学管理学院客座教授；领英专栏作家，粉丝数量超 300 万人；出版《极简关系》等管理学专著。

宫玉振

创合汇特聘顾问导师

北京大学国家发展研究院教授，BiMBA 商学院副院长、学术委员会副主任。曾任军事科学院战略部副研究员，康奈尔大学东亚研究中心访问学者。著有《管理的历史维度》、《大道至拙——曾国藩与中国式领导力》、《大道至拙——曾国藩的管理智慧》、《善战者说：孙子兵法与取胜法则十二讲》等管理类畅销书。

徐光国

创合汇资深实战专家顾问

原华为管理培训学院资深顾问，华为大学资深顾问，华为公司特约绩效仲裁员，华为全球劳资关系主管。20 年华为工作经历，其中 15 年管理经验产品研发/区域销售/机关跨体系经验。

陈雨点

创合汇资深实战专家顾问

华为 14 年工作经历，历任华为人力资源总裁助理、华为资深人力资源专家、组织变革项目推行总监、海外国家市场拓展总监/公关事务总监。

张卫华

创合汇资深实战专家顾问

阿里铁军文化奠基人之一、阿里巴巴启程学院培训项目创办人、原阿里最会打仗的大政委。2006 年加入阿里巴巴，曾任阿里广东大区副总经理和大政委，曾带阿里巴巴千人团队勇夺全国第一，并著有畅销书《铁军团队》。

罗华刚

创合汇资深实战专家顾问

原美的资深高管，美的工作 16 年，其中 10 年高管经历。原美的电器管委会成员，分管战略投资、营运与经营管理，方洪波直接下级期间，为美的数字化转型第一任执行组长，企业基业长青“7＋3”机制创立者。曾任中梁控股投并购轮值 CEO、华邦美好家园集团 CEO。

冉 涛

创合汇资深实战专家顾问

华为原资深 COE 专家、全球人才招聘负责人。管理类畅销书《华为灰度管理法》作者。

崔 键

创合汇资深实战专家顾问

原华为海外地区部 TK 业务副部长，TK 业务支持部高级经理，原华为某国家公司副总裁，原上海伽玛星医疗集团运营总监。

黄铁军

创合汇特聘顾问导师

北京大学信息科学技术学院教授，计算机科学技术系系主任，数字媒体研究所所长，北京智源人工智能研究院院长，北京大学人工智能研究院副院长。

涂子沛

创合汇资深实战专家顾问

原阿里巴巴副总裁，信息管理专家、科技作家，《大数据》、《数据之巅》作者。先后担任中国旅美科技协会副主席、中国旅美科技协会匹兹堡分会主席，在国内任上海真爱梦想公益基金会理事、中国人民大学中国调查与数据中心客座研究员等兼职。

段永朝

创合汇资深实战专家顾问

苇草智酷创始合伙人，信息社会 50 人论坛执行主席，中国计算机协会高级会员，中国自动化学会区块链专业委员会副主任委员，《智能科学与技术》学报编委，数字论坛创始成员。

周勤业

创合汇资本投委会专家顾问

中国诚通控股集团有限公司董事。原上海证券交易所副总经理、总会计师、中国证监会发行审核委员会委员和重大重组审核委员会委员。

郑永强

创合汇资深实战专家顾问

三井住友海上火灾保险(中国)有限公司副总经理兼 CFO、首席投资官，国际注册专业会计师协会全球理事会理事，英国皇家特许管理会计师公会全球理事会理事。

马永斌

创合汇特聘顾问导师

清华大学深圳研究生院副教授、清华大学公共管理博士，公司治理与股权激励专家，并购重组与市值管理专家。著有《市值管理与资本实践》、《公司治理之道：控制权争夺与股权激励》等畅销书。

前　　言

21世纪以来，技术创新浪潮迭起，特别是大数据、云计算、人工智能、物联网等新技术迅猛发展，人类将进入万物互联的智能社会。与此同时，人们的生产生活方式和企业经营环境发生了颠覆式的变化，传统的价值链将被取代，各行业的界限趋于模糊，新的生态系统逐渐形成。但与之形成鲜明对照的是，以管理为核心的传统商学教育的课程理论却滞后于时代的变化，大多数企业并没有能够建立起适应变化的创新增长模式和组织管理形态。在这次疫情的影响中，我们发现，一些原有产业中具有优势的企业，因固守那些曾帮助企业成功的特性而错失了转型升级的契机；也有一些企业，在面对疫情带来的竞争格局变化时，不能把握变化中的机遇而错失未来；但有些优秀的企业却能穿越周期逆势增长。英国管理学界智者查尔斯·汉迪(Charles Handy)说，未来世界充满着不确定性，未来遇到的问题都是过去没有碰到过的，所以你用过去的理论解决不了这些问题。

在此背景下，创合汇新商学和21世纪新商学研究院提出了以创新和企业家精神为核心的新商学理论，以“赋能创新增长”为使命，开创性地提出了“创新增长3.0模型：创新增长＝企业家精神×战略×组织能力”，采用“双对标：对标未来趋势＋对标最佳实践”的研究理念，融合商学前沿理论和华为、平安、亚马逊等全球领先企业的实战案例，将陆续推出21世纪新商学系列丛书，为企业家和高管团队解析21世纪组织创新增长的底层逻辑和实战方法论。

本次出版的《可复制的增长力》一书分为五个部分：

第一部分：认知升级

第二部分：战略创新

第三部分：组织激活

第四部分：科技赋能

第五部分：资本加速

当今的管理界，知识被碎片包围，越是知识碎片化的时代，越需要系统化的梳理，否则再多的信息都是干扰。越是急剧变化的时代，越需要直击本质的思考，以不变来应万变。越是寒冬，越需要能打破瓶颈、逆势而上的契机。越是艰难，越需要能助力转型升级，赋能创新增长的平台。

创合汇新商学和21世纪新商学研究院将致力于成为21世纪创新和企业家精神原创思想的策源地，持续赋能组织创新增长，推动产业进步和新商业文明发展。

序：创新增长的解密

谷来丰

创合汇新商学院长、上海交大海外教育学院原副院长

任何一个企业都希望实现创新增长，这种增长不是来自偶然的运气、大环境的突然好转、不相关业务的大量收购，而是真正源自企业家精神，战略的强力执行，组织的活力，运营效率的提升。创新增长是有持续性的增长，战胜逆境和不确定性的增长，组织内生动力带来的增长。

创合汇成立21世纪新商学研究院的成立，目的之一就是要找到企业创新增长的密码。

商学教育从1881年宾夕法尼亚大学的商业学位课程开始，已经有140年的历史了，商学院世界上绝大多数大学中招收学生最多的教育机构。然后当我们观察商学教育的学科、专业、方向、理论时发现，当今的商学教育的核心理念仍然是大工业时代形成的"计划、组织、协调、控制"。为了深入研究这些内容，商学教育像自然科学那样，把商业分成专业，战略、人力资源、财务金融、运营、市场营销，研究的手段越来越"实证"，强调"科学严谨"的统计，而忽视了社会科学的复杂性、系统思维和思辨。甚至强调案例的研究也要用实证的方式进行。我近几年关注的一个"多元化"的课题，发现国内外学者用实证方法，信誓旦旦地证明"多元化"将出现"折

价"情况，而另外一派也用实证的方式证明"多元化"的"溢价"情况。当然还有一派证明多元化对绩效没有影响，被称为"折衷论"。三个学派都使用"科学严谨"的实证方法，分析了大量统计数据，得出普适性的结论，而三个结论互相矛盾。这就是旧商学在研究上的可笑之处。

就管理的基本理论的探讨，我们也发现，基于大工业时代形成的计划组织协调控制理论无法适应21世纪的在VUCA不确定性环绕的商业环境，一切都在快速变化之中，产业更迭的速度比以往任何时候都要快，新的管理实践创新也越来越快，而管理理论的建立速度明显跟不上实践的发展。

在研究哪些因素对于创新增长最重要的是，我们也发现各个因子"活性"的不同。基于20世纪商学理论的产、供、销、人、财、物这些因子的"活性"下降，数字化科技甚至将计划组织协调控制写在计算机程序里，固化成为信息系统的一部分。

我们需要研究管理的活性因子，那些在资产负债表上看不到的因子。新商学把目光聚焦在管理的活性因子上。德鲁克曾说过：管理的本质是实践。作为社会科学的一个分支，管理有其复杂性的一面，没有公理和定理，每个理论形成都有特定时间性和约束条件，一旦时过境迁，约束条件改变，理论会很快出现过时和偏差。因此，在管理领域，案例分析是最佳方法。

那么向谁学习，分析谁的最佳实践？经过21世纪新商学的研究，我们找到了标杆企业，他们中的一部分将以案例的形式，呈现在读者面前。在研究案例的时候，我们也遇到了一个常见的问题：我们选择的案例，规模上都是巨无霸，比如，华为已经有9 000多亿的销售规模，对于中小企业老说，如何向华为学习？事实上，我们认为，向华为等世界级的标杆企业学习，不仅仅是学习现在的华为。华为“小”过，建立时的注册资金仅仅是 2 万元，即使到华为成立十年，按照现在的标准，也顶多是一个专精特新中小企业。我们学习他，是因为这家企业曾经小过，走过死亡谷，走过停滞谷，经历过痛苦的转型。学习世界级标杆企业，不能仅仅学习他的做法，最重要的是学习他的心法，即成长的底层逻辑，包括企业文化、企业家精神、组织活力、人才管理等等。这些内容的研究，是破解企业创新增长的钥匙。

目　　录

三、组织激活

四、科技赋能

五、资本加速

一、认知升级

大变局、双循环与中国经济发展新趋势

樊　纲

中国经济体制改革研究会副会长

一、全球化面临“大变局”

当前，世界“百年未有之大变局”加速演进，这是我们对国际格局的重大判断，谈“大变局”首先要从全球化谈起，因为国际环境和经贸规则发生了变化。

▷ 全球化的演化过程

最初所谓的“全球化”是指殖民地方式下的全球化。在第二次世界大战后殖民地纷纷独立，开始了新一轮的全球化。新一轮全球化主要由跨国公司主导，推动资本和技术在全球流动和配置，获得了包括发达国家政府、跨国公司、工会组织等的一致支持，反倒是落后国家担忧发达国家通过资本的投入，对其“变相”奴役和剥削。落后国家反对的原因在于，根据经济学家所做的研究显示，跨国公司在外投资，将部分产业转移至发展中国家，对发达国家经济的影响不超过 1%；而跨国公司这样做的目的，是利用落后国家的比较优势来攫取超额利润。

何谓比较优势？其一是利用落后国家的廉价劳动力，让其从事劳动密集型产业的相关工作，因这些劳动力始终处于产业的低端环节，而发达国家大多是熟练劳动力，处于产业的中高端环节，两者不会产生竞争关系。其二是利用落后国家的资源。哪里有资源，跨国公司就到哪里开采资源并进行加工，从而获取利润，因而也不会对发达国家产生竞争关系。此外，全球化还有"道德"意义，跨国公司对外投资，从道义上讲是帮助落后国家加快发展、减少贫困，是发达国家支援落后国家的一种方式。因此，尽管落后国家有些怨言，但这种趋势没有改变，可以说发达国家是全球化的重要推手。

发达国家推动全球化的重要方式，就是通过 WTO（世界贸易组织）等国际机制，将发展中国家纳入全球化贸易与投资体系。但是原有的国家贸易规则是发达国家之间制定的，最初叫关税总协定（GATT），发展中国家生产力水平不高、出口较少，所以没有加入这个体系。WTO 机制想方设法纳入发展中国家，但发展中国家进入这个体系会产生一个问题，即遵循同一规则，如都采用低关税、自由准入，那么落后国家将无法与发达国家竞争，因此落后国家不愿意加入 WTO。

采用什么方式为好呢？当时采用的是"幼稚工业理论"方式。相对于发达国家成熟的产业，发展中国家产业只能算是处于"幼稚"时期，无法对发达国家的经济结构、产业结构、就业结构等产生有力竞争，因此需要发达国家给予落后国家一段时间，允许其对"幼稚产业"有所保护，如设置一些关税、准入限制，发展本国产业，待其成长起来后再讨论平等竞争等问题。WTO 基本认可了这样的规则，于是有了"发展中国家地位"的条款，即落后国家在加入 WTO 后给予其 15 年的时间用于发展本国产业。在这 15 年内允许落后国家对本国产业实施关税、准入、所有权限制、政府补贴等保护措施,使本国的企业、产业能发展起来。15 年后取消特殊条款,转型为市场经济国家,在贸易、产业政策和保护机制等方面讨论适用同样条款等相关问题。中国便是在这样的条款下加入了 WTO。

1978 年我国开始实行改革开放。通过 20 年的开放,我们学到了很多东西,到 2000 年时中国迅速崛起,竞争力日益提高,出口贸易不断增长。这个时期被美国称为“超级全球化”。过去全球化不过只是几个发达国家玩的“游戏”,但是中国的崛起,大大改变了整个世界经济和贸易的格局。2000 年美国受到进口冲击,财政赤字迅速增长。制造业占就业的比重大幅度下降,贸易赤字大幅提高,改变了发达国家认为全球化不会对本国产业等造成冲击的看法,产生了反全球化倾向。

2001 年中国加入 WTO 后,经济保持快速增长,在制造业领域对发达国家形成竞争,近年来更是在一些科技领域也形成了一定的竞争能力,这就导致美国这个制造业大国强烈不满,将工人失业归因于中国制造业的成长,一些企业希望利用政府力量阻止中国企业在科技领域的赶超,跨国公司希望借机要求中国进一步开放市场,一些政客则担心中国 GDP 赶超美国从而会使军费支出总体规模赶超,从而不断出现贸易保护主义、单边主义等逆全球化的噪音、杂音。

为什么会出现如今这样的“大变局”? 真正原因还是中国的迅速崛起使然。因为我国不仅仅可以搞劳动密集型产业,而且可以发展中高端产业,并在一些新的领域具有了竞争力。“百年未有之大变局”,说的就是中国这些年来的崛起,对发达国家的利益格局产生了一定的冲击和影响,所以他们主动挑起了贸易摩擦,以达到遏制中国经济增长的目的。过去是发达国家特别是美国带头搞全球化，国际规则由他们制定，他们把全球的事情当成自己的事情来管理，但是现在这些国际规则制定者们要退出去，便出现了这样的格局。这就是“大变局”带来的变化。对发展中国家来讲，国际环境以及相关的国际经贸规则发生了变化。

▷ 加强后发优势

发展经济学以前只强调比较优势，现在从中国的发展和世界格局的变化来看，应该更加强调后发优势。比较优势，通常说的是资源禀赋里没有好的资本、技术、教育，只有廉价劳动力和自然资源，因此要利用这一禀赋发展一些相关产业。但如果只有比较优势，一个国家将永远停留在低端劳动密集型产业里，产生不了竞争力。拉美、非洲、东南亚国家历经多年发展，为什么没有对发达国家造成竞争或影响？问题就在这里。这些国家一直停留在发展劳动密集型或资源密集型产业层面，仅出口一些农产品以及自然资源产品，没有进入产业链中高端，产业结构一直没有实现真正的提升。廉价劳动力和资源均不可能长期持续，那么一段时期后经济的增长力就会减弱，也不可能形成和发达国家的竞争关系，自然不会出现贸易摩擦或是打贸易战。

如何改善资源禀赋的结构，获得更多的知识、更多的技术、更多的人才，就得靠后发优势。这也是我国与其他发展中经济体一个显著的差异，我们不光发挥了比较优势，更重要的是发挥了后发优势。后发优势是我们作为后来者，用较短的时间、较低的试错成本，迅速学到人类迄今积累起来、创造出来的各种知识、技术，包括思想，特别是发达国家之前积累的知识和技术，来发展本国产业和经济。后发优势的前提条件就是实行改革开放，这也是中国最重要最正确的举措。我们从 1978 年开始搞劳动密集型产业，做出口贸易，同时大量引进外资，允许跨国公司进入中国兴办合资企业，并派遣留学生、访问学者去学习、交流，使大量的知识、技术、管理经验被吸收进来，加之中国的市场规模巨大，由此我们获得了巨大的发展动力和发展能力，快速缩短了与发达国家间的经济差距。这些也奠定了我们后来加入 WTO 的基础。

▷ 经贸摩擦可能长期存在

如果中国没有发展得如此迅速，没有和发达国家在很多方面形成竞争关系，他们还是非常乐于推行全球化的。但是中国的异军突起，特别是 2000 年以后的 20 年的高速发展，对发达国家产生了很大冲击，以至于美国反对全球化，并以平衡贸易逆差为由，单方面挑起了针对中国的经贸摩擦。

贸易理论告诉我们，中美之间发挥各自的贸易比较优势，贸易是可以平衡的。例如，中国可以用 2 000 万件衬衫换美国一架波音飞机以达到平衡。起初我们只能做衬衫、鞋等低端产品，后来工具、机械、电器等也是中国制造，越来越多的东西我们自己能做了，但是我们在高新科技产业方面仍比较落后，美国是高新科技最发达的国家，却偏偏不对我们出口高新科技，同时为了遏制中国在这方面的发展，长期进行出口管制，并通过长臂管辖来惩罚华为、中兴等中国发展较好的高新科技企业。经过贸易摩擦谈判，美国让我们采购大豆、猪肉、天然气等典型落后国家、发展中国家出口的初级产品，以此平衡两国的贸易，长久来看是无法维持的，因此贸易摩擦可能要持续发生。

既然发生了经贸摩擦，有必要分析一下历史上大国间经贸摩擦的结局，基本上有四种情况。一是打“热战”，历史上欧洲各个国家互相追赶时期,打了很多长达三五十年甚至百年的“热战”,以此作为相互竞争的手段;二是开展长期经贸摩擦,美国追赶欧洲即是如此,虽然没有发生“热战”,但是通过反复大规模的经贸摩擦或是贸易战,最终确立了美国作为世界超级大国、世界第一的地位,其过程亦可称为百年经贸摩擦;三是打“冷战”,以美苏两个超级大国为主,形成两大对峙阵营,结局是苏联解体、东欧剧变;四是妥协退让,导致经济衰落,产业发展停滞不前,如曾经的全球第二大经济体日本。

由上分析可知,经贸摩擦可能长期存在,而我们最好的选择是不打热战。但不论形势如何变化,我们都需要继续做好自己的事情,保持经济的长期稳定增长,这才是解决国内外一切问题的关键,才能更好实现“两个百年的奋斗目标”。

二、系统认识“双循环”新发展格局

我国“十四五”规划的核心就是要搞“双循环”,一方面我们要重视国内循环,另一方面继续国际大循环。利用我国的超大市场,把潜力充分发挥出来,拉动供给,创造需求,使我国经济进入更好的良性循环。这方面有很多事情要做。

▷ 必须坚持扩大内需

从统计数据来看,国内销售产值的增加值在 GDP 的比重占 85%,而出口尽管总额较大,但其增加值在 GDP 的比重仅为 15% 左右,因此,我们要充分利用好 14 亿人口的经济增长潜力和大市场优势,把各方面的需求调动起来。

首先,要激发消费潜力。传统一般消费品制造业仍然具有巨大的潜力，2020 年我国人均 GDP 已达到 1 万美元。通常经济学方面的分析，1 万美元是一个坎，到了 1 万美元，人们开始高消费。这个高消费不是说很奢侈的消费，也不是比发达国家更高的消费，而是在消费的收入比重当中，消费会逐步提升，储蓄会逐步下降，进入消费的新阶段。我国有 14 亿人口，低收入居民、中等收入居民以及高收入居民消费的有效需求均不足，消费潜力尚未充分激发。要坚持扩大内需这个战略基点，加快培育完整的内需体系。进一步改革收入分配制度，增加居民收入，优化社会分配结构，充分利用国内超大规模、多层次、多元化的内需市场，不断提升大众消费能力。

其次，要拓展投资空间。中国庞大的市场体量，有大量的投资机会和巨大的增长潜力。

一是要推动城市化、城市群发展。中国目前是最大的发展中国家，但仍处在发展的中期阶段，美国、欧洲的人均 GDP 为五六万美元，我们只有 1 万美元，仍有大量的人生活在农村，城市化还有较大的拓展空间。目前，粤港澳大湾区、长三角、京津冀等几个大城市群已到 1.5 亿至 2 亿人口的规模，中东部省会城市为核心的城市群也有 3 000 万至 5 000 万人口的规模，集聚效应不断增强。这些城市群通过快速交通，把大城市周边的中小城市甚至周边的农村联结起来，解决房地产和其他的供求关系，有效促进区域公共服务均等化的发展，从而促使国内的市场能够更好地循环起来。

二是要深挖数字经济潜力。中国拥有世界上最大规模的电子商务市场，引领全球。同时，我们的应用数字新技术发展非常快，各个领域不断有新技术、新的互联网公司产生，成为世界上第二大互联网独角兽企业的集聚地，且惠及面广，除了电商之外还包括滴滴打车、共享单车等，在公共领域数字技术的应用十分广泛。中国有14亿人口，网民数量众多，互联网覆盖率不断攀升，同数字技术相关的各种产业，包含一些产业应用数字技术过程当中所产生的产值，发展非常迅速，规模巨大，要在这方面做好文章。

▷ 在供给侧更好地创造需求

“双循环”不只是扩大内需，也要在供给侧使产业链、供应链如何能更好地循环，也要使供给更好地创造需求。

供给侧的首要问题，就是加强自主科技创新，这是破除产业链断供、实现“双循环”的关键因素。在新的历史时期和国际环境下，中国必须要有更强的自主创新能力，补足短板，维护产业链、供应链安全稳定，提升产业基础能力和产业链现代化水平。要进一步加强对基础研究和应用基础研究的投入保障，构建多元化投入机制，布局建设重大科技基础设施、基础研究和应用基础研究机构及跨学科前沿交叉研究的平台，吸收利用全球创新资源，瞄准世界科技前沿和国家战略需求，开展原始创新研究，引导企业积极开展基础研究和应用基础研究，实现前瞻性基础研究、引领性原创成果重大突破。加强对接基础研究和应用基础研究成果，加大对战略高技术研发的支持力度，找准源头性技术创新领域，着力攻破关键核心技术，形成关键核心技术攻坚体制，抢占事关长远和全局的科技战略制高点。

在这一过程中，一是发展好民营经济。无论是技术创新，还是商业模式的创新，都是一个风险极大的过程，这需要民营企业家的推动。中国的体制优势比较适合于模仿攻关阶段，但不适合“无人区”的创造，所以，政府应该创造激励创新的机制，包括保护知识产权，资助、奖励创新创业等，让千百万的企业、企业家、科学工作者“胡思乱想”，不断产生新点子，进行创新创造。二是政府可考虑采取建立孵化器等普惠制的政策，以及投资一些创新项目，鼓励科技创新的发展热情。但是，政府应避免直接引导和规定发展哪些产业，要敞开这个口让市场去配置，让企业去创新。三是让市场发挥作用，吸引、鼓励投资基金等风投资金进入市场，进行市场化资源配置。政府各类奖励补贴，可以以风险投资基金的市场化方式支持，避免出现市场扭曲；政府基金也可以学习风投做法，积极“跟投”市场关注的行业，分担一部分风险；如果项目成功，就要提前退出，让利于市场，不以高额回报为目的，这样更有利于市场的良性发展。这就需要政府一方面鼓励创新创业，另一方面帮助企业梳理、分析产业发展中遇到的问题，鼓励一些基金进入这些领域，鼓励产业内部重组，企业优胜劣汰、兼并重组，使产业结构更加优化。

其次，深化体制改革，包括供给侧、产业链、供应链等，消除国民经济循环的各种梗阻。生产、分配、流通、消费，作为国民经济运行的基本环节，是促进经济发展、畅通供给循环的关键。过去我们出现地方保护主义以及资金不到位、有需求没供给、有供给没需求等供需错配、结构性问题，存在很多梗阻。要进一步加大经济体制改革力度，减少市场准入限制，减少审批环节；深化国有企业改革，发展混合所有制经济，改革政府补贴制度；大力发展数字经济，通过大数据冲破交易环节、流通环节、物流环节等相关堵点和梗阻，打破市场上各种显性与隐性的要素流通障碍，促进供求关系间的良性循环。

再次，以供给创造需求。一是要以更多更好的产品、更加多元的消费方式，拉动需求。中国的制造业仍然具有很大的发展潜力，短期内因以前过热而产生的“过剩产业”要转型转移，要改变增长方式，提高增长质量，不能一味“停产”。同时，积极创新消费新模式新业态，满足各类消费需求。二是通过降低成本拉动需求。完善政策支撑体系，降低全社会交易成本。除了企业要通过自身转型升级有效降低成本外，政府也要加大政策支持力度，帮助企业降低包括税收、资金、劳动力、土地、公共服务等在内的各项成本，为企业纾困，使企业可以将更多的精力和资金集中于研究和生产，从而更好地创造需求。

▷“双循环”要继续做好国际循环

“双循环”没有否定改革开放，更没有否定国际循环。“双循环”中国际循环更多的意义，不在于卖出多少东西，而在于学到多少知识和技术，一旦面临断供局面，我们还能继续支撑和发展下去。因此，我们仍要继续扩大开放，继续学习，继续做好国际循环。对中国企业来讲是这样，对跨国公司同样如此。跨国公司进入中国，就是中国 GDP 的组成部分，就是中国内部循环的组成部分，同时它又是推动跨国循环和国际循环的重要力量。因此，我们要继续做好国际循环，形成全球利益共同体。

我们是发展中国家，很多方面仍然落后，尤其在主要技术产业领域，联合国 260 多项子产业的 1 200 多项次级产业之中，我们有 600 多项受制于人。缺乏最先进的技术，要补齐它们是非常困难的，因此我们不得不依靠国际循环。继续做好国际循环，就是要继续扩大开放，这样我们就可以继续向世界学习，只要别人比我们先进，我们就要向人家学习。学习的成本，发挥后发优势是最低的，特别是跟研发相比。当然学习过程中要提升研发的能力，但是要继续开放才能有提升研发能力的条件。与此同时非常重要的是，只有保持开放才能了解国际标准，才能知晓国际竞争现在是什么水平，才真正有国际竞争力。传统意义上的进口替代，发展自己的优质工业那套理论和政策，早期拉美均采用过，但最终都没有发展起来。其中重要的原因，就是在“温室”里长大的产业不具备国际竞争力。因为不知道国际标准的发展状况，所以根本无法竞争。一旦封闭起来，就无法竞争，无法在国际上真正有竞争力，因此我们要继续开放，继续学习，继续推进国际循环。

纵观当今世界，全球化不可逆转，全球化进程仍然会继续。我们生活在一个多边的世界，某些消极因素可能猖獗一时，但长远来讲，它们无法改变历史发展趋势。因此，我们的企业要继续发展，仍然要有全球化思维，考虑如何在世界市场更好地发展自己，如何在全球更好地配置资源。

全球化的趋势不会改变，可能发生变化的是全球产业链重组。多元化产业链是今后的发展趋势和显著特征。全球产业链过多集中于某一国家和地区，可能会产生一些风险：当某一国家或地区出现问题，就容易出现断供。全球产业链重组将主要表现在两个方面。首先，产业链重组呈现明显的区域性特征。产业链重组时会考虑在地理位置上对自身的影响小一点，产业链不在自己国家的，也会尽可能放在离自己国家近的地方。因此，全球今后可能在三大时区形成三大相对完整的生产供应体系：亚洲，欧洲与非洲，美洲。这三大区域各自都有较齐备的资源要素结构，如市场、资金、科技和廉价劳动力等，可以组合成一个完整的体系，形成“再全球化”。其次，根据成本以及国际贸易关系的变化，产业链可能会进行局部调整，一些企业会进行迁移，如一些跨国企业从中国转移至东南亚国家，有些企业会将产业布局在中国等。

虽然全球产业链会发生局部调整，但基本的趋势和逻辑不会改变，即中国的市场和发展机会，中国的资源和基础设施、营商环境等，会吸引更多企业进入。中国仍要继续扩大开放，大力发展外贸，继续做好国际循环，更好利用国内国际两个市场、两种资源，使国内市场和国际市场更好联通，实现更加强劲的可持续的发展。

▷ 通过“双循环”迈向发展新征程

同美国等发达国家相比，我们在某些方面处于“锯齿型引领”状态。所谓“锯齿型”，即你有在前的、我有在后的，但是在另一个领域我有在前的、你有在后的，各有千秋、各有长短，不再是我们完全落后、人家完全领先。因而美国的一些政客企图抓住最后的时间窗口，想方设法以各种策略遏制中国（尤其是引领型）的发展。面临百年未有之大变局以及进入新发展阶段的内外形势变化，如果我们继续保持高速或正常增长，以 5 年、10 年、15 年、20 年稳定的经济增长，不断提高自身经济发展水平，当他们意识到无法遏制中国的发展时，大概就会来跟我们谈合作了。此外，在国际形势逆风逆水的情况下，我们要形成全球化“黏合剂”，通过技术发展、技术进步链接全球，通过数字经济链接全球。在数字经济领域里面，只要他们不脱钩，只要继续在这个链子上，我们就能继续发展，保持发展态势，然后还可以继续跟他们黏合，同他们交流，在网上做生意、搞金融，从而使得我们在国际多元体系中的话语权更大，能做的事情更多，这样就没有人能够阻挡我们的发展。

“十四五”时期我们仍需要继续把自己的事情做好，深化改革，扩大开放，利用我国庞大的市场，打通堵点，消除各种梗阻，畅通国内国际循环，保持经济持续稳定增长，这样才能解决我们所面临的各种矛盾和冲突，始终立于不败之地。

三、中国没有夕阳产业，从制造业到高新技术产业都有发展前途

在“大变局”的环境背景以及“双循环”政策背景下，再来看具体

的产业发展。投资者经常会问我今后什么产业好？我通常会反问，你说说哪个产业不好？大多数情况下，只有做不好的企业，而没有不好的产业。我认为中国从制造业到高新科技，都有发展前途。

从国家和经济体来讲，我们绝大多数的产业要继续发展，但是绝大多数的产业也要调整。企业如果在一个领域里面已经熟悉，耕耘若干年，有一定的核心竞争力和自己的特长了，比起想进入别的产业，企业更应该想的是如何用新技术进一步升级，包括现在的互联网、信息技术、产业智能化、互联网产业等等。也就是说，企业要做的是改造升级，而不是转产。

所以，中国没有什么夕阳产业，可能暂时有一些过剩，但是绝大多数都值得再进一步发展，但是要提升不等于要转产，这个是基本的趋势。

我国现在所有产业都需要提高产业集中度，提高规模效益，客观上这是市场经济发展的趋势，所有国家、所有产业都是这么过来的。

美国 1900 年前后因为铁路过剩，结果钢铁过剩。当时有 1 000 多家钢铁企业，经营都不好。然后是金融家摩根出来整合，因为这些企业都欠了他的债，摩根联手卡内基整合钢铁产业，最后结果是 100 多家依然存在，200 多家倒闭出局，700 多家兼并重组成为美国钢铁公司，原来的小钢铁厂各自拿点股份，但是大部分股份被摩根债转股拿走了，等到产业变好，形成了大公司，规模一下子超过英国成为国际龙头的局面，摩根也赚了大钱。

而我国现在很多企业都不愿退出，仍然苦苦挣扎。其实这时候是应该做兼并重组，对困境企业进行整理，从中选择好的企业再发展。

国际上股权投资很大一部分就是专门做兼并重组的，这是一个大的方向。中国要想下一轮产业发展得更好，就需要有兼并重组的过程，提高产业集中度。

图 1 是中国的产业分布图。横轴是根据联合国 600 多项产业的分布，根据技术附加值的高低，从低到高排列，低的是制造业、劳动密集型这些产业；右边是高附加值。我们羡慕发达国家生产的东西在高附加值的方面，附加值、产出非常高。于是很多人认为我们的产业结构升级，就是像发达国家现在这样，做高端的东西、不做低端的东西。

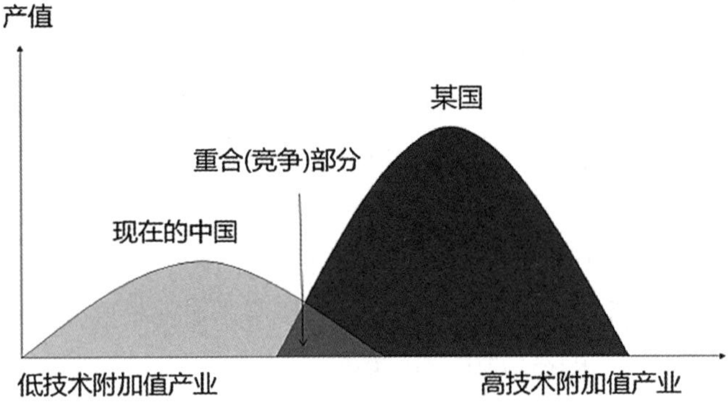

图 1　产业分布图

但是这就涉及一个宏观问题——就业问题。中国有 14 亿人口，如果要像发达国家那样只做高端的部分，可能解决不了就业问题。要像图 2 中的“梦幻曲线”，低端、高端产业都做，才能解决 14 亿人口的就业问题，社会平等等问题才可以逐步得到缓解。

“风口产业”与“隐形冠军”也是产业发展的两大方向。高新科技、新兴产业，如果直接和大众消费相关，会有很大的增值空间，至少在短期内(技术专利期内)有的企业可以获得很高的回报，但也面临很大的风险，多数属于“烧钱”的一族。而做配件、中间产品或一些小众产品，一些需要长期投入的产业，哪怕也是高科技，可能

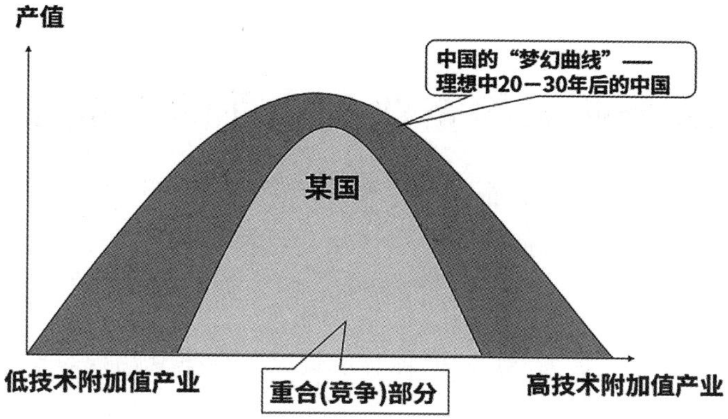

图2 “梦幻曲线”

都不是显性产业，而是“隐形”产业。但正是因为“隐形”，竞争者相对较少，只要持之以恒，反倒容易成功，成为“隐形冠军”，利润丰厚，长期稳定。

四、小结

长期来讲，我国经济的发展仍面临很多问题及挑战，但同时挑战也是机遇。不论是国家，还是企业、个人，只有继续做好我们自己的事情，保持经济的稳定增长，才能在“大变局”中持续发展，这才是真正的出路。

从企业家的企业到企业的企业家

——让企业家精神回归管理学

邵　钧

创合汇创始人、21 世纪新商学研究院理事长/执行院长

当今时代，中国经济正处于百年变局的大背景下。对于中国企业而言，不论是新冠疫情的持续还是行业的深刻调整，都让原本就错综复杂的经济形势变得更加难以预测。

在这种背景下，企业的创新和增长主题的探讨是具有非常深刻和现实意义的。21 世纪以来中国经济的 20 年可以分为两个阶段：前 10 年是保持了两位数增长的黄金 10 年；在人口红利、投资红利逐步消失的背景下，后 10 年中国经济进入了“新常态”，旧的增长动能开始乏力，下行压力增大，中国经济开启了供给侧结构性改革，试图寻找新的增长动能。

新冠疫情的发生给原本就持续下滑的中国经济带来了巨大的冲击。我们可以从图 1 中看到，经济数据曾一度探底至 −6.8％。未来 10 年中国经济走向何方是我们共同关心的问题；未来 10 年企业的路在何方，也是中国企业面临的一个共同课题。

为了更好地解答这个问题，我们需要思考的是：经济可持续创新增长的核心动力是什么？其背后的体系和结构又是什么？

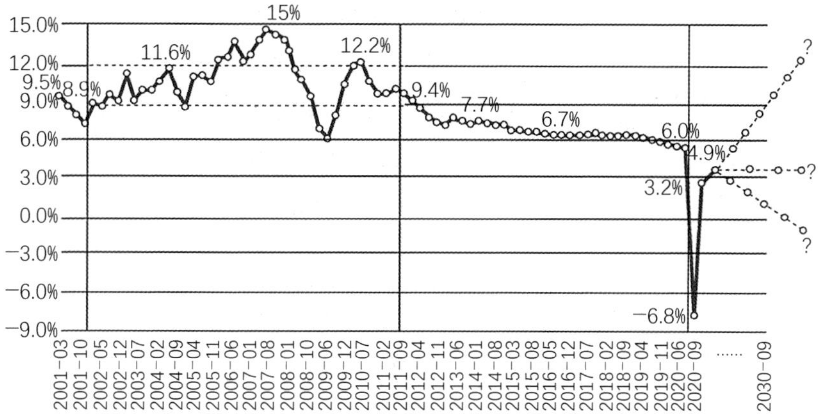

图 1　21 世纪以来中国经济的 20 年

（数据来源：格隆汇勾股大数据）

这需要哲学级的洞察，也就是对终极问题或者说第一性原理的追问。

01　经济周期与创新的关系

在回答这些问题之前，我们共同来看一看影响经济的因素究竟有哪些。通过图 2 我们可以看到，影响经济发展的因素有长期和短期的两个层面——长期的包括人口、技术、资本、制度和需求等方面的一些慢变量；短期则包括存货和我们现在非常关注的财政政策和货币政策以及偶然事件，例如新冠疫情等等。

在我个人看来，像新冠疫情这样的偶然事件，事实上只会加速或延缓经济周期的变化，但不会改变经济的底层逻辑和根本性的一些东西。那么，根本性的东西究竟是什么？这个是需要我们寻找的。我一直认为根本性的因素不是疫情，或者是说像疫情这样的意

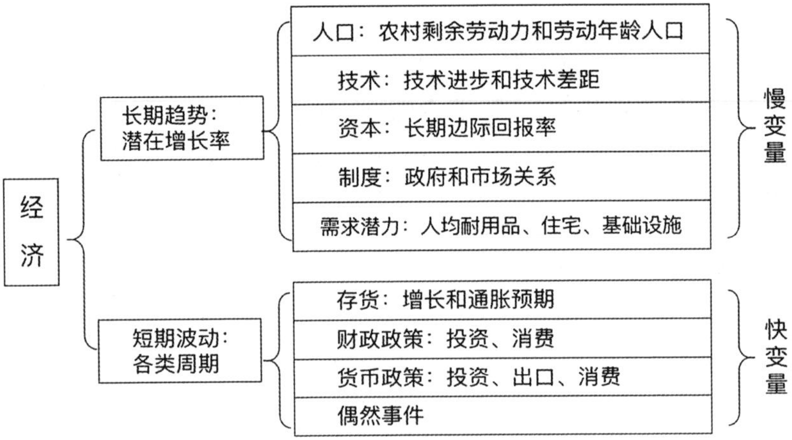

图 2　转型宏观与周期宏观下的因素变量

（资料来源：任泽平《大势研判：经济、政策与资本市场》，中信出版社 2016 年）

外事件至少不是影响经济增长和企业发展最根本的第一原理。

▷ 从经济周期理论看经济增长和企业发展

那么，究竟什么是第一原理？让我们从经济周期的角度来看一下。

经济是有周期的，有很多经济学家对周期问题都颇有洞见。如图 3 所示，最为知名且有代表性的周期理论有四个，第一是美国经济学家基钦提出来的基钦周期（短周期），即短期的经济受到存货的一些影响。第二大周期是法国经济学家朱格拉提出来的朱格拉周期（中周期），它主要的影响因素是固定资产设备投资方面的因素，一般是 8 到 10 年。中国自改革开放以来，经济呈现了比较明显的朱格拉周期的现象，我们有的时候说逢 8 就会出现拐点，这其实是一种资本支出周期带来的一种反应。通常情况下，大约 3

个基钦周期等于一个朱格拉周期。基钦周期与朱格拉周期的区别就在于波长不同,基钦周期大约是40个月,3年半左右。而朱格拉周期则要长一些,大约为8～10年。第三大周期是库兹涅茨周期,这指的是房地产周期,也就是受人口因素的影响,它一般的周期在20年,人口的代际变化一般呈现长期的发展规律。第四大周期是时间最长的一个周期,就是苏联经济学家康德拉季耶夫提出来的康波周期,它主要的影响因素是技术创新,时间周期是50到60年。

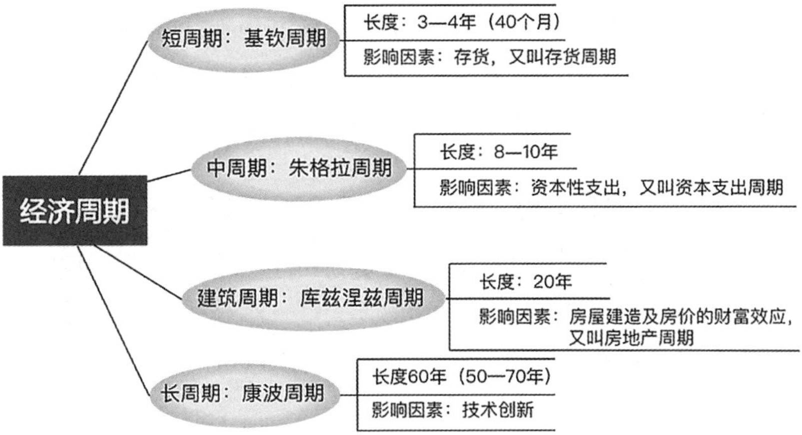

图3 四大经济周期理论

通过经济周期理论,我们可以看到不同的经济周期其背后的驱动力是不同的,从供需关系到资本支出再到更长期的人口、技术等因素。同时我们也可以看出,技术的创新对经济周期的影响是相对根本或者是长期的。

在众多研究经济周期理论的学者中奥地利著名经济学家熊彼特无疑是集大成者,他将长周期、中周期、短周期进行了结合性的研究，提出了三周期嵌套理论。从整个长波周期的角度来看中国的经济也好，全球的经济也好，我们可以看得更清晰，也更容易推理出影响经济发展的根本因素。按照康波周期的理论，目前全球经济正处于第五次康波周期的萧条期，并且正在向第六次康波周期迭代转化。一般的观点认为，始于1980年代的信息和通信技术革命是第五次康波周期的起点，将在2050年左右走向终结，也就是说至今还有27年。目前正处于信息产业革命的下半场，我们把它称之为"数字经济"或者"数字化时代"。

也有经济学家研究得出结论表明：康波周期的萧条期恰恰是技术创新的密集产生期，技术创新的密集产生期往往不在繁荣期而恰恰是萧条期（如图4所示）。熊彼特也认为萧条期其实是企业家创新的绝佳机会，历次产业革命的历史也印证了这一点。

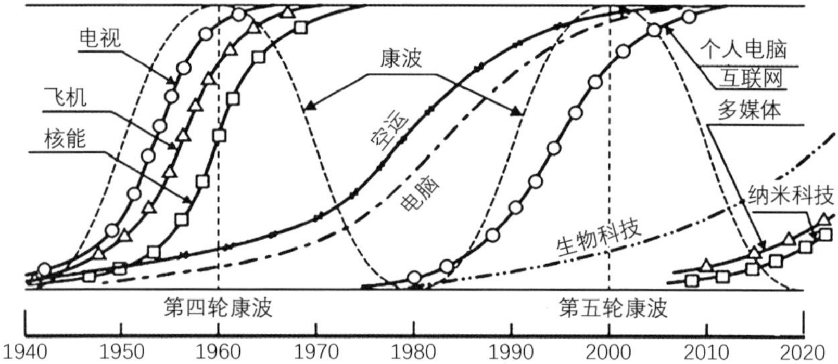

图4　基础创新的轨道

（资料来源：Devezas et al.，2017，Industry 4.0；东方证券）

诺贝尔经济学奖得主米尔顿·弗里德曼曾说过："只有一场危机能带来真正的变化。"在《后疫情时代：大重构》这本书中，施瓦布和马勒雷分别从宏观、微观（或中观）和人性层面阐述了新冠疫情的深远影响。客观上，新冠疫情起到了“放大镜”和“催化剂”两个方面的作用，放大各个方面的弊病，催化已有趋势加速形成。例如，当线下的各种活动受阻之后，人们就会转为线上。的确，新冠疫情的发生，事实上对数字经济的发展起到了加速的作用。经济活动、日常生活更大程度转为线上以后，事实上是将 10 年甚至更长的一个变革压缩到近乎是 1 年到 3 年。所以，虽然前几年数字化的转型或者数字化的概念不绝于耳，但是我们可以说，在一定程度上来讲，它并没有对我们实际生活产生根本性的影响。但这一两年我们感受得更为深刻、更为明显了。因此，虽然疫情它并没有改变经济增长的根本的底层逻辑，但是它起到了加速或延缓了一些变化的作用。换句话说，类似 2020 年疫情、2008 年次贷危机等意外事件，没有改变经济长周期的走向，只是加速或延缓了其进程。因为，影响经济长期走向的根本驱动力是技术创新。每一轮康波周期都有一个或几个代表性的创新以及由此产生的引领性行业，第一轮康波以蒸汽机的使用、纺纱机发明和纺织工业诞生为标志；第二轮康波以铁路和炼铁工业为标志；第三轮康波以钢铁、电力、石油开采和汽车制造为标志；第四轮康波以电视等家用电器和电子工业、飞机、石油化工和计算机的创新为代表；第五次康波周期，就是计算机、互联网等为代表的信息和通信技术革命。那么第六轮康波周期中的标志性创新会是什么呢？可能包括人工智能、量子计算、区块链、生物科技、新能源等等。

由此可见，真正引起经济体系内本质性的周期性变化的根源，是创新的非连续性以及它的扩散性。创新的非连续性，也就是不断地创新迭代和变革，以及通过资本的支持、企业家的创新等因素，不断地进行规模化的扩张，使得创新的影响越来越大，这是引起周期性变化的一些根本性的原因。

02 经济增长背后的核心驱动力

经济的发展从萧条到复苏、到繁荣，再到衰退的周期性变化中，技术创新起到了根本性的作用。虽然说经济增长源自技术进步，然而技术创新对经济的影响不是自动发生的，那么，技术创新背后的驱动力又是什么？经济学家熊彼特在1911年出版的《经济发展理论》一书中，第一次从理论上回答了这个问题。他认为经济增长的源泉是企业家的创新，而创新源自企业家精神。

▷ 熊彼特范式：创造性破坏的增长模型

我们可以把这种经济增长的逻辑总结为“创造性破坏的增长模型”，又称为“熊彼特范式”。它区别于近几十年以来一直占主流地位的经济增长理论，也就是新古典经济学派所提出来的经济增长理论。新古典学派的理论存在的最大问题在于把经济增长简单地归结为GDP的量的变化和用一些数学模型来推导经济发展，事实上导致它很难符合现实，所以这也是为什么很多主流的经济学家往往很难准确预测经济的增长，或者说至少80%—90%主流经济学家对经济的预测都是不准确的，这个问题其实不在于经济学家的水平，而是在于市场本身的复杂性。市场经济是一个生态体系，是一个演化的过程，“熊彼特范式”之所以能更好地解读经济增长的一些底层逻辑，就是因为它更符合经济增长的本质。

“熊彼特范式”的核心理念有三个方面：第一，创新和知识的传播是增长过程的核心。长期增长是积累式创新的结果，每个创新者都是站在巨人的肩膀上。这也就意味着创新是一个逐步积累的过程，知识型企业、创造知识的企业变得非常重要。国家也是如此，知识具有外溢性，可以更好地推动整个经济的发展。第二，创新需要友好的制度环境，包括激励机制和财产保护制度等。第三，增长过程是一个创造性破坏的过程，也是新旧势力博弈的过程，因此需要一个既能够让创新企业能持续进入，同时防止既有企业阻碍创新发生的竞争环境。这也是为什么近几年国家出台了反对资本无序扩张的一些政策的原因，这在一定程度上起到保护创新型企业能够进入到公平竞争环境的作用。

如图5所示，改革开放以来中国经济的发展历程也印证了这一增长逻辑。每一轮的经济增长都是由于制度创新激发了各阶层的创新创业精神和市场活力，推动了经济的增长。这也就是经济学家科斯提出的“边缘革命”的力量。

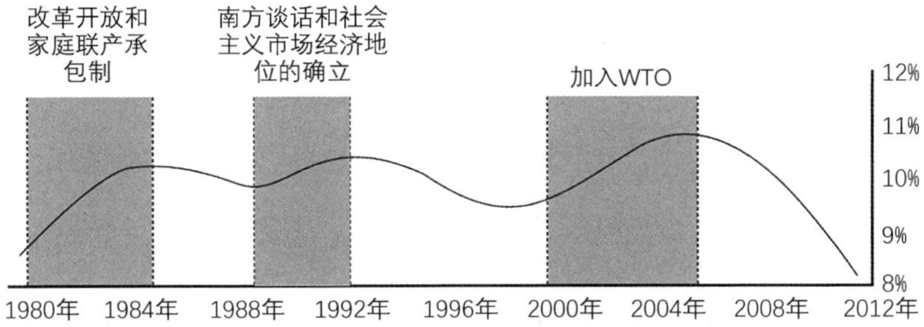

图5 制度创新与经济增长曲线

所以我们如果用“熊彼特范式”这个模型，就能够更好地理解经济增长的真实逻辑，同时在一定程度上也可以洞见未来的一些政策走向。

因此，基于“熊彼特范式”的增长模型，我们可以说当前的经济发展更需要“横向产业政策”，所谓“横向产业政策”主要表现在：第一，产业政策应该聚焦在投资知识经济，包括高等教育和基础研究上；第二，通过恰当的竞争政策，包括职业培训等来改善或改革劳动力产品市场，使它更具有活力；第三，要大力发展风险投资和私募股权投资，为创新提供融资。这也强调了从以间接融资为主导转向以直接融资为主导的必要性。因为创新是需要长期的相应融资方式来加以保证的。

▷ 创新、活力与现代价值观

除了熊彼特的创新理论之外，近些年来研究经济增长与繁荣本源很有价值的著作当属著名经济学家、就业与增长理论的代表性人物埃德蒙·菲尔普斯先生的两本巨作——《大繁荣》和《活力》。菲尔普斯教授是2006年诺贝尔经济学奖得主、就业与增长理论奠基人、“现代宏观经济学缔造者”和“影响经济学进程最重要的人物”之一，他本人最重要的贡献在于经济增长理论。其著作《大繁荣》《活力》科学地解释一个国家或地区经济增长和繁荣的因素。

他在《大繁荣》一书中提出国家的繁荣来自创新，特别是来自草根大众阶层参与的创新，在《活力》这本书中又进一步论证了“创新的源泉是什么?”他认为创新来自活力。那活力又来自什么？他认为活力来自现代价值观和企业家精神以及赖以生存的文化，即理念和观念。正是这种文化价值观和精神点燃了实现广泛的自主创新所必需的草根经济活力。这一点对我们企业的发展有重要借鉴意义。后文我们会谈到这个问题。

与熊彼特经济学的观点不同之处是，他认为产生价值的创新活动来源于广大的人民群众，而不仅仅是熊彼特提到的企业家们。创新的实践者不仅包括企业家，还包括领先用户、传统的工匠和劳动者等。

菲尔普斯教授提出的现代价值观包括活力主义、自我表现等方面。现代价值观深深地受到了人文精神，特别是后现代主义哲学和人文思想的影响。思想的进步，引领了观念的革新，然后催生了创新。最终价值观带来了充满活力的经济，因为我们每个人都非常希望自我实现。这让我联想到一个企业的文化应该如何构建，什么样的企业文化能够催生组织的活力，我想它一定是具有现代价值观的企业文化。菲尔普斯在《活力》一书中也通过研究各国的价值观与经济绩效，得出现代价值观和经济绩效之间呈正相关关系（图 6）。

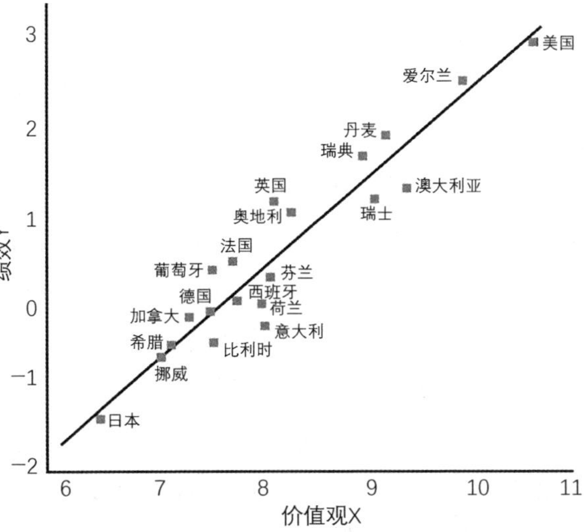

图 6　现代价值观和经济绩效之间呈正相关关系

（资料来源：菲尔普斯《活力》，中信出版社 2021 年）

这种活力经济与传统经济的区别是什么？活力经济是由每个人的创造力，特别是草根阶层的创造力所激发出来的。而具有活力的经济带来的是美好生活，美好生活是区别于优质生活的。那么，什么是优质生活？舒适、休闲、文化的享受，一些物质的收入，等等，是优质生活，但它不是美好生活，为什么？美好生活更多追求的是精神层面上的，包括个人成长价值的实现等等，只有充满活力的经济和现代主义价值观的文化才能够形成这样的美好生活。

我国社会主义初级阶段的主要矛盾曾经是人民群众日益增长的物质文化需要同落后的社会生产力之间的矛盾。党的十九大之后，中国特色社会主义进入新时代，我国社会主要矛盾已经转化为人民日益增长的美好生活需要和不平衡不充分的发展之间的矛盾。这种不平衡、不充分，指的并不是我们没有和缺少产品和服务，而是不够好、不够优质。所以现在国家提倡更多的企业去做专精特新，一定程度上来讲，也是现阶段的“新矛盾”下的一个机遇、一个时间窗口。

无独有偶，熊彼特先生也提出，企业家要进行创新，首先要进行观念更新。这一点与菲尔普斯教授的观点是有相通之处的，他在《经济发展理论》一书中提到，一切知识和习惯一旦获得以后，就牢固地根植于人们之中，就像一条铁路的路堤根植于地面上一样。它不要求被继续不断地更新和自觉地再度生产，而是深深沉落在下意识的底层中。它通常通过遗传、教育、培养和环境压力，几乎是没有摩擦地传递下去。所以创新的前提就是要观念更新。这也是说，为什么我们鼓励大家要树立终身学习的理念，因为终身学习是认知进化的一个前提，认知进化是构建、创新，形成创新观念的一个前提。

通过以上分析，我们可以得出一个结论：经济增长源自创新，而创新源自企业家精神，企业家精神源自现代价值观、新思想和新观念。

▷ 企业家与企业家精神

那么，什么是企业家？企业家精神的核心特征有哪些？

最早的关于企业家的定义是法国经济学家坎蒂隆在《商业概论》中提出的，他认为："企业家是面对不确定的市场和承担经营风险的人。"

奥地利学派经济学家柯兹纳在《竞争与企业家精神》中指出："企业家是具有一般人所不具有的、能够敏锐地发现市场获利机会，具有洞察力的人。"

经济学家约瑟夫·熊彼特认为："企业家是实现创新、进行新组合的人，否则只能是管理者。"美国学者奈特在《风险不确定性和利润》中提出："所谓企业家就是那些在极不确定的环境下，作出决策并必须自己承担决策全部后果的人。"

德鲁克也有同样的观点，他认为企业家是能够在不确定的环境下找到那个确定性，在变化当中找到机会的人。

哈佛大学创业学之父史蒂文森教授将创业精神解释为"追求现有资源范围以外的机遇"。这需要打破现有的限制去进行创新，包括推出新产品、新的商业模式、改进已有产品，发现新的客户群，这都是创业精神的体现。

以上是历史上不同学者对企业家及企业家精神的定义。总体而言，关于企业家精神的特征包括冒险精神、坚毅精神、使命感、创新精神等诸多方面，而其中的核心是创新精神。

▷ 企业家精神的本质

但是比企业家精神的核心特征更为重要的是企业家精神的本质或者说企业家精神的第一性原理是什么？我认为其本质是"在

不确定下的一种决策性判断”。也就是能够在不确定下寻找确定性的特质，这是一种对未来的判断和选择。

著名的奥地利经济学家路德维希·冯·米塞斯(Ludwig von Mises)曾在他的著作《人的行动》(*Human Action*)中指出：“产生企业家利润与亏损的根源是未来的供求格局具有不确定性。”这意味着，每个企业家必须在此刻确定生产的成本，而最终的产品只能在或近或远的将来某天出售。而到了出售产品的时候，市场的情形会出现各种可能的变化。这就是企业家必须承受的不确定性。

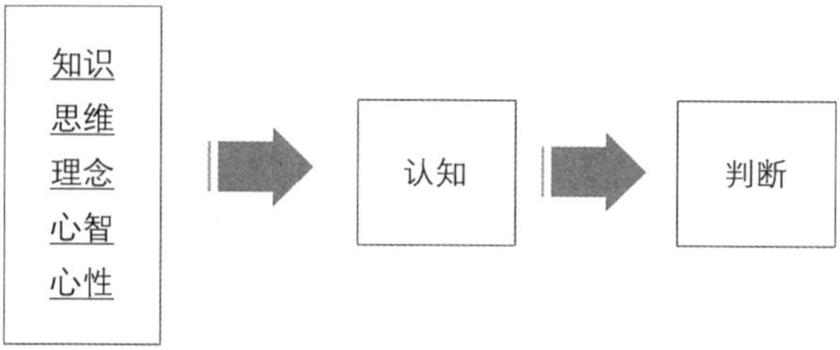

图7　企业家精神的内在逻辑

一言蔽之，企业的利润来自市场的不确定，而不确定的市场环境需要企业家的判断。那么一个人的判断是如何形成的？那一定是取决于认知，而认知不仅仅是知识，它还包括思维、理念，甚至是心智和心性。所以在创合汇新商学的教育体系当中，会把人文教育放在一个非常重要的高度，因为我们认为，企业家精神的背后非常重要的一个维度是价值观和理念，而价值观、理念不仅仅来自知识，它更多的是一种心性和心智的提升。企业的文化，企业的经营哲学更是如此。所以企业家精神实质上是企业哲学，包括企业战略的一个前提，因为企业家精神的本质是判断，而这种判断是让我们更确定，在不确定的环境下我们要做什么？我们为什么而做？应该去往何方？

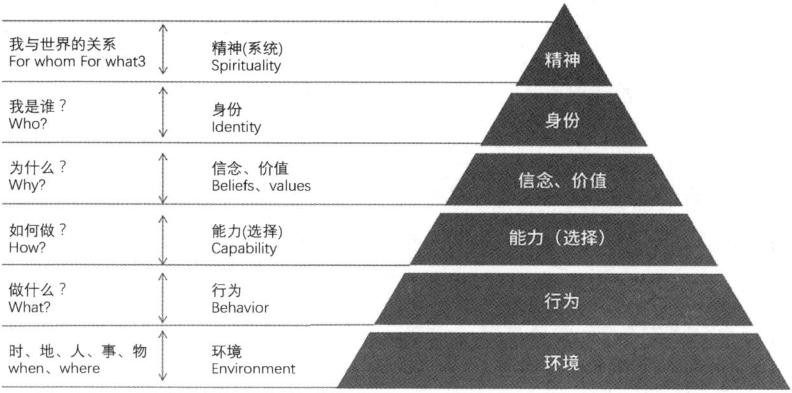

图8　逻辑层次

有句话说，企业家思考的维度决定了企业的高度。企业家精神是在精神层面上的，而精神的境界，就是企业与企业之间差距的核心。因为企业家精神背后的本质是一种认知和判断，而这种判断在不确定环境下是可以穿越周期的。但是它的内在驱动力是企业家的心性和心智，只有提升了心性，改善了心智才能够提升企业家精神，为企业构建不一样的使命，然后形成战略，再落地到计划，整合资源，为客户创造价值。

近些年出现频率较高的一词是“长期主义”，而长期主义的本质是什么？很多人以为“长期主义”是关于毅力的问题，其实是关于洞察力和判断力的问题。是一个人或者机构的长期评估体系，是愿景，价值观，终极目标。

例如，华为在2000年组织了万人大招聘，进行了人员大扩张。任正非当时认为，2G通讯一定会跨越到3G，所将聘请到的6 000多人全部用于3G开发。但是在2001年，为了保护联通刚刚引进的CDMA技术，3G技术遭遇了管制，迟迟不发牌照，所以，不论是网通还是电信，不但没有实现从 2G 到 3G 的升级，反而一窝蜂地投入到所谓“小灵通”的方向上去了。这本来是一个很 low 的技术，但中兴或者 UT 斯达康等企业却因此在短时间内取得了飞速扩张。

同期，华为因为在 3G 领域投入了大量的人力物力，研发出来的产品却无法面市，所以三年内都处于隐而不发的状态，从 2000 年到 2002 年，保持在 200 亿到 230 亿的水平线上——这就是“华为的冬天”发生的背景因素，它几乎导致了华为的垮掉。

从短期视角上看，很多人至今还在批评任正非当年的决策失误，但是以历史的视角来回顾，这应当是华为的战略定力的表现。

同样，我们说马斯克是很了不起的企业家，我们看到他的战略布局可以说是非常伟大的，他一直试图构建一个天地人为一体的超级智能生态。但这背后与他的企业家精神是密切相关。而马斯克的企业家精神背后的力量是他的心性和心智，因为这是一个需要进行终极思考，终极追问的一个过程，只有想清楚了终极问题，才真正能够更好、更清晰地提出企业的战略方向，才能够实现所谓的长期主义的价值。

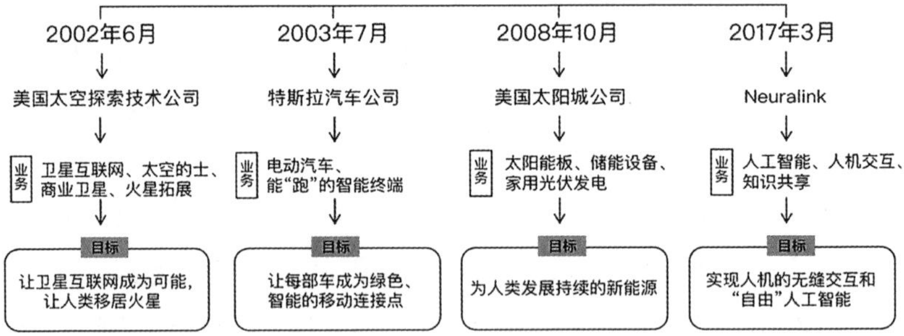

图 9　马斯克的战略布局

马斯克曾说过："PayPal 成功后，我开始想，眼前有哪些问题，最可能影响人类的未来？我认为，地球面临的最大问题是可持续能源，也就是如何用可持续的方式，生产和消费能源。如果不能在 21 世纪解决这个问题，我们将灾难临头。而另一个可能影响人类生存的大问题，是如何移居到其他星球。第一个问题，促使我成立了特斯拉和 SolarCity（美国最大的屋顶太阳能系统供应商）；第二个问题，则让我创立了太空科技公司 SpaceX。"

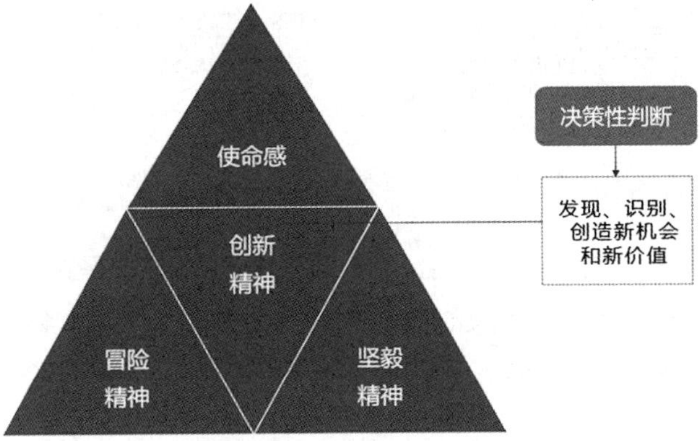

图 10　创合汇新商学企业家精神模型

综上，从本质上来说企业家精神是在不确定下的判断，这背后是基于一种文化理念或价值理念的认知，表现出如下特征：使命感、创新精神、创业精神、社会责任感等，基于这些精神理念，不断激发组织活力，推动组织创新增长。

这种本质和特征也说明了企业家精神不仅仅存在于英雄式的人物，能够不断突破限制创造性地解决问题的员工也是具有企业家精神的。把员工视为具有企业家精神的个体，让个体能够在企业中充分发挥创造性，激活组织中的集体企业家精神，是组织增长、经济发展的重要力量。

我们根据组织层级把组织中的企业家精神分为：战略性企业家精神、创新性企业家精神、绩效性企业家精神。

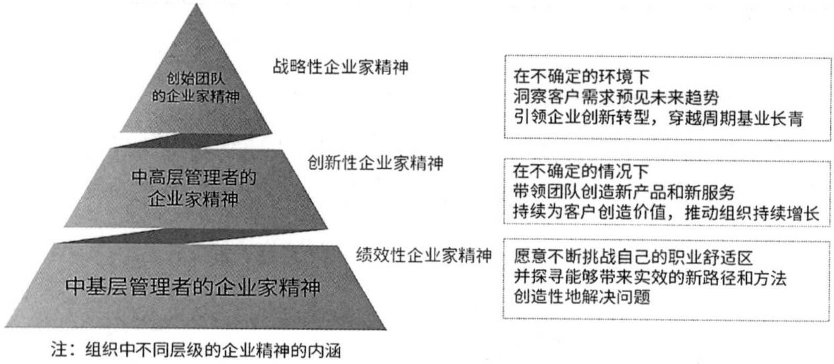

图 11　组织中不同层级的企业家精神

如果用一句话做个总结，那就是：胜利的前提是执行，执行的前提是战略，但是战略的前提是使命愿景价值观，而使命愿景价值观的前提是企业家精神，企业家精神关系到认知、心性和心智模式。

03　组织创新增长引擎

一个组织或企业的增长和发展，往往是九死一生的。自从有世界企业 500 强这个榜单以来，所谓地球上最强壮的 500 强企业，其实平均寿命只有 40—42 年。如果把榜单拉长到 1 000 强企业，其平均寿命只有 30 年左右。而在这 1 000 强企业当中，能够活过 50 年的企业只有 2%。《规模》这本书的数据显示，一家公司能够延续百年基业的概率只有 0.004 5%，能够活过 200 年那就是十亿分之一的概率了。

▷ 企业发展的三次危机

一个企业的发展面临各种各样的危机和挑战，但主要有三次危机，当然这三次危机也是创新转型的契机。这三次危机发生在企业的不同发展阶段。

第一次危机是超负荷危机。也就是当企业的业务增长和组织复杂度超过了人才发展和组织能力时，出现超负荷的现象。这时组织需要从依靠企业家个人转化为依靠组织的规则和机制，这是第一个挑战。

第二次危机是失速危机。就是当企业到达一个百亿量级的规模时，通常会出现官僚化、怠惰、内卷等现象，组织面临丧失活力，创新力不足，增长减速的挑战。正如克里斯坦森教授在《创业者的窘境》里表示的，当一个企业到达了一定的规模以后，它的层级越来越多，企业逐渐官僚化，越来越复杂，直至出现了熵增。“熵增”是热力学第二大定律，熵的本质是一个系统“内在的混乱程度”，熵增是一个物体从有序走向无序的过程。一个组织里面的熵增表现为内卷、内耗等一系列现象。克服这个问题，就需要提升组织的创新管理能力。德鲁克把熵引入管理学，他认为，管理要做的只有一件事情，就是如何对抗熵增。在这个过程中，企业的生命力才会增加，而不是默默走向死亡。

第三次危机主要发生在千亿级的企业当中，当企业规模过大时出现了规模不经济的现象，进入规模陷阱，效率降低，企业开始从成熟走向衰退。这时企业需要寻求适度拆分，构建一个开放式创新的平台和生态，孵化更多突破性的、颠覆性的创新力量，以实现可持续的发展。

由此可见，当组织规模扩大之后，随着职能部门、层级的增加，复杂度也在增加，很多企业会面临混乱和无序，组织丧失活力，走向衰退。

▷ 组织层面可持续增长的动力因素

因此，所有的组织和企业其实都有一个共同的目标，就是希望企业的规模越来越大，但同时又能够保持组织活力，可以持续增长。也就是说，领导者的共同目标是要实现“规模化的新生力量”（图 11）。那么如何做到“规模化的新生力量”？

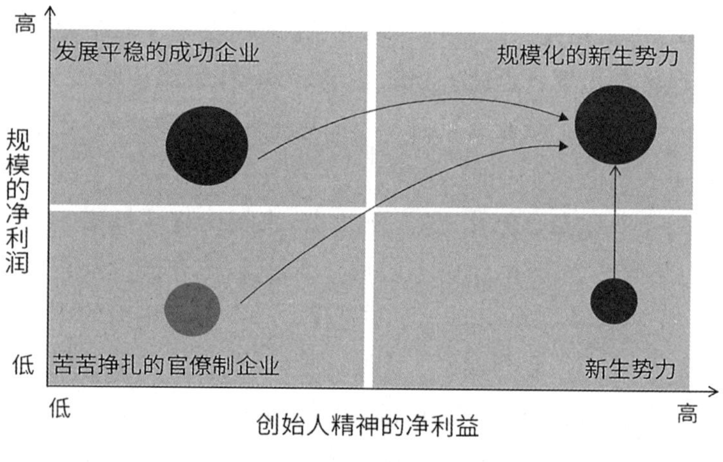

图 12　企业家精神图谱

（资料来源：克里斯・祖克、詹姆斯・艾伦《创始人精神》，中信出版社 2016 版）

贝恩公司花费 10 年的时间，对全球 40 多个国家的数千家企业进行调研后得出的结论是：无关企业规模或者年龄的大小，可持续增长的秘诀涉及企业内部的一系列根本性的态度和行为，我们将之称为“企业家精神”。

另外一个阻碍组织可持续增长的重要原因是人们在观察业绩

增长周期的时候，往往观察指标是滞后的。很多时候我们只有观察到财务指标出现问题时，才会发现问题。

然而，在财务指标的背后，我认为至少有三个更加重要的指标是需要高度关注的。

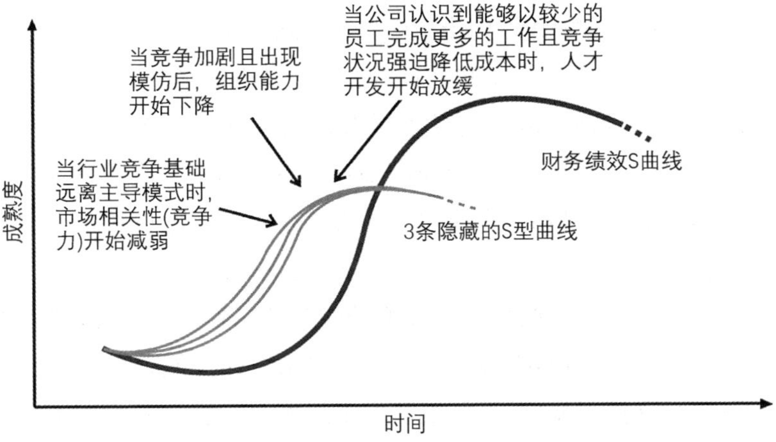

图 13　卓越绩效的隐藏 S 型曲线

（资料来源：保罗·纽恩斯、提姆·布锐恩《跨越 S 型曲线》，机械工业出版社 2013 年版）

一是从战略层面上，市场曲线比财务曲线更重要。指的是企业整个的产品、业务和战略的创新能否一直跟上市场的变化，与客户的需求保持一致。这就是德鲁克所说的，几乎所有的商业危机发生，其根本原因有的时候并不是因为做得太差，而是组织赖以建立和经营的设想已经不再适应现实了。

二是能力曲线，从组织能力上，看组织能力是否能够支撑战略的发展。

三是组织能力背后是人才，能力曲线的背后是人才曲线。一个企业应该是将不同的指标结合起来考虑，需要关注的不仅仅是收入指标。正如微软首席执行官纳德拉说:"我们不再讨论成功后的滞后指标,比如说营收和利润,反而会考虑成功的超前指标是什么?我们认为是'客户的爱'。"换句话说,纳德拉认为微软需要减少对利润的关注程度,把心思用在开发更多客户喜爱的产品上,如果人们喜爱微软的产品,营收和利润的增长将是水到渠成。客户流失其实是表面的现象,它的线性同步指标是客户满意度、员工经验度等。

所以,这一点是值得我们关注的,就像任正非在 2015 年市场工作会议上也讲到,他说衡量支撑有效增长的指标有三个,当期、中期和长期。衡量增长的标准,短期当期看财务,中期看财务背后的能力,长期要看格局、产业生态和可持续发展。通过任正非这段话,我们能够更深刻地理解增长背后的逻辑是怎样的。

总结一下,组织层面可持续增长的驱动因素,首先看战略上能不能持续创新,与市场保持一致;其次看组织能力能否可以不断地持续进化,支撑战略的发展;最后看组织能力背后的人才能不能得到不断的供给。

▷ 创新增长 3.0 模型

克里斯坦教授曾经说,一个顶级的首席执行官有一个长期的任务,就是能够去开发一个创造性的成长引擎,也就是一种机制,用这种机制能够不断地重启承载业务。

事实上,这个机制背后的核心是企业家精神的激发。因为只有通过激发企业家精神,才能实现不断创新,满足客户需求,为客户创造价值。

我们都希望一个组织里边可以有一种机制,能够让业务不断地取得成功,就像华为这样的伟大企业一样穿越周期持续增长。经过十多年的探索和不断的企业实践调研,在洞察未来趋势和对大量的最佳实践企业的方法论、增长规律的提炼和总结的基础上，创合汇新商学总结出了“创新增长 3.0 模型”。

组织的增长模式是随着时代的发展不断迭代演进的，在前工业革命时代，组织的增长主要是依靠创始人个人来驱动（增长模式 1.0）；在工业革命大规模生产时代，组织的增长是以职业经理人为主要驱动力的（增长模式 2.0）；而在数字化时代，组织的增长则是由事业合伙人驱动的（增长模式 3.0）。

表 1　不同时代背景下的增长模式

增长模式 1.0	增长模式 2.0	增长模式 3.0
前工业革命时代	工业革命时代	数字化时代
创始人驱动	职业经理人驱动	事业合伙人驱动
机会与风口导向	科学管理导向	价值创新导向
雇佣关系	委托代理关系	事业合伙关系
火车跑得快，全靠车头带	集中决策，团队执行	人人都是 CEO

首先，这个模型是围绕着如何推动组织创新增长而展开的，它的核心起点是企业家精神。企业家精神推动了企业战略不断地创新，而战略的创新需要与之相匹配的组织能力，而组织能力的提升也会进一步地激发组织的企业家精神，提升组织活力，推动组织创新增长。当然，当今时代的组织创新增长也离不开两大外部力量的推动：科技的赋能和资本的加速。

“创新增长 3.0 模型”把企业家精神与战略、组织能力融合在一起了。我们让企业家精神回归了管理学，在过去的 20 世纪的企业管理和商学院的教育中，更多的是以管理为核心，较少提及创新

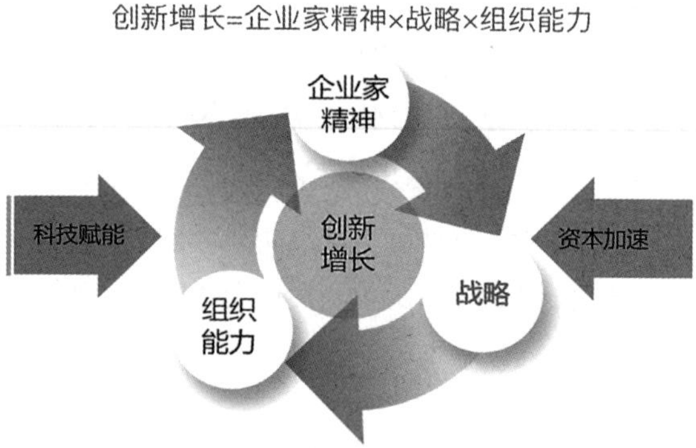

图 14　创合汇新商学原创理论模型——创新增长 3.0 模型

和企业家精神。实际上，一个企业如果缺少企业家创新和企业家精神，就不能称之为企业，这也是 20 世纪管理学的一个漏洞。正如经济学家威廉·鲍莫尔(William Baumol)所说："企业理论没有企业家，就如同《哈姆雷特》中没有丹麦王子。"科斯对新古典经济学有过深刻的批判：没有人性的消费者，没有组织的企业，没有市场的交换。我们同样对传统管理学提出批判：没有企业家创新的经济增长，没有企业家精神的企业管理学！

▷ 组织创新增长三部曲

在组织创新增长 3.0 模型的基础上，我们提出了组织创新增长的三部曲：战略的生态化、组织的平台化和人才的合伙人化。通过战略的生态化、组织的平台化和人才的合伙化来激发组织中的企业家精神，释放组织活力，实现可持续增长。

▷ 战略发展的终极方向是生态化

我们说，企业家精神推动了组织的战略不断地创新。因为战略的本质是对组织、愿景和使命的一种谋划，是在有限资源下的一种取舍，动态地寻找自身的定位。而企业家精神的本质就是在不确定下的判断，在变化中看到机会，在不确定的环境下找到那个确定的“一”。同时，战略的形成一定是基于企业经营哲学与外部环境和内部能力的一种融合。正如微软的首席执行官纳德拉将微软重新拉升到巅峰时代，首先做的是刷新使命，然后是刷新战略和组织文化。这背后是一种心性、心智和认知的力量。

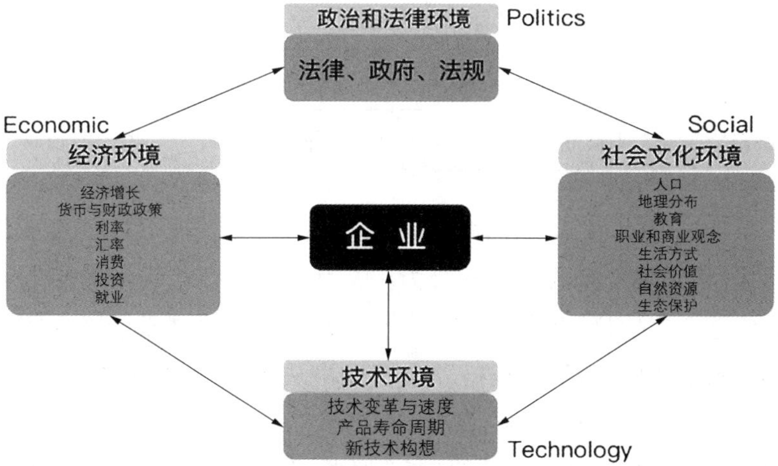

图 15 宏观环境的 PEST 分析

在战略管理中常用 PEST 来分析一个企业制定战略的外部环境。企业在制定战略过程中受到政策、法规、人口、技术等变化的影响，这需要一种对未来的判断和洞察才能制定正确的战略方向。我们当前正处于第四次工业革命，即将进入智能化社会的阶段，也就是万物互联的时代。在这个时代行业被颠覆，传统的价值链被重构。在这个背景下，企业也进入到一个战略的转折点。随着数字化时代的到来，产业环境的底层逻辑由竞争走向共生，企业的战略也必然从专业化、多元化向平台化、生态化方向升级演进。战略的生态化，意味着企业从封闭的企业链转向开放的价值网，不断创新文化、技术和连接，培育新物种，创造全新的生态商业模式。当传统管理模式走向终结，生态化生存将成为未来企业的唯一选择。

表 2 战略演进规律

维　度	战略 1.0	战略 2.0	战略 3.0	战略 4.0
经济模式	经济规模	范围经济	平台经济	生态经济
战略思维	“零和”竞争	“非零和”竞争	“中心化”共赢	“非中心化”共赢
战略定位	专业化企业	多元化企业	平台型企业	生态型企业

2017 年 3 月 15 日，华为发布“平台＋生态”战略。在数字化时代，华为将自身的定位升级为：成为行业数字化转型的使能者和优选合作伙伴，助力客户数字化转型，实现商业成功。而要实现客户数字化转型，平台战略和生态战略缺一不可，两者相辅相成。在推动行业数字化转型的道路上，开放合作对于产业的繁荣发展至关重要。华为从产业联盟、商业联盟、开源社区和开发者平台四个方面着手，构建开放生态圈。

不仅大企业如此，小企业也需要具备生态观。德鲁克说过：“用生物学上的术语来说，小企业必须找到一个特殊的生态位置，在其中它具有优势并能经得起竞争。这种特殊位置可能是在某一特别市场上的领先地位(无论它是从地理上说、消费需要上说，还是从消费者的价值观上说)，也可能表现为在某一方面非常卓越(如提供某种服务的能力)，或有某种独特的技术。”

正如英特尔创始人格鲁夫所说，穿越战略转折点所设下的死亡之谷事实上是一个企业必经之路。

那么，为什么战略转折点很难？凯文凯利解释道，颠覆性技术永远在发生，而且是从边缘性的地方出现的。它经过初步创新，不断改进，达到最低客户满意度，突然间市场打开。当然，这里边有很多也是有迹可循的。当我们在判断一个拐点并进行战略选择时，我们需要对趋势、市场竞争、自身能力、资源等进行系统性考量，进行综合判断。

那么，华为如何能够在 10 年以来保持 400 多项业务单元 100%的战略成功？首先，离不开战略管理系统和科学方法论的支撑。华为分别从 IBM 引进了 BLM 业务领先模型，从三星引进了 BEM 业务执行系统模型。BLM 模型一个很大的优势是可以不断地通过机会差距和业绩差距来寻找创新焦点，形成业务设计，让业务始终与客户需求和市场的变化保持一致。

其次，就是它非常注重战略的解码和落地。所谓好战略就是能落地执行的战略，不然统统都是口号。因此，战略的解码在一定程度上跟战略同样重要。很多企业在做解码的时候，往往把战略解码理解为绩效考核或是设立 KPI 指标，这完全是不够的。战略解码是让执行层去理解战略并找到自己在战略中的位置的一个过程，让大家产生企业战略跟每个人都关联的共识。让人人都成为自己战略目标的 CEO，才能实现分布式的行动，实现组织活力的激发。通过组织的共识激发组织活力，分布式的行动来共同完成目标，每个人都是自己的 CEO，这是战略解码最核心的所在。

而企业缺乏科学的战略解码，往往会出现上下级之间缺乏共识、战略与现状之间不匹配、目标没有交叉校验等一系列问题。

《大战略》作者加迪斯提出，大战略的关键是目标与能力达成一致，能够根据环境进行快速调整，在调整当中具备能力。

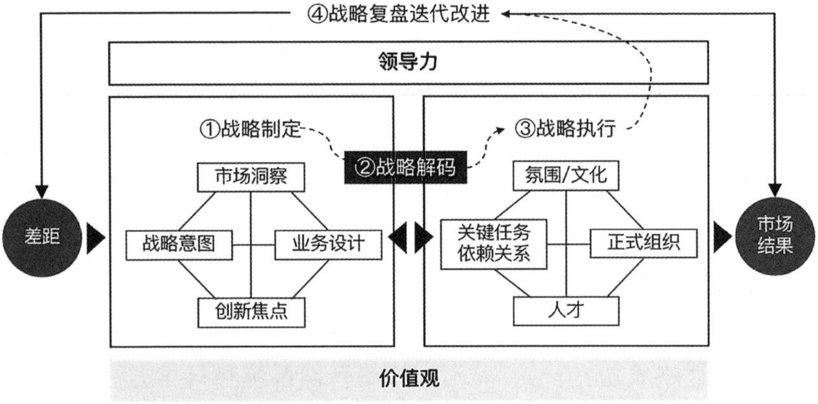

图 16　华为战略管理系统：BLM 业务领先模型

▷ 组织发展的必然形态是平台化

企业组织进化是人性特征演变和经济生态发展的必然结果。组织能力未来的发展方向，一定是从管控型到赋能型。

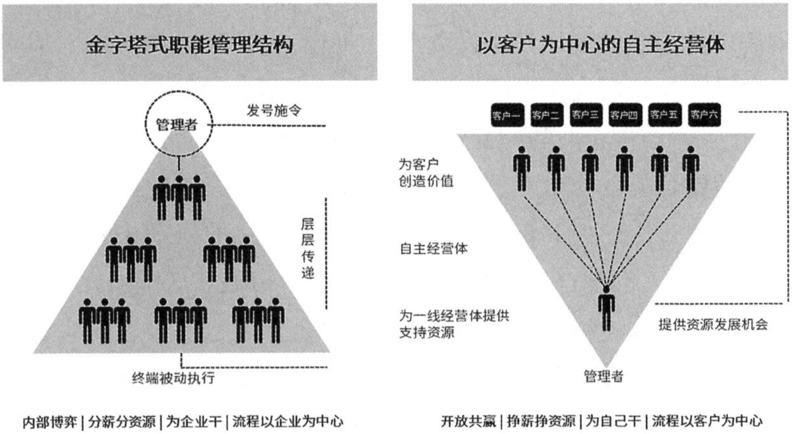

图 17　管控型组织与赋能型组织

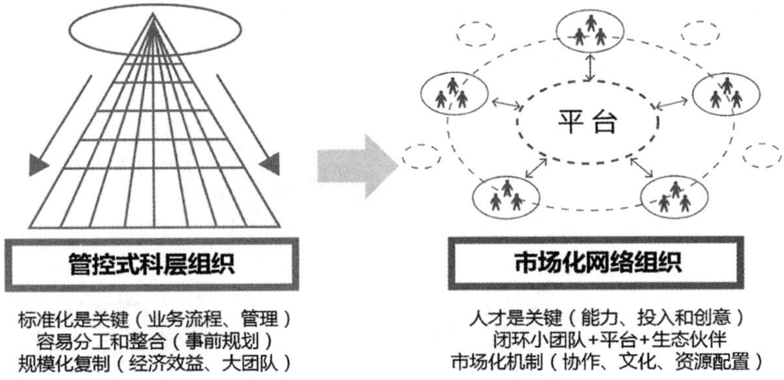

图 18　从管控式科层组织到市场化网络组织

因为在错综复杂的新生态下，预测已经是不可能的。因此运营的关键一定是从控制命令式转化为赋能，也就是我们说的分布式，去激发群体奋斗者的活力，进而让每个人能够做出自己独立的判断。每个人提升自己的判断力变得尤为重要，所以华为不断地进行组织变革，将组织打造成一个敏捷型的赋能型的组织，目的其实是为了更好地实现以客户为中心，更好地快速响应市场的需求，从而为客户创造价值。华为之前的“铁三角模式”，以及近期提出的“军团模式”均是如此。

“军团模式”将科学家、技术专家、工程师整合在一起。因为数字化时代事实上更加不能依赖过去的经验，而每个场景都是个性化的，所以必须让后端的科学家、技术专家、工程师和销售人员一起在场景当中为客户解决问题提出解决方案，让听得见炮声的士兵能够指挥战争。

我认为让听得见炮声的士兵指挥战争有三个前提。第一，士兵必须具有足够的判断力；第二，组织要有能够实现组织协同和激发奋斗者的激励机制；第三，要有以客户为中心的文化。所以我们特别强调说一个组织的机制能不能够将员工和管理者转化为奋斗者，这是十分关键的。

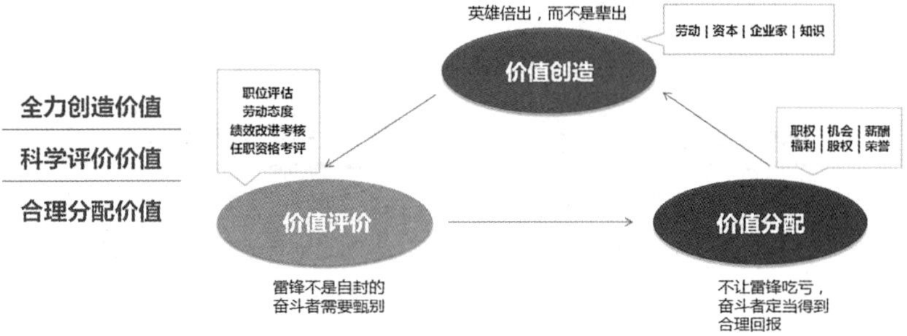

图 19 华为价值创造、评价与分配体系

华为公司创始人任正非曾说一个组织方向要大致正确，组织要充满活力。始终坚持为客户创造价值的正确方向，持续激发组织的活力，战略执行要闭环，要下放经营权，让听到炮声的人指挥战斗，以责任贡献分配价值，以愿景使命提升队伍精神追求，加快对作出突出贡献人的破格提拔。

▷ 人才发展的未来趋势是合伙化

纵观历史，人类社会从土地驱动的"农耕经济"、资本驱动的"工业经济"到人本驱动的"知识经济"，现如今人的创新创造成为经济发展的主要驱动力。

德鲁克在《21 世纪的管理挑战》一书中对传统管理的关键假设进行了剖析，并明确提出，21 世纪的管理者要将下属视为"合伙人"。原因很简单，在知识社会，作为下属的知识工作者，在很多专业领域的知识和技能要胜过上司。

同时，在高科技浪潮的不断颠覆与重构的背景下，我们正处在一个高度不确定的UVCA时代。拥抱高度不确定性，需要组织充满活力。因此，“平台＋合伙人”机制与模式将是未来的必然趋势。

- 2009年，阿里巴巴18名创始人宣布辞去“创始人”身份后，公司开始寻求和尝试合伙人制度；
- 2011年，小米自创业之初就实行了股份合伙制——共有8位合伙人，据公开资料显示：雷军持股77.8%、黎万强持股10.12%、洪峰持股10.07%、刘德持股2.01%，典型的股份合伙制，而其余初创期的40多名员工自掏腰包成为公司的初始股东；
- 2013年，海尔提倡进行企业平台化、员工创客化、用户个性化的“三化”改革，把员工变成公司的合伙人；
- 2014年，万科宣布，第一批1 320名核心员工成为公司的事业合伙人；
- 2015年初，美的集团推出核心合伙人计划，推动核心的管理团队从职业经理人向合伙人转变，实现责任共担、价值共享。

……

人才合伙化的目标是通过责任共创、权力共享、价值共享三大机制，激发组织内部的企业家精神，企业的决策机制上从仅仅依靠企业家个人的原发判断到依靠团队的派生判断，从集中式的决策到分布式的决策，让组织实现从企业家的企业到企业的企业家的转变。

▷ 结语

随着社会与经济环境的变化，企业增长的红利也在不断演化，从资源、关系红利到管理红利再到创新和企业家精神红利。企业家需要不断变革管理思想，变革管理方式，激发组织的活力和每一位员工创造力，才能实现可持续的增长。

未来伟大公司的引擎是创新与企业家精神，创新与企业家精神驱动的平台型、生态化公司正在成为21世纪商业领域的新中心。

二、战略创新

我们如何适应与创造未来

——21 世纪企业新战略

孟宪忠

上海交通大学安泰经济与管理学院教授、战略管理研究所所长

当今时代，人们每时每刻都能感受到技术、经济、文化、生活日新月异的变化。企业也在不断探索新的技术、开发新的产品、创造新的模式以适应变化趋势、适应未来。

在 MBA、EMBA 课堂、企业咨询和培训过程中，我常常感受到一些企业管理者面对变化挑战的困惑焦虑，感受到社会上一些管理培训和管理公司为企业提供的战略咨询方案不乏是从过去逻辑出发的僵化模板和归纳总结。甚至有学生批评得很尖锐：现在的学习是用过去的知识教育现在的学生面对未来的问题。

不得不说，这确实是管理理论滞后于企业实践的现实困境。我们必须承认：原封不动的 20 世纪的管理理论很难指导 21 世纪企业新实践，20 世纪的经验也很难引导 21 世纪的成功。

面对新的挑战，企业需要超越 20 世纪的经典的竞争战略。

▷ 超越经典的竞争战略、超越标杆管理

在西方，“strategy”一词源于希腊语“strategos”，意为军事将领、地方行政长官。后来演变成军事术语，指军事将领指挥军队作

战的谋略。

公元 579 年，东罗马皇帝毛莱斯用拉丁文写了一本名为 *stratagicon* 的书，被认为是西方第一本策略著作。在中国，战略一词历史久远，“战”指战争，“略”指谋略。春秋时期的《孙子兵法》被认为是中国最早的对策略进行全局筹划的著作。

在现代，“战略”一词被引申至政治、经济和管理领域，其含义演变为泛指统领性的、全局性的、左右胜败的谋略、方案和对策。

商场如战场，企业管理实践及管理理论的第一要义就是树立战略意识。像战争中有我方与敌人一样，经营中有企业与对手；像战争中有敌我阵地一样，经营中有市场份额；像战争的目的是夺取阵地、消灭敌人一样，经营的目的是赢得市场份额、赶走对手。

很明显，竞争战略带有明显的战争基因与输赢思维。应用到管理学上，20 世纪通行的企业战略的概念基本是：“企业战略是企业根据其外部环境及内部资源和能力的状况，为不断地战胜对手获得市场份额，为求得企业生存和长期稳定地发展，对企业发展目标、达到目标的途径和手段的总体谋划。”

20 世纪主流的企业战略是奠定在工业化大生产基础上的竞争战略，它以战胜对手、赢得当下的市场份额为取向，经营焦点是现有市场的业务，最重要的能力是在现有领域内的竞争优势。

20 世纪研究竞争战略有两位著名学者，一位是哈佛大学教授迈克尔·波特，他提出了低成本、差异化、集中化的竞争战略；另一位是波士顿咨询公司的创始人布鲁斯·亨德森，他提出了集中优势做规模经济的战略。

为了实现 20 世纪的竞争战略，企业还有许多具体的竞争做法：包括标杆管理、经验曲线、看板管理、5S 管理、六西格玛、全员质量管理、精益生产、流程再造、匠人精神、4P 策略等，这些方法有其价值的，到如今很多企业运用它已经做到了极致，也取得了阶段性的成功。

但在21世纪，我们不能满足于这些经典的竞争战略与做法，不能满足于仍旧用它们来指导今天的实践。

以标杆管理方法为例，它指的是以企业所处行业当前最佳实践为标杆的对标比超，战胜对手，赢得市场份额。如果技术和产品是延续的，没有出现颠覆性变革，那么标杆管理非常实用。例如，在20世纪的汽车行业中，汽车企业只要将燃油车做到最好，打败竞争对手就在行业中领先了。但是在今天，车企即使将所有燃油车对手都打败了，仍然会输给像特斯拉这样的颠覆性变革者。标杆管理还有个局限性，它局限以行业内的最佳实践为标准，忽视了其他行业、新生行业对现有行业的冲击和颠覆。仍以汽车行业为例，谷歌是一家科技企业，它通过人工智能来切入汽车行业；比亚迪是从电池业务起步扩展生产汽车；特斯拉最初的创业团队主要来自硅谷，用IT理念来造汽车，而不是以底特律为代表的传统汽车厂商思路。

由此可见，标杆管理所讲的标杆是当前的标杆，是行业内的标杆。而当前的标杆不一定适应未来，行业内领先也可能输给其他行业与新兴行业的冲击。

保罗·格雷尔姆在他的著作《黑客与画家》中评价道：在大型组织内部，有一个专门的术语描述跟随大多数人选择的做法，叫作“业界最佳实践”。这个词出现的原因其实就是为了让你的经理可以推卸责任。既然我选择的是“业界最佳实践”，如果不成功，项目失败了，那么你也无法指责我，因为作出选择的不是我，而是整个“业界”。经理人真正关心的是能否不承担决策失败的责任，所以最安全的做法就是跟随大多数人的选择。

一味跟随标杆，甚至有不愿意探索、创新，不愿意承担责任之嫌。

很显然，今天我们不能将企业战略局限在行业内现有对手竞争范围，而要有更前瞻更开阔的视野。21 世纪的企业战略要冲破 20 世纪主导的竞争战略理论的束缚。

▷ 标杆企业不超越 标杆也没有未来

管理大师彼得·德鲁克曾说过："动荡时代最大的危险不是动荡本身，而是仍然用过去的逻辑做事。"

很多真实的企业案例都能在印证彼得·德鲁克的这一说法。

▷ "完美"错过移动互联时代的微软

比尔·盖茨 1980 年代提出微软的口号："让每个家庭、每个办公室都有一台电脑。"微软当时也确实成为个人电脑 PC 时代当之无愧的王者，曾经连续多年都是全球市值最高的科技公司。然而，后来的微软却几乎"完美"地错过了移动互联网时代，在智能终端、搜索引擎、社交媒体、电子商务等领域一度全面落后于竞争对手。

任何一种产品的成功都与特定的时代背景紧密相关。当时代趋势发生变化，虽然这套产品和模式还在盈利，实际上已经逐渐与外界脱节。这时候很多企业的典型反应是采用"鸵鸟政策"：把头埋进沙子里，对事实视而不见，甚至产生抵触情绪，导致错失变革良机。就像微软第二任 CEO 史蒂夫·鲍尔默，他始终不愿意接受 Windows 已经过气这个现实，在 2012 年时仍然宣称：在微软没有什么比 Windows 更重要。微软的颓势，从公司市值上体现得很明显：1999 年年底，微软市值创下 6 000 亿美元的历史峰值，之后就一路走低，到 2013 年时市值已经跌去了一大半，只剩 2 200 亿美元。

比尔·盖茨后来回顾道:“我们没能预见到当时仅仅服务于学术、科研交流的互联网,在今天已经成为全球范围内兴旺的经济贸易网,以及人们须臾不可离开的社交网络……互联网以爆炸般的姿态闯入了公众的意识,而人们的感觉就好像是微软并没有被邀请参加这场游戏……互联网的发展对我们来说几乎成了世界末日即将来临的征兆……”

▷“自认并没有做错什么”的诺基亚

诺基亚市值在2000年约为2 500亿美元,仅次于麦当劳、可口可乐,2007年市值1 500亿美元。彼时诺基亚依然停留在连续性经营的轨道与幻想中,推出几十款各具差异化的功能机,但iPhone上市了。

苹果和谷歌这两家锐意进取的技术先锋并肩完成了移动通信史上的朝代变革,传统手机从此成为明日黄花。当全球用户如潮般放弃传统手机而投入智能手机的怀抱时,诺基亚的王朝已经开始坍塌,诺基亚公司连续15年占据手机市场份额第一的位置被终结。时任诺基亚CEO约玛·奥利拉在记者招待会上公布同意微软收购时,最后他说了一句话:“我们并没有做错什么,但不知为什么我们输了。”

▷ 欧德宁反思英特尔败笔

英特尔前CEO保罗·欧德宁早在2005年,就让英特尔开始思考超低价芯片:“我当时对我们的人说,我们会向这里发展。不过,要实现10亿台的销量,我们还需要做一些截然不同的事情……你必须能开发出10美元的芯片,还要实现很大的销量。”

但在PC业务的巨大成功下，英特尔这位巨人的转身却显得很迟缓，英特尔未能很好地抓住智能手机时代到来时的机会。

在2013年5月《大西洋月刊》的一篇报道中，欧德宁说他错过了苹果送上门的一次生产智能手机芯片的机会，即在英特尔赢得苹果公司的Mac计算机芯片订单后，英特尔拒绝为当时尚未发布的第一代iPhone提供芯片。而恰恰因错失这次机会，让英特尔长期处于被动之中。

欧德宁说："我们最终没有赢得这项业务，或者说没有接受这项业务……假如我们当初合作了，世界将会大不一样。但你必须记住一点，当时iPhone还没有发布，谁也不知道它会有什么作为。总之，他们想让我们生产一款芯片，而且已经给出了报价，一分也不肯让步，但我们认为这个价格低于我们测算的成本。我看不到利益，认为无法通过量产弥补亏损。但事后看来，我们测算的成本是错误的，手机芯片的实际需求量比任何人的想象都高出成百上千倍。"

以上三家公司都是世界一流的公司，也是在其领域里的世界标杆。但这些标杆也会在某个时点倒下。这意味着企业绝对不能满足于现有的业务领先，而是要同时考虑是否会有新的时代趋势冲击，新的技术创新，新的业务开展。这意味着企业决不能只是制定竞争战略，以为战胜对手就万事大吉。

▷ 21世纪的新战略

在21世纪的今天，面对数字化、低碳化、不确定性带来的挑战，任何企业不能仅仅制定战胜现有对手的竞争战略，因为即使战胜了竞争对手、赢得最大的行业市场份额，也会因行业被淘汰而被时代所淘汰，也会被看起来不相关的其他行业、新生行业所洗牌。

我们尝试对21世纪的企业战略作一阐释：21世纪的企业战略应该是在适应社会变革趋势、适应客户变化需求、适应竞合新态势前提下，对企业长周期三阶段发展的愿景目标、业务选择、能力发展、组织与文化的多重定位与多重创新。

▷ 对标未来趋势，努力适应三个趋势

韦恩·格雷茨基是一位加拿大的冰球选手。20世纪80年代，身为油人队队长的格雷茨基率领球队5年中获得了4次斯坦利杯冠军，从1985年到1988年连续4年获得最有价值球员称号。他是唯一一位曾经在一个常规赛季中打入超过200球的球员，而且不止一次，而是四次！1999年退役时，格雷茨基已经拥有了61项美国冰球职业联盟纪录。

对此，冰球大帝格雷茨基传授他的诀窍便是“球未到，人先到”。他说：“我不是快速地跟在球后追赶球，而是先跑到冰球将到的地方。”

这体现的就是他的洞察力和预判。格雷茨基打冰球需要前瞻与洞察，制定企业战略也需要前瞻趋势与洞察未来。正像乔布斯所说：成功的战略是分析出来的，伟大的战略是洞察和想象出来的。

我们无法预测事件，但可以洞悉趋势；我们无法预测具体，但可以勾勒轮廓。企业必须有面向未来的动态适应战略：适应社会趋势、适应客户变化、适应竞合新态势。对标未来趋势才是制定战略的前提。

▷ 对标趋势需要把握社会发展趋势的参照系

许多企业受线性思维影响，受行业思维局限，往往对颠覆性变化趋势关注不够，常常把视野局限在现有的产品上，局限在狭义的

行业内。而当新的趋势出现、新的技术突破和其他行业冲击，企业就可能就错失未来。

所以，制定战略的首要前提是要把握、适应大趋势。

适应未来，需要我们研究未来的趋势。而未来的趋势绝不等同于当下的现实，我们要基于现实来洞察未来、理解未来、预测未来，以未来为导向决策今天。

把握未来的大趋势应该有其参照系。参照系有两个大的维度：全球维度与国内维度。

全球维度：

1. 全球的技术、经济、文化、社会发展的大趋势；
2. 发达国家行业与企业转型创新成功借鉴。

国内维度：

1. 国家政治、经济、社会、技术、环境、法律等；
2. 中国优秀企业转型创新的经验。

在对国内外上述趋势分析的基础上，我们特别要关注研究“影响世界走向的领先公司”，例如，全球十大科技公司（苹果、亚马逊、谷歌、微软、脸书、特斯拉、阿里、腾讯等），这些企业的市值加总已超过日本、德国、英国等国的GDP，是影响世界走向的企业。我们需要多关注这些公司的新动向、新技术、新模式，因为他们所做的探索与创造往往不是仅仅影响某一具体行业，而可能会给众多行业、企业带来冲击和机遇。

我们希望企业家们都应该虚心观察、研究这些参照系，从中发现趋势、把握趋势，从而适应趋势。

▷ 适应客户变化

在20世纪竞争战略中很少提到客户，很少研究客户，重点放在了打败对手、赢得最大的市场份额上。这是因为20世纪市场是短缺的，无论企业提供什么产品，客户都有大量的需求，企业战略比拼的主要是谁生产的产品多，谁的市场份额大，比拼的是现有业务做大做强的规模化经营，兼并重组合并同类项。

如今用户的角色发生了天翻地覆的变化。我们进入到了客户做主、客户作为的时代。用户的重要性已经不言而喻，对用户的深刻洞察是企业为用户创造价值的必要条件，企业需要从战略高度去适应用户的变化，读懂用户的多种需求，研究客户的新特点、适应客户的新特点。

▷ 这是客户做主作为的时代

过去企业卖什么，客户买什么，客户仅仅是购买者；如今，客户与以往相比掌握了更多的信息，彼此之间的联系更加紧密且具有更大的控制权。被赋予权力的用户不但拥有更多的产品和品牌信息，而且可以传播并与他人分享自己对产品的评价。产品好不好不是看企业怎么说，而是看用户怎么说。

宝洁前任CEO雷富礼曾说："我们现在陷入一种恐慌状态，过去是我们在管理品牌，现在是用户在替我们管理品牌，这是我们过去没有经历过的。"

德勤咨询管理顾问公司（Deloitte Consulting）的一项调查发现，有62%的消费者会阅读网上其他消费者写的评论，有1/3的受访者说，他们会寻找更多关于产品、包装的信息和用户评论。可见用户的话语权与影响力越来越大。

客户何止是话语权的增长，参与权、作为性也与日俱增。

"因为'米粉'，所以小米。"大家都知道小米的这句耳熟能详的话，也都熟悉小米所谓的"粉丝经济"。许多米粉都参与了第一代小米的研发设计，特别是UI界面。在小米粉丝的心中有着这样的信念："小米手机是我参与设计、制作的，是我自己的手机。"

GE航空公司甚至连航空发动机的一些零件都有客户参与贡献智慧。

这就是人们所说的UGC（用户生成内容）、Prosumer（消费生产者）。

另一方面，当客户价值、社会价值发生了根本变化，企业也要为客户和社会创造从来没有的新的巨大价值。以汽车产业为例，以谷歌为代表的无人驾驶汽车未来将比人驾驶的汽车更安全，同时解放了驾驶时对人的束缚；特斯拉电动汽车及太阳能充电则节省了能源，促进了生态保护；3D打印将成为减低物质化、轻型化的生产方式，同时也减少了物流；与当前的传统陆上交通相比，飞行汽车的城市空中交通解决方案将以更快的速度和更高的效率运送乘客，并且成本更低，具备更大的灵活性。

除了客户做主、作为的趋势之外，我们还要关注客户的一些新特点：客户的闲暇时间在增多、客户的移动生活场景在增加、客户的个性化需求更加凸显、情感体验越发丰富、绿色消费渐成主流、大众化品牌日益崛起……

▷ 适应泛竞争与多合作

管理大师加里·哈默尔说："今天，产业的边界正在变得模糊化……竞争不再是敌我分明的经济利益的竞争，而是对新兴商业的主导权的竞争……各行各业之间的界限越来越不清楚，尽管利益之争仍然存在，但是开创新兴的商机才是公司获得竞争优势的真正源泉。

"事实上，我认为不应该再使用产业这个词，因为它已失去了实际意义。这是一个十分危险的词,因为它会使公司分不清谁是竞争对手。

“正是由于这个原因,我比较倾向于探讨广义的‘机会领域’,而不是狭义的‘产业’,例如,金融服务业是一个领域,而金融业是一个产业;能源是一个领域,而能源业是一个产业。”

只望向一个方向的望远镜看不到视野外的对手,企业需要思考的是除了行业内现有对手外,我们还在与谁竞争。现在已经进入跨界、无界与泛竞争的时代,企业间已经从两军对垒、知己知彼的同行竞争,变为产业交融、跨界洗牌、异质淘汰。

同时,今天的竞争也不再单纯是你死我活的零和博弈,而是竞争与合作的平衡,是共生共赢的雨林生态。

小米 2010 年成立,2019 年进入世界 500 强,是 21 世纪进入世界 500 强用时最短的企业。

小米作为生态型企业,主要为其合作伙伴做三件事:赋予智慧——实现所有的硬件到智慧硬件的升级;赋予品质——用标准化帮助合作企业提高品质;赋予品位——让产品更有设计感、美感。一句话,提高合作者智慧、品质、品位,形成共同成长的雨林生态。

“你能走多远取决于你与谁同行。”小米是希望通过资本的、经验的、能力的、服务的帮助,不仅使自己伟大,而且帮助合作伙伴一起成为伟大的企业。

▷ 长周期三阶段战略

21 世纪企业战略系统中另一个关键词便是企业要考虑长周期三阶段的发展。长周期指的是企业不但要考虑今天,还要考虑明天和未来:即短、中、长期的系统发展。

短期而言，指的是企业基于今天现有市场业务的提升与优化，为赢得市场份额开展竞争；中期而言，是基于明天新生市场的转型，在现实和未来中创新业务，为的是抢占市场先机；长期而言，是基于未来想象市场的探索，从未来反推业务探索与能力储备，从而做好进入未来的准备。

在企业的长周期三阶段发展过程中，对应着不同的具体战略：现有市场有前途存量业务的竞争战略；明天新生市场的转型战略；未来想象市场的能力准备战略。

▷ 竞争战略

竞争战略是 20 世纪的显学。

20 世纪 80 年代，哈佛大学教授迈克尔・波特和波士顿咨询公司创始人布鲁斯・亨德森系统化的竞争战略、优势战略成为主流。在一定意义上迈克尔・波特与布鲁斯・亨德森的战略理论主导了 20 世纪后期的企业战略实践。

波特和亨德森的战略本质上都是战胜对手、赢得市场即为成功的竞争战略。波特的三部战略研究著作都是以“竞争”闻世：《竞争战略》《竞争优势》《国家竞争优势》，故其被称为“竞争战略之父”。波特的核心理论贡献即在于他明确提出研究公司所在行业的竞争力“五力模型”、三大竞争战略和价值链理论。五力模型即行业内的现有竞争对手的竞争强度、潜在进入者的威胁、替代品的威胁、顾客讨价还价的能力和供应商讨价还价的能力，这五种因素决定着公司的竞争态势。

而在与五种竞争力量的抗争中，企业蕴含着三类战略选择：1. 总成本领先战略；2. 差异化战略；3. 专一化战略。

总成本领先战略并不是不重视质量、服务以及其他经营方面，但重点要在管理方面对成本给予高度的重视，贯穿于整个战略之中的是使成本低于竞争对手。

差别化战略是将公司提供的产品或服务差别化，在产业范围中生产独特性的产品、提供独特性的服务。

专一化战略实质就是细分，是主攻某个特殊的顾客群、产品线的细分区段或某一区域市场。实施专一化战略的公司可以使其集中突破、在细分市场赢利超过产业的普遍水平。

不难看出，这三种战略的本质都是竞争，都是在企业经营的重要方面比别人做得好：成本更低；差异优势；集中突破。

亨德森的集中战略基本上是专门化突破的另一种表达。

波特与亨德森的竞争战略成为20世纪的主导战略，有其历史的必然性，也有其当时的指导意义、重要价值。

自20世纪60至70年代始，企业间市场份额的竞争日益激烈，企业要想战胜对手，夺取更大的市场份额，确实需要从总体上思考如何发扬或是比对手成本低，或是比对手做得好，或是比对手优势集中的所长，所以波特和亨德森的战略规划成为主流。

但波特和亨德森的战略有其特定的时空使用限制。它主要适用于行业技术、企业产品延续发展的相对稳定时期、适用于企业现有市场的竞争。

今天，波特与亨德森的战略面临的一个严重挑战是经济进入非连续性的颠覆性变革时期，行业技术、产品结构发生了根本变化，不论一个企业在现有市场上具有多强竞争优势、战胜多少同行对手、取得多大的市场份额，如果不适应颠覆性变革也要被市场淘汰。

福特的流水线开创了汽车的连续性生产，曾经是20世纪最大的工业企业，阿道斯·赫胥黎在《美丽新世界》中曾经以福特开始流水线生产为新的纪年——福纪，人们像敬畏上帝一样崇拜福特。Our Lord 变成了 Our Ford。

1955 年第一次发布世界 500 强排名时，通用汽车位居第一；摩托罗拉曾经是美国众多企业的学习目标，率先实施六西格玛(6 Sigma)，成本低、质量好；施乐也曾是全世界最好的复印机企业；美国最大的电话电报公司曾占有全美超过 60% 电报电话市场，有不可撼动的垄断地位；柯达也是不可一世的企业，一个世纪以来柯达机械相机、各种胶卷一骑绝尘。但上述企业今天都面临困境。

不能不说，这些企业都是成本做到最低，功能发挥到极致，规模行业最强，市场份额最大，学习曲线最有效率，但为什么却都失败了呢？

因为这些企业在 20 世纪末碰到的再也不是 20 世纪的竞争范式，不再是在延续性技术、相对稳定的产品市场竞争，这些企业碰到的是技术的非连续性变化、颠覆性创新。企业现有的技术发挥到极致、现有的产品、服务做到最好、市场价格降到最低，人们也可能不再需要。降到零价格的固定电话也没有人使用了，传输再清晰的传真机也被淘汰出局，再好的胶片摄影也让位数码，诺邦书店、西尔斯百货、反斗城连锁、史泰博文具都被亚马逊网上万商家逼到死角……

现在的竞争很大程度上是创造颠覆性新市场、颠覆性新技术、颠覆性新产品的竞争，企业需要的是如何跳出现有市场、现有行业思考，探索破坏性技术、颠覆性产品的转型创新战略。

过去的经验不能引领我们走向未来，不能以单一的竞争战略指导今天的颠覆性变革实践。只有突破持续稳态的静止思维，突破行业的狭隘思维，我们才能制定 21 世纪的转型创新战略。

我们在这里是在强调波特、亨德森的理论有其应用的时空条件，超出这个条件，就是“真理走向谬误”。但我们没有说波特、亨德森的理论在当时是不对的，我们是说将这些理论原封不动地在今天运用是不妥的。这也像在冷兵器时代，个人武功决胜天下，在今天，我们没有说常山赵子龙、行者武松、小将罗成不是武功盖世，我们只是说，面对着 AK47 步枪，你还要耍降龙十八掌、天马流星拳，结局只能是横尸遍野，而且也冥顽不灵。

我们也没有说，竞争战略在今天完全没有价值，我们只是说在今天任何企业都不能满足单一的竞争战略，不能只是从现有业务竞争角度来研究制定战略，我们在强调企业制定竞争战略要有一个前提，首先要根据未来趋势研究、判断企业现有业务的生存价值，如果没有生存价值、发展前途，竞争就没有意义。质言之，企业竞争战略与企业转型战略需要一起思考。

▷ 转型战略

面对颠覆性技术变革、经济变革、社会变革，企业要适应新的趋势，探索新技术、创新新产品、提供新服务、运作新模式，也就是企业要开辟“第二曲线”，企业只有跨越非连续性，才可能实现第二曲线的增长。

第二曲线指的是，每当现有的技术遭遇极限点的时候，总会有一个新的技术重新起步，最终会超越原有技术的限制。新技术并不是原有技术的延续，而是颠覆性的突破。新旧曲线之间也并不是继承的关系，而是一种竞争、革命、替代的关系。

人们往往忽视第一曲线的转折点，以往的成功使得人们总以为现有的一切可以继续成功。就像查尔斯·汉迪所说，第一曲线的成功会让人们对潜在的新技术、新市场视而不见，从而让他人抢占先机。现在新技术的出现每天都在给人们创造新曲线的机会，识别并抓住这些机会是企业面临的新的战略挑战。

如何判断第一曲线达到高峰、第一曲线到了转折点？

对标趋势生存价值分析可解决这一问题。也就是企业要在深入对标未来趋势，即对标社会发展要求、对标客户新的需求、对标竞合态势的基础上，对企业技术、产品、服务、模式现状展开是否适应未来、是否有生存价值的分析、研判，对未来趋势中蕴藏的潜在机会作出分析、研判，从而确定企业向第二曲线的战略转型与创新。

如果我们充分展开对标趋势的生存价值分析，就可以看到企业的现有技术、产品、服务、模式可能在四种状态之中：

濒临死亡的，即没有前途的技术、产品、服务、模式；

尚能生存的，即只能短暂维持的技术、产品、服务、模式；

加大发展的，即有前途的现有技术、产品、服务、模式；

萌芽新生的，即自己没有进入或刚刚尝试但适应未来，在未来会成为主流的技术、产品、服务、模式。

这也就是企业业务的“四种态势分析”。根据对企业业务是否适应未来的具体态势分析，我们也就可以形成企业的战略思路：

对于濒临死亡的业务当然是壮士断腕，不论现在的业务多么有规模，市场占有率有多大，动态地看，颠覆性创新可以将现在的强大一夜归零。

对于尚能生存的业务需要尽快生产、尽快销售、尽快回收成本，准备转型创新。

对于加大发展的业务要努力做到低成本、优质化，赢得市场份额。

对于萌芽新生的业务，在判断准确的基础上要全力突破、抢占市场先机。

质言之，21 世纪的企业经营是动态经营，企业的战略也是动态战略，企业要不断地对标趋势，展开“业务四势分析”，业务不断推陈出新才有未来。不做动态的对标趋势的生存价值分析，企业就会陷入只从现有业务的规模、市场占有率来做大做强当下的“主业”，到头来，如果不适应未来趋势，不论多大多强的主业都可能被颠覆性创新所淘汰。化石能源企业帝国、称霸百年的燃油车企错失未来的教训不能不汲取。

史蒂夫·乔布斯(Steve Jobs)极其精通动态经营，极其精通适应未来开辟第二曲线。在苹果公司推出 Mac 电脑大获成功之后，乔布斯已经着手推出 iPod，继而又开始设计完全不同的新产品 iPhone，同样获得成功之后，又开发了 iPad。每一条新曲线都是在上一条曲线达到巅峰之前就已经构想完毕；每一条新曲线都源自上一条曲线，但又指向完全不同的市场——乍一看似乎非常冒险，但对于乔布斯而言却是合乎逻辑的第二曲线。

很明显，对标未来的趋势，以未来趋势为标准审查、研判现在的业务，在未来的趋势中发现机会，这是开辟第二曲线、实施转型战略的重要研究内容。

那么何时开辟第二曲线，推进战略转型?

首先，我们要有探索、创新第二曲线的迫切感。

查尔斯·汉迪说得好，尽管我们人类把自身的生命曲线延长到了 90 年甚至更长，但是对企业而言，S 型曲线的长度似乎变得更短了：过去的企业在倒闭之前通常能运行 40 年左右，而现在企业的平均寿命仅为 14 年。

所以，第二曲线的时点非常重要：企业应该在第一曲线攀向巅峰时，在曲线下滑前开辟第二曲线。

因为，在第一曲线到达巅峰开始下滑时再开辟第二曲线，企业业绩不佳，员工士气低落，企业已没有足够的资源开辟第二曲线，同时也失去了开辟第二曲线的先机。想一想燃油车企失去率先开发电动汽车的机会，想一想石油巨头失去了抢占新能源市场的机会，我们就可以感受到开辟第二曲线的时机多么重要。

20 世纪末到 21 世纪初年，有几部专门探讨超越现有竞争、开辟新的市场、实现企业战略转型的书籍：1996 年出版的杨·莫里森的《第二曲线》，2000 年大前研一的《新大陆》、2005 年 W.钱·金和勒妮·莫博涅的《蓝海战略》、2015 年查尔斯·汉迪的《第二曲线：跨越“S 型曲线”的二次增长》。这几部书的主要内容都是研究企业如何从今天的现有市场转向明天的新生市场。这些学者们都很擅长形象思维：他们都形象化地以“第二曲线”“新大陆”“蓝海”形容新生的市场，以“第一曲线”“旧大陆”“红海”比喻现有的市场。他们也都在告诉我们：在今天企业既要能在第一曲线、旧大陆、红海赢得市场份额，更要能在第二曲线、新大陆、蓝海开辟新的市场。大家可以深入研读这些书籍，会对转型战略有更多领会。

▷ 情景规划战略

企业在做好基于明天的转型战略、抢占市场先机后，还需要制定基于未来的情景规划战略，这是为进入未来的探索和准备。情景规划是一种面向更远的未来的一种前馈战略。众所周知，反馈是根据过去历史经验的评价结果去制定战略，那么前馈则是根据对发展趋势与未来情景的预测去制定战略。

前馈，需要我们的大脑提前考虑和处理将要出现的信息。我们不能预测每一只蜜蜂的飞行方向，但可以预测蜂群的动态。外部世界提供了多种可能性，情景规划战略是我们以自己的努力去促进一种可能性转化为现实。我们只有通过创造才能描述未来。预测未来的最好方法是把它创造出来。最美好的未来是创造的未来。

情景规划是理清扑朔迷离的未来的一种重要方法。情景规划要求公司根据变化趋势先设想几种未来可能发生的情形，接着再去想象会有哪些出人意料的事发生。这种分析方法使企业可以开展充分客观的讨论，使得战略更具有弹性。高明的棋手总是能清晰地想象下一步和下几步棋的多种可能的"情景"。

"情景规划"能提供预防机制，让管理者处变不惊——对突变既非阵脚大乱，也非无动于衷。它更接近于一种虚拟性身临其境的博弈游戏，在问题没有发生之前，想象性地进入到可能的情景中预演，当想象过的情景真正出现时，我们将能从容和周密地加以应对。

1972 年，传奇式的情景规划大师，法国人皮埃尔・瓦克领导着壳牌情景规划小组。当时该小组发展了一个名为"能源危机"的情景。他们想象，一旦西方的石油公司失去对世界石油供给的控制，将会发生什么，以及怎样应对。在 1973 年至 1974 年冬季石油输出国组织(OPEC)宣布石油禁运政策时，壳牌有良好的准备，成为唯一一家能够抵挡这次危机的大石油公司。从此，壳牌公司从"七姐妹(指世界七大石油公司)中最小最丑的一个"，一跃成为世界第二大石油公司。

1982 年皮埃尔・瓦克退休，接任他的是彼得・舒瓦茨。在 1986 年石油价格崩落前夕，壳牌情景规划小组又一次预先指出了这种可能性，因此壳牌并没有效仿其他的各大石油公司在价格崩溃之前收购其他的石油公司和油田扩大生产，而是在价格崩落之后，花 35 亿美元购买了大量油田。彼得・舒瓦茨说这一举措为壳牌锁定了20余年的价格优势。

情景规划是一套在高度不确定的环境中帮助企业进行高瞻远瞩的方法，它不仅能够帮助决策者进行一些特定的决策，同时也使决策者对需要变革的信号更为敏感。

做一个总结：竞争战略是促进有前途的现有业务做得更好以占领现有市场份额的战略，转型创新战略是开辟第二曲线抢占明天市场先机的战略，情景规划战略是想象未来市场为未来市场准备能力的战略。

一个有远见追求可持续发展的企业应该思考长周期三阶段的不同战略统一。

▷ 战略创新内容分类——S创新与P创新

在长周期三阶段的战略中，不论哪一种战略都需要创新。人们可以从多维度来研究创新，如从创新的程度角度有突破性的、颠覆性的创新，也有连续性的渐进式创新；从创新主体角度有自主创新，也有协作创新。在这里我们主要从内容角度分析两种创新，一种是P创新，P代表Product，即产品和内容创新；另一类是S创新，S代表Strategy，也就是模式创新。在企业做战略时，这两类创新都不可偏废。

技术创新

▷ W. L. Gore & Associates

戈尔公司是一家专注于探索发现和产品创新，并帮助产业链发展的高科技材料公司。

结合行业专长和多元化产品能力，为最严苛环境下的应用提供产品解决方案——从医疗级别的人体植入物、保护探险家登上珠穆朗玛峰的防寒服装，到传输火星信号的电缆，戈尔的技术、产品创新不胜枚举。

▷ Pasture Meter

新西兰北部帕默斯顿小岛的农民利用 Pasture Meter 先进的遥感技术，每秒钟可以在农田上扫描 200 次，分辨牧场上青草的数量以便奶牛更有效地分布。Pasture Meter 还提醒农民注意各自饲料的数量。评估农田肥力的传统技术，包括超声波和面板数据仪，一般每块农场读数只能读到 250，然而 Pasture Meter 能读到 18 500。

这些数据技术极大地提高了新西兰牛肉的产出。现在新西兰出口到一些国家的牛肉激增几倍。说这些增加都是 Pasture Meter 技术使用的原因言过其实，但当地农民认为这是最重要的因素。

这些农民也许不懂什么大数据，也许刚使用大数据和分析软件没多久，但他们却知道在行业内正确使用数据分析会增加价值。

以上都是 P 创新，是技术与产品的创新。

模式创新

▷ 特斯拉的直营模式

传统的汽车经销模式以 4S 店为主导。特斯拉另辟蹊径，采用直销模式，彻底颠覆了传统的汽车经销渠道。特斯拉 CEO 埃隆 · 马斯克对此表示："特斯拉做网络直营是要确保所有的客户从开始到最后都有全链条的最佳体验。投资人希望在中国卖高一点，很多汽车厂商都这么干，但我认为不能欺骗消费者。”

特斯拉直销模式的步骤为：车型了解、意向购买→门店体验、预约试驾→官网预订、支付定金→工厂接单、定制生产→支付尾款、车辆交付。“线上销售＋线下体验和服务”的模式让作为汽车制造商的特斯拉直接与消费者接触，省去了经销商在其中的利润差价，也正是因此，在特斯拉 Model S85 刚上市时，国内普遍预测售价至少在 150 万元以上，但最终的实际官方售价为 73.4 万元，仅为一半不到，让所有人大吃一惊。

▷ 通威首创“渔光一体”发展模式

通威集团是一家农业产业化国家重点龙头企业。通威将光伏发电与现代渔业有机融合，于全球率先创造“渔光一体”发展模式，实现“水下产出绿色安全水产品，水上输出清洁能源”，真正实现了鱼、电、环保三丰收。作为中国乃至全球同时涉足农业和新能源光伏产业的龙头企业，通威真正实现了农业和光伏的高效协同发展，并致力于成为全球领先的绿色农业和绿色能源供应商。

通威同时推进了技术创新(光伏技术)与模式创新(渔光一体)。

▷ 探索创新与改进完善的平衡

以上列举的一些技术创新和模式创新非常振奋人心，但并不说企业要走极端，全部投入颠覆性的创新，一方面颠覆性创新难度大和风险高；另一方面，如果企业当前的技术和产品有发展前途，企业也可以改进和完善现有的技术和产品。

美在平衡之中，企业的战略应在颠覆性创新与改进完善两者间取得平衡。

罗马神话中有门神雅努斯(Janus),他有两个面孔,一个面向未来,一个回望过去,这是一种继承与创新的平衡。英文单词一月January就是源自Janus,含义也是继承与创新。

企业做战略也是如此,既不能抛弃过去的美好,但也绝不应仅仅停止在过去的成就。企业需要能够在探索、颠覆性创新与改进、完善管理两方面取得平衡。

▷ 战略是业务规划与能力规划的统一

从一定意义上说,20世纪主导的企业战略基本可简化为业务选择战略,人们也经常说"战略就是做正确的事"。到了21世纪,企业的战略就不再仅仅是业务选择、业务规划战略,而是业务规划和能力规划的统一。

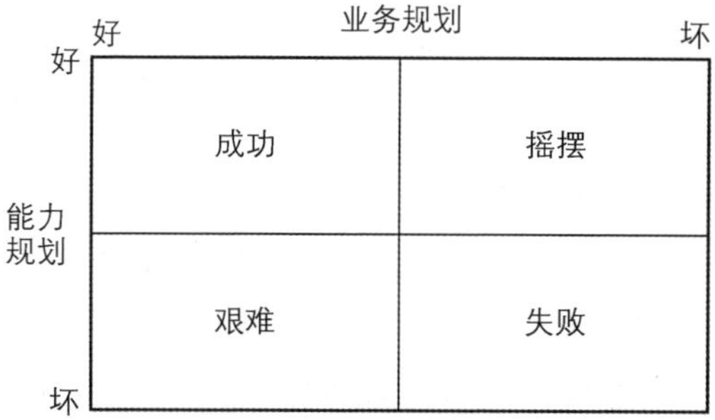

图1 业务规划与能力规划矩阵图

根据业务规划与能力规划矩阵判断企业的发展,有四个象限:业务规划好、能力规划都好企业才能真正的成功,这叫作有好事有好人。反之如果业务规划和能力规划都不好,企业根本不可能成功。如果能力规划好但是业务规划不好,也就是说即使团队有能力,甚至有创新能力,但不知道方向何在,能力如何发挥,此时企业就处于矩阵右上角的摇摆状态。最后如果业务规划好,但是能力规划不够,此时企业要实现发展就会非常艰难。

所以21世纪的战略强调业务规划和能力规划的统一,而不是过去只要把业务选择好就够了。因为过去是机械化生产,即使生产不同的产品也是使用现有的生产能力,现有的生产线。而现在企业要做全新的事情,面临着变革的挑战,面临着创新的业务,面临着客户为主的丰富多彩的期望,面临着国际国内日益严格的规则,那就要有全新的能力规划、发展全新业务的能力。

挪威经济与商业管理学院谢尔·冈豪格与奥德·诺德豪格在20世纪末发表的《公司的战略与能力》一文中提出了能力差距假设与能力战略:在战略制定阶段首先要估计未来能力要求,再描绘和估计内部能力现状,用未来的能力要求减去现在的水平,可以识别能力的缺口,并据此制定能力构建计划。在战略实施阶段实施能力构建计划,也就是将潜力转化为现实能力并实现能力的应用。

对于企业培养适应未来的新能力的重要性,亚马逊的贝佐斯深有体会。他认为企业的发展有两种能力逻辑:一是从自己现有的能力出发,基于现有的核心竞争力,思考未来还有哪些提升空间;二是从客户未来的需求出发,基于未来如何最好地满足客户需求,倒推回来,思考自己需要建设哪些新的核心能力。

过去几十年来,很多企业默认的发展模式就是第一条路径,核心竞争力理论就是这么说的。这样做虽然显得更加顺理成章,更加容易成功,但其发展空间是十分有限的。

而亚马逊要走的恰恰是第二条路径。这意味着必须敢于进入全新领域,敢于从零开始打造自己尚不具备的关键能力,并快速将之打造成为赢在未来的核心能力。

贝佐斯思考的不是现在,而是未来,即重要的不是现在会什么，而是企业要活在未来、赢在未来，需要什么能力。

所以当贝佐斯在判断出如果电子阅读是未来的大势所趋，甚至有可能（至少在一定程度上）取代纸质书时，他就意识到，亚马逊就必须打造全新的核心能力，就算再难，也必须去做。基于这些认知，贝佐斯在决策做 Kindle 时，就明确地对该项目负责人说：“你的工作，就是要干掉自己的业务……就是要让卖纸质书的人都失业。”

过去几十年，大大小小的企业都需要建设自己的网络系统，需要自己购买硬件和软件，如果自己不会搭建网络，还得请外部的系统集成公司或者 IT 咨询公司帮助完成。这就是以 IOE 为代表的传统 IT 架构，即以 IBM 为代表的主机，以甲骨文（Oracle）为代表的关系型数据库以及以 EMC 为代表的高端存储设备。

然而，云服务改变了这一切。从那时起，企业多了一种选择，即无须投入巨额固定资产，无须自建复杂系统，可以借助第三方提供的云服务更快速、更灵活、更低成本地完成系统搭建。

亚马逊看到了云计算的灿烂未来，决定要进入云计算市场提供云计算服务。但反对声浪不小，亚马逊是物流企业，根本不具备云计算能力及经验。然而亚马逊从零起步，增长新的能力，开创了一个规模巨大、增速惊人的全新市场——云服务市场。

亚马逊云服务市场始于 2006 年，先推出了简单存储服务，之后微软于 2010 年、谷歌于 2012 年才跟进杀入这个市场。

在今天企业的核心竞争力、战略能力已不仅仅是某种技术、管理能力，重要的是适应未来、创造未来的能力。这正像核心竞争力提出者加里·哈默尔所说：“现在重要的不是时间节点上的竞争优势，而是随着时间流逝的进化优势。”

在今天，我们不能仅仅强调狭义的人力资源管理，而要强调战略性人力资源，在战略上培养新的能力。

▷ 低碳革命是21世纪企业战略的应有之义

20世纪的企业战略基本上都是业务战略，都是研究企业如何以更低成本、生产更好产品、提供更好服务，以战胜竞争对手。在21世纪，任何企业的战略不仅要研究业务发展，企业生产什么，怎样生产得更好，也要研究低碳革命，研究排放什么，怎样排放得更少，乃至净零排放。

为什么今天低碳问题如此重要？

按照《能量与文明》的作者瓦茨拉夫·斯米尔的观点，人类所完成的一切都取决于我们获取能量的能力与获取能量的方式，能量是贯穿宇宙运行、文明演进、社会建构、产业创新的通行货币。

从能量的角度，从农业社会到工业社会到信息化社会，就是我们能源方式从薪柴为主到石化能源为主再到清洁能源为主的变迁史。农业社会的时候，我们用的是薪柴为主的植物能源；在工业社会，蒸汽机、内燃机、电动机的发明，促进了煤炭、石油为主的化石燃料的大规模应用。石化能源促进了人类社会飞速发展，但也恰恰是由于对化石燃料的过度使用和依赖，造成了严重的气候破坏和环境污染。

2021年极端天气频繁发生，各大洲几乎无一幸免。百年难遇的严寒或暴雨、赤道地区的天空飘起雪花、北极千年不遇的高温，人类不得不一次又一次地面对气候灾害……

气候危机如多米诺骨牌，随时都有可能引发连锁反应。

联合国秘书长古特雷斯发出紧急呼吁："如果我们现在不采取行动，这个世纪可能是人类最后一个世纪。"

欧盟主席冯德莱恩也说，应对气候变化已成为这个时代最重要的责任。"欧盟制订了雄心勃勃的目标，到2050年成为第一个碳中和的大陆,并承诺为子孙后代创造一个更绿色的世界。”

企业家也在呐喊,比尔·盖茨在《气候经济与人类未来》中写道:“若不立即行动,到 21 世纪中叶,气候变化可能像新冠肺炎一样致命,2100 年气候变化的致命性可能达到新冠肺炎的 5 倍。”

学者们更是提出了严肃的论据——

诺贝尔物理学奖 2021 年首次颁发给两位气象学家,其中的真锅淑郎从 20 世纪 60 年代开始研究地球大气运动,寻找二氧化碳与地球地表温度的联系,成功预测当大气中的二氧化碳含量增加 2 倍时,地面温度将上升 2.3℃(巴黎协定使用数据)。另一位获奖者克劳斯·哈塞尔曼,在真锅淑郎的研究基础之上,“创造了一个将天气和气候联系起来的模型”,并开发了寻找气候变化人类影响因素的办法,但他却说“我宁愿没获诺贝尔奖也不希望全球暖化”。

世界正在前所未有地重视碳排放及气候问题,究竟何以至此?

变化常在,无论是自然界、人类社会还是技术发展常有三种变化方式:线性变化、周期性变化、指数型变化。

线性变化,相对来说是一种有方向性的、缓慢的以及可以预测的变化。

周期性变化是周而复始的循环,大多是一个闭环,终点可以回复到起点,周期的环节和环节的特点是重复、可预期的。

自人类诞生到 19 世纪工业化普及前,地球的碳排放是线性的、缓慢的,大气中二氧化碳的“收支”大体上是平衡的,气候变化有低度的冷热周期循环,但对人类的生存没造成严重危害。也正是因为工业化之前的长时间线性变化、冷热循环养成并强化了人们的线性思维与周期思维,错以为当前的气候不过是慢慢变化、周期变化,甚至可以回复到以往。

而现实却是:今天的气候变化及其危害是一种指数变化,指数变化的特点是一开始变化很小，在不知不觉中演进，反复自我强化，最终产生我们意想不到的严重后果，颠覆性地改变游戏规则。

研究表明，最近 80 万年全球平均二氧化碳浓度维持在 240 ppm 左右，然而，从第一次工业革命开始计算的 270 年间二氧化碳的浓度已经超过 400 ppm，地球的平均气温上升了 1℃。

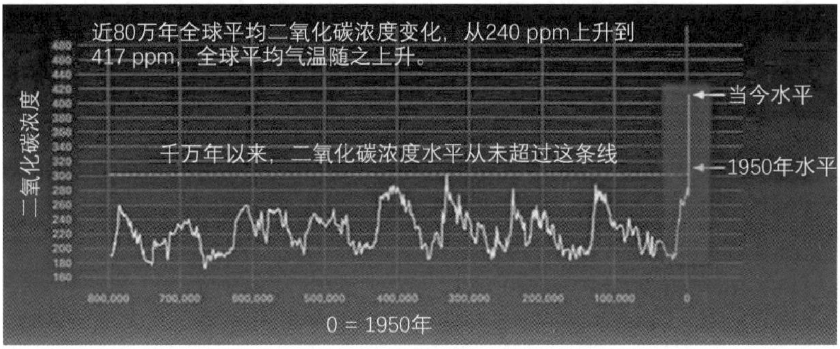

图 2　二氧化碳浓度与地球平均气温关系图

（数据来源：NASA，东北证券）

联合国政府间气候变化专门委员会（IPCC）很早就提出气候临界点（climate tipping point）的概念，即气候系统从稳定状态到另一种稳定状态之间的关键门槛。一旦临界点被激活，系统将无法回至原来的稳定状态，一旦全部“气候临界点”被激活，地球系统可能将重新洗牌。

气候科学家们已经识别出了 15 个影响地球系统平衡的临界点：北极海冰、格陵兰冰盖、南极西部冰盖、西伯利亚冻土层……不幸的是，由于全球变暖，它们之中的 9 个已经被唤醒。

这不是危言耸听。

最大的变化是变化方式的变化。工业时代以来的碳排放引发的气候变化不再是缓慢的线性变化，也不再是可以往复的周期性变化，而是后果极为严重的指数型变化。

正如 BCG 研究表明："如果不加以积极干预，21 世纪末全球气温将上升 5℃，粮食将减产 50%，75%的物种将面临灭绝。"

这一切，表面是气候危机，背后是低碳化革命的要求，是人类发展方式和文明方式的问题，也是人类能否继续生存的问题。

这就是碳排放的指数变化给我们带来的不可回避的威胁与挑战。

面对严重的气候问题，需要所有的企业、行业、社区、城市、政府、国家都要积极采取行动，减排、中和，制定碳净零实施方案。欧洲提出到 2050 年要实现碳中和，我国计划到 2060 年实现碳中和。企业是主要碳排放者。2020 年全球温室气体排放约 510 亿吨，其中：生产与制造（钢材、水泥、塑料等）占比 31%，电力（生产与储存）占比 27%，种植养殖（植物、动物）占比 19%，交通运输（飞机、汽车、货船等）占比 16%，取暖与制冷（供暖系统、制冷系统、冷却系统）占比 7%。很明显，所有的企业都需要将低碳化融入企业的价值观，融入企业的战略设计。

企业要像制定发展战略一样，研究制定企业低碳战略：企业要开展碳排放现状评估、制定减排目标和减排举措、制定减排路径和运营优化。在今天，企业没有低碳化战略，不但没有竞争力，甚至会失去社会的认同、存在的前提。

▷ 战略总是动态改进与完善的

21 世纪的战略是在适应社会变革趋势、适应客户变化需求、适应竞合新态势的背景下来分析企业的生存价值，并寻找趋势中的新机会，制定长周期三阶段的发展战略。21 世纪的新战略需要业务规划与能力规划的统一与平衡，战略总是在动态改进与完善的。

21世纪新战略不再是由企业上层规划好，一劳永逸，剩下的只是员工执行，而是领导与员工共同谋划形成集体智慧，是在执行中发现新挑战、新问题、新机遇，边执行、边调整、边完善、边更新。21世纪战略是上下互动、规划与执行相融合的动态过程。

弃旧迎新需要智慧，更需要勇气。互联网思想家蒂姆·奥莱利说过："要理解未来就需要我们摒弃我们关于现在的思维模式，放弃那些看起来顺理成章甚至习以为常的思想观念。"

赢在战略

——从华为三次转型看企业的生存与持续发展

兰 涛

原华为战略部部长

企业发展到了一定的阶段和规模，都想通过转型实现新的发展。但“不转是等死，转不好是找死”。因此，转型要成功，首先转型战略必须正确，同时思维模式、流程、组织，以及人的能力培养和考核，都要跟随战略进行转型变革，否则转型战略就会落空。

据华为对外公布的2020年报，其营收达到8914亿元。华为从2万元起家，在经历了创业期之后，其在发展过程中经历了三次生死攸关的转型关键时刻。当前，在风云变幻的全球贸易环境下，华为是否能够再次转型成功？华为做了哪些未雨绸缪的准备？其成长经历值得其他中国企业去系统学习和借鉴。

现在很多企业到华为去参观学习，接触到了大量先进的管理理念。其实，华为今天的管理方法对一些企业可能是不适用的，企业要根据自己的发展阶段和实际情况去学习和借鉴。笔者有幸在华为工作17年，亲身经历了这三次转型。根据自己的亲身经历，与大家分享一下企业在转型过程中的管理精髓。

▷ 华为的三次变革

华为转型最早是从1998年开始的，当时已经渡过了企业的生存期。在公司发展势头很好的情况下，进行了一次主动变革，标志就是以客户为中心的集成产品开发流程变革。

华为在2002年出现了发展历史上第一次负增长，在这个关键时候，又进行了第二次变革，即从国内市场走向全球化的变革。

2011年是一个增长缓慢期，华为正式宣布从运营商市场向消费者市场和企业网转型，正式宣布终端BG和企业网BG成立，从原来B2B市场向B2b和B2C市场转型。

通过图1对三次转型的时间点和收入曲线进行对比可以发现，华为在转型变革的关键时刻，出现了增长的缓慢期或平台期，甚至是负增长。因此，转型是有成本的，变革是有代价的，企业对此要有心理预期。因为在变革过程中，老流程和新流程之间的切换，人的能力和思维的转变，做事的方法都会有不适应。但是一旦变革成功，增长是指数性的，发展后劲很大。

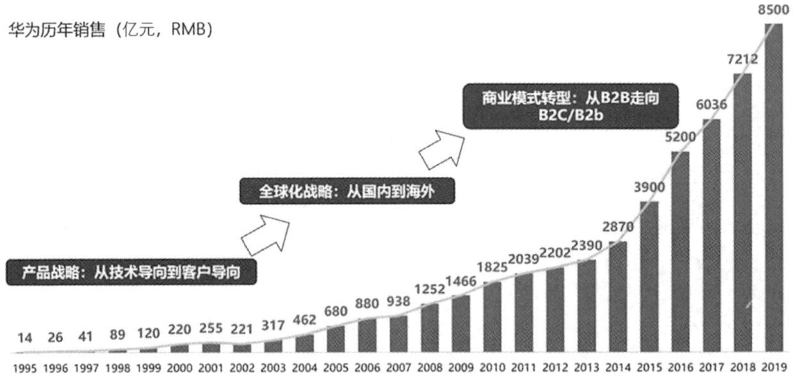

图1　华为历年销售额

下面，我将对三次转型变革进行一一讲解。

▷ 第一次变革：以技术为中心，向以客户为中心转型

1. 企业高速成长，掩盖了什么问题

第一次转型从1998年开始，当时发展很好，华为年增长率都在100%左右。为什么要转型？很多人不理解。

就像现在中国大量涌现的独角兽企业，它们往往通过抓住价值链上的某个切入点，形成独特打法，在短时间内大获成功，形成爆发式增长。然而，企业的高速增长常常掩盖了公司整体组织能力的短板，企业若没有预见性并主动转型变革，在遭遇拐点时往往会受到致命打击。

比如，小米的产品以高性价比为卖点，早期通过发力线上渠道和巧借互联网营销，迅速塑造品牌，创造了增长奇迹。然而，随着出货量的增长，小米公司的供应链暴露出管理问题，导致2015年到2016年关键元器件供货不足，主打产品和新品的上市受限，业绩因此遭遇拐点。此时的小米公司已经意识到了提升企业组织力的重要性，并开始在产品研发、专利申请、供应链管理、线下渠道建设等方面加大投入，修炼内功。最终成功渡过难关。

1998年，华为在高速发展期主动正视自己存在的问题。在比较了解研发和市场这两大业务体系后，华为发现其研发更不适应未来企业的发展。早期华为只有交换机一款产品，后来通过学习行业标杆，开发的产品种类不断增多。但学习标杆是“知其然不知其所以然”，不能真正地理解客户需求，那么模仿标杆企业的结果不仅是研发效率低下，永远难以超越对手，而且还造成大量开发的浪费。

华为每一年都有一次市场大会，一线主管回到总部，除了与机

关各部门一起参加工作总结和表彰，关键是进行第二年的形势分析、工作规划和经验教训的总结与分享，除了公司级的，还有各体系之间的。华为公司有一年在深圳体育馆开了个万人大会，其中有一项是给研发部门发奖，奖品是用漂亮的镜框镶着的滞销产品。也就是很多研发设计出来的产品，没有卖出去，直接变成了库房里面的呆死料。当时很多“创新产品”都是盲目创新。这个“金酸莓奖”，对研发人员是个非常大的触动。

2. 研发的 IPD 变革和全面施行

虽然大家在思想上有了很大的触动，但公司上下还是不知道该怎么做。为此，华为引进了 IBM 的集成产品开发 IPD 流程，对华为产品研发模式进行了彻底变革。这个以客户为中心、以市场为驱动的集成产品开发流程变革，启动了华为的第一次变革，实现了“以技术为中心”向“以客户为中心”的研发模式的转变，并进一步实现了从产品向解决方案的转型。

IPD 流程框架如图 2 所示，它包含两个关键概念。一是产品开发要基于客户需求，形成市场需求的产品概念，即“做正确的事”；二是通过结构化的产品开发流程，一次性把产品做好，即“正确地做事”。

确立了“以客户为中心”的产品战略，建立了 IPD 集成产品开发流程后，根据以业务为驱动的流程型组织设计原则，企业必然会对旧有的组织结构进行相应的调整，这给原有的利益群体、管理思维和员工能力带来了极大的冲击。

为保证变革的成功，战略上一定要坚定。特别是第一次变革，遇到的阻力会更多，因为此时变革文化还未形成，变革管理体系不完善，特别是变革管理能力还不足。为此，任正非提出要“削足适履”，先以开放的心态虚心学习 IBM 近百年总结的经验，先僵化、

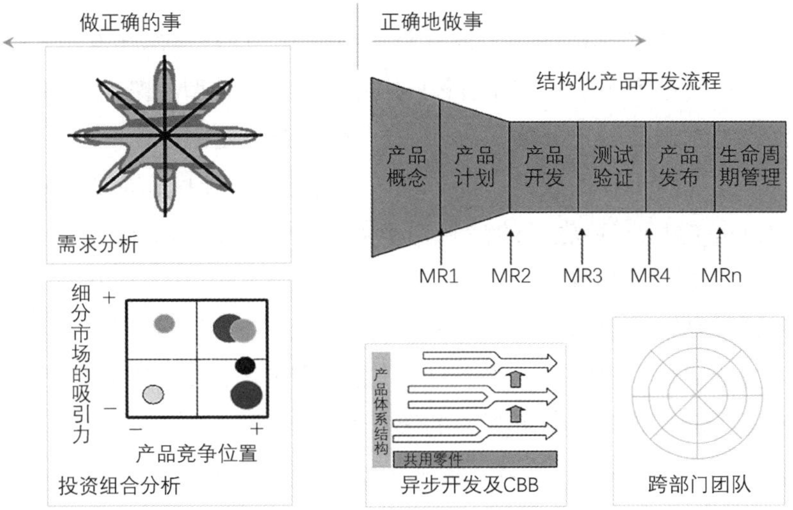

图 2　产品集成开发 IPD 流程框架

后优化、再固化。对于阻碍改革的干部，要么“换脑袋”，要么换人。同时，坚持改进、改良和改善的变革指导思想，反对大刀阔斧、反对急躁冒进。华为的做法是让大家认识到变革的重要性，在操作中做到“静水潜流”，在变革中发现和提拔适应变革的干部，使绝大多数人，特别是中高层干部拥抱变革。

经过这次转型变革以后，华为的产品研发越来越契合客户需求，这大大推动了公司业务的发展。公司的业务发展和管理变革形成了相互促进的良性循环。随着产品种类的不断增加，客户对华为的要求也越来越高，产品开发模式进一步向变革的深水区前进，即从产品开发向解决方案开发转型。这次转型跨越的时间更长，对华为的影响更加深远。在“以客户为中心”理念的推动下，华为逐渐走过了从以技术为中心，到关注客户需求，再到解决客户问题、为客户创造价值的转型过程，使“以客户为中心”的企业战略，不断充实升华和发扬光大。

3. 转型变革的成功的基本要素：战略、流程、组织和人

在转型变革的过程中，除了要制定清晰的转型战略，相应的流程和组织也要随着战略而改变，而人往往是决定因素。

首先是干部的问题。浙江的一位企业家曾抱怨，企业变革好像只有老板着急，底下的高管都不着急。变革首先要进行变革文化的塑造，转型战略和驱动力要在高管层达成共识，老板和高管要在思维和行动上带动全体员工。其次是变革的组织管理要强势有力。变革是“一把手”工程，不能只是依靠临时搭建的“草台班子”或完全依赖顾问。变革管理的第一级是核心领导团队，比如公司级的变革指导委员会；第二级是常设的变革管理和 IT 部门，变革的方法和经验需要积累和传承；第三级就是由业务部门牵头负责的不同变革项目组。干部和组织的保证，是转型变革成败的关键因素。

除了干部的问题，专业人才的引进和培养也至关重要。华为第一次 IPD 转型试点是失败的，当时产品经理的概念还没有在公司内部建立起来，只有硬件经理和软件经理，没有一个人对产品的整个生命周期负责。进行集成产品的开发转型，如果没有合适的产品经理组织跨部门的团队进行高效有序的运作，变革项目注定会失败。而从产品向解决方案的转型，如果没有配备解决方案专家、不了解客户的痛点、不知道怎么把客户痛点变成方案再交付给客户，解决方案转型也只能是一句空话。

总之，转型要成功，在企业内部，转型的战略意图和驱动力要清晰并达成共识，变革管理组织要配套，执行要坚定；要建立完整的变革流程并在实践中逐步将其优化，要建立业务驱动的流程型组织，并提前准备和培养关键的转型人才。只有这样，才能保证转

型战略的真正落地。

▷ 第二次变革：国内市场走向全球市场

华为的第二次变革是从国内市场走向全球市场，这次变革是一次被动的转型变革，就像很多公司出现问题了才不得不变革一样。当时的华为处于内外交困的危险境地，只有一条路可走，那就是从国内市场走向海外市场。任正非还写了一篇慷慨激昂的文章——《雄赳赳气昂昂，跨过太平洋》。在华为内部，中高层管理人员集体降薪，所以这是一次破釜沉舟的悲壮的被动转型变革。这次转型变革为华为未来的发展和管理蜕变，奠定了坚实的基础。

1. 内外交困下的破釜沉舟

时间回到2002年，当时华为整个公司处于内外交困之中。首先从大的经济形势，第一次互联网泡沫破灭，投资萎缩，政府迟迟不发3G牌照，华为当时在中国市场的份额已经达到40%左右。这是什么概念？对于一个客户来讲，在选择供应商的时候不会让一家供应商独大，这对于供应链风险防范以及商务谈判都是非常不利的，会被这个供应商绑架，一般客户会选择2至3个供应商。因此，40%的份额意味着华为在国内的增长遇到了瓶颈。

外部市场如此不好，内部又出现了很多问题。之前的互联网泡沫影响仍在，华为内部高管出走，而且带走600多名研发骨干。处于内外交困之中的华为，只有华山一条路，那就是从国内市场走向国外。

任正非曾坦言，华为如果不尽快将产品覆盖全球，就是投资的浪费、机会的丧失。他认为，不能等到没有问题才去进攻，而是要在海外市场的搏击中熟悉市场、赢得市场、培养和造就干部队伍，如果3至5年内无法建立起一支国际化的队伍，那么中国市场一旦饱和，华为将坐以待毙。

2. 国际化的奋力突围

尽管在国内竞争中学到了国际对手的一招半式，内部的持续变革管理也强壮了自己的体魄，但华为“扬帆出海”依然诸事不顺、历尽艰险。

起初，华为凭着感觉进军俄罗斯市场。但是，当时华为既没有进行市场分析，也没有制定策略，经过一年努力，通过代理商，华为才实现了价值仅几十美元的国际贸易。为了建立与地方政府的关系，华为还在当地建厂。但“政热经冷”的俄罗斯市场一直起色不大。于是，华为又将主力转移到南非，继续寻找机会。而南非的市场早已被西方公司抢占。直到2012年，华为仍然在为进入南非核心城市、与主流运营商合作而努力。

屡败屡战之后，华为重新思考战略方向，回归到“农村包围城市”的策略。非洲、中东、东南亚等地成了华为的主要“产粮区”。

经过四年多的闯荡，华为在海外市场的分析能力、营销方式和一线“铁三角”组织逐渐成型，完成了第一个阶段“抢占滩头阵地”的任务，基本实现了营销体系的国际化。从2005年开始，华为进入了国际化的第二个阶段——主动在全球布局，特别是针对发达市场和战略客户吹响了冲锋号。当年，华为海外销售额第一次超过国内，开始向全球化运营挺进。通过多年的战略客户冲锋，华为在海外市场先后拿下“英国电信”“德国电信”和日本运营商等。

3. 全球化视野和格局

任正非不喜欢“国际化”这个说法，因为“国际化”始终是站在中国向外“窥视”。他认为，在这个时代，一个企业需要有全球性的战略眼光才能发奋图强；一个民族需要汲取全球性的精髓才能繁荣昌盛；一个公司需要建立全球性的商业生态系统才能生生不息。

企业在走向全球化以后才能有效地提高资源利用率。

“什么是华为的核心竞争力?”这是很多人心中的疑问。任正非给出答案,那就是“大平台支撑的前线精兵作战”治理结构。这种管理模式源自华为的管理基因,是其他企业难以模仿的核心竞争力。而这种模式正是经过国际化的历程,通过不断锤炼而形成。伴随着全球经营以及业务增加,为加快后方的响应速度,华为不但在领导思维、行动和考核上不断强化“以客户为中心”的最高宗旨,而且从一线往回梳理和优化流程与组织,将不增值的部门坚决砍掉,聚焦一线,简化管理,并将干部培养与选拔、决策授权、战略规划等向一线前移,在机制上保证了“大平台支撑的前线精兵作战模式”的高效运作。

与此同时,为了更有效利用全球资源,经过 18 年的筹划布局,华为形成了全球的多个运营中心和资源中心。比如,全球各地的研发中心,就有俄罗斯的天线研发中心、瑞典及芬兰的无线系统研发中心、英国的安全认证中心和 5G 创新中心、美国的新技术创新中心和芯片研发中心、印度的软件研发中心等。

这种全球化运营布局还在技术获取、供应链、财务和市场等方面摆脱了对单一区域的依赖,降低了公司运营风险。在如今的艰难环境下,能够做到“东方不亮西方亮”,华为的全球布局起到了至关重要的作用。

▷ 第三次变革:从 B2B 到 B2C、B2b 的商业模式转型

第三次转型,华为一开始进入终端市场也是被动的。当时政府部门 5 年不发 3G 牌照,而是建设技术落后的小灵通。小灵通每年有 200 亿元的设备投资,加上终端有 400 亿元的投资,主要是 UT 斯达康和中兴两家瓜分,中兴历史上达到了华为 3/4 还多的

销售额。为了不影响华为的主航道，采用了被动的"烧粮仓"竞争策略而进入了终端领域。而3G时代，则是因为3G产业链不成熟，手机可供用户选择的种类不足，运营商要求设备商必须配套提供相应种类和数量的手机。

由此，华为开始全面开展手机的研发工作。此时手机都是运营商包销的，不打华为的品牌，只能在电池的某个角落贴上品牌标志。对用户来说是没有品牌的，所以很长一段时间大家都不知道华为手机。商业模式总体还是B2B模式，对华为无非是为运营商多提供了一类产品。

从通信产业链的发展来看，传统的电信业务主要是语音通信和一定的文本信息，比如短信、彩信等。在这个时期，通信终端简单，业务内容也不复杂。因此，价值链的最高端和最大的投资领域就是通信系统和设备。然而，随着互联网技术的发展，ICT的产业价值链出现了翻转。如图3所示，价值链最高的两端，一端是智能终端，一端是智能服务。智能终端向宽带化、智能化、多元化发展，出现了众多高速发展的独角兽企业。业务内容也得到了极大的丰富，腾讯、阿里巴巴等代表性企业的收入和市值远高于电信运营

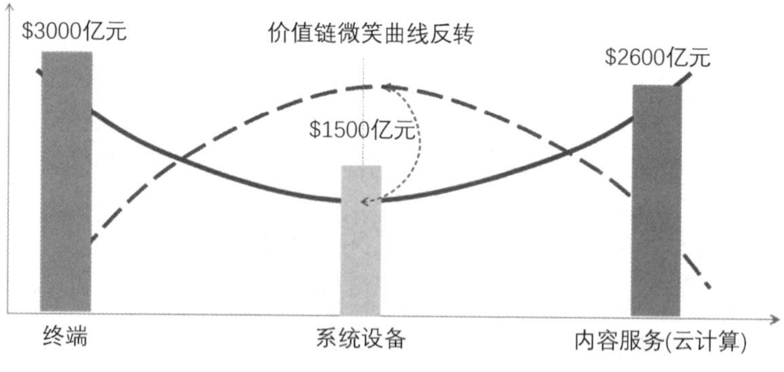

图3　通信行业价值链变化(价值链微笑曲线反转)

商。在市场的推动下，华为敏感地感知到了价值链的变化，开始向价值链的两端发展。

因此，今天华为终端的成功，其实是基于过去 8 年多的积淀。而 2012 年正式成立消费者事业群(终端)和企业网事业群，则是一次基于对产业价值链变化深刻洞察后的主动变革。

每个行业都要深刻洞察自身所处行业的价值链变化并主动做出积极的调整，这就是华为这次转型给我们的重要启示。

1. 商业模式转型对流程和组织体系的巨大冲击

华为运营商 BG 在全球面对的客户不超过 1 000 家，比如中国市场就只有三大客户。而企业网 BG 面对的客户，则包括政府、交通运输、电力、资源、金融和制造等多个行业，华为将面对数以万计的客户，客户大小不一，需求五花八门，决策模式多种多样。从运营商延续下来的成功经验，如直销模式、客户管理、合同管理等，明显不适用，管理成本居高不下，严重阻碍了企业网 BG 的发展。而在消费者市场，华为要面对的是以千万甚至亿计的普通消费者。华为怎么获取消费群体需求信息？如何建设品牌和渠道？这都是华为要面对的巨大挑战。

2. “二次创业”般的转型变革

商业模式转型战略的落地执行，需要相应业务流程的支持、组织体系和人才保障。由于面对的客户不同，华为进行了一次大的组织裂变，成立了面向不同客户的运营商 BG、企业网 BG 和消费者 BG。

运营商 BG 业务相对稳定，提高其从市场机会到合同管理再到回款的卓越运营能力，成为当务之急。而企业网 BG 和消费者 BG，在客户管理、机会点获取和交付服务的方式上，与运营商 BG 的差异很大，可借鉴的经验不多。为了迅速提升能力，适应新的商业模式，华为再次借助外力，开始在市场营销和销售交付体系实行从销售到线索（MTL）和从线索到现金（LTC）的营销流程和组织体系变革，填补了华为流程体系中缺乏营销流程体系的空白。这两个流程的引进是第三次转型变革的重要标志。

华为三大 BG 针对自身面临的市场环境和发展趋势，有针对性地构建核心专业能力。

运营商 BG：传统的 B2B 模式。注重大客户战略和卓越运营，重点提升业务咨询、网络规划和按场景交付能力，为运营商提供端—管—云的端到端解决方案。

消费者 BG：B2C 模式对华为而言是全新的。在产品工业设计方面，华为大量引进专业人才，并在日本、韩国等国家建立研究中心。华为重点提升渠道和门店管理、O2O 营销、供应链和库存管理的能力，并对组织体系和考核激励都进行了大刀阔斧的变革。

企业网 BG：新的 B2b 模式。产品实行“被集成”战略，销售不再采用直销方式，而是通过合作伙伴进行销售。因此，重点提升了独立软件开发商（ISV）、系统集成商（IS）、解决方案提供商与服务商（SP）、行业代理商（CAR）、增值分销商（VAD）等渠道在获取、分类、使能和评估方面的闭环管理能力。

除了在组织模式和核心能力构建之外，华为的研发战略也进行了升级。在继续坚持“聚焦主航道的压强原则”的研发战略的同时，华为开始在整个价值链上进行全面布局。

在手机芯片、ICT 设备芯片、终端操作系统、服务器操作系统、天线及云计算等系列算法、分布式云计算架构等方面，华为逐步走在了行业前列。在价值链的另一端，由于消费者的业务需求复杂多变，华为终端构建了开放共享的业务平台——EUMI，通过开发者大会和合理分配利益等多种方式，不断丰富业务内容并积极推动开发生态链的建设。而企业网 BG 面对的行业众多,客户有很多定制化的需求,为了平衡规模化和定制化之间的矛盾,经过痛苦的反思之后,企业网 BG 在不断提升对各行业理解的基础上,明确提出了产品和解决方案的“被集成”战略。华为聚焦标准产品和解决方案平台,而由合作伙伴负责定制化的解决方案,形成多方合作共赢的开发模式。

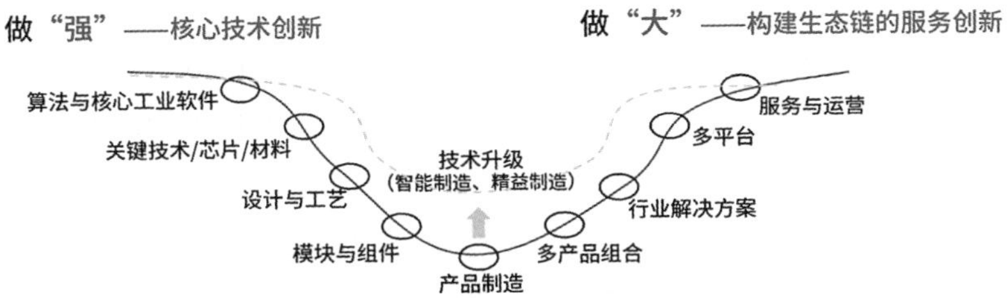

图 4 华为做大做强的转型升级

这三次转型为华为成为行业领导者奠定了坚实的基础。华为转型变革系统模型包含以下四个方面:

(1) 在企业愿景和核心价值之下,塑造积极的变革文化;

(2) 制定清晰的转型战略,指明变革的方向;

(3) 以业务为驱动的流程体系,指导企业实现转型战略的方法和步骤;

(4) 通过流程性组织和激励机制,组织和激励员工高效执行。

当前,在第四次关键时刻,华为启动了新一轮变革。这次变革将分三步走。

第一步:明确代表处是作战中心,总部机关 BG 和地区部 BG 共建资源中心和能力中心,资源中心通过市场机制运作和考核,能力中心基于战略目标的达成和市场机制运作与考核。

第二步:改革地区部以及各 BG 的作战部门,地区部负责区域性战略的制定与组织实施，提供区域性作战资源、业务能力和行政服务平台。

第三步：改革机关，机关要率先反对平台的重复建设和重复性劳动。

这次变革的基本原则是，以责任结果为导向，“火线选人、战壕中提拔”，在战斗中激励一大批新领导者产生，让英雄辈出，天才成批来投；建立“军团”作战方式，强调集体奋斗、集体立功、集体受奖。战时状态既要激进又要保守。市场努力向前进攻，加强经营质量；研发坚持加大战略投入，“向上捅破天，向下扎到根”。

目前中国经济正处于转型升级的关键时期，很多企业，比如实体商场受互联网经济的巨大冲击，不得不考虑转型；很多国企在国内遇到了增长的瓶颈，开始市场转型并走向海外；有的企业刚完成了第一个“小目标”，觉得自己目前的能力根本不可能支撑更大的目标；还有的企业一直保持较快速度的增长，但管理体系发展滞后。因此许多企业都在考虑转型，转型是企业发展的永恒主题。“当我们渡过最危急的历史阶段，公司就会产生一支生力军，干什么？占领全球市场。”天将降大任于斯人也，华为的成长经历值得中国企业去系统学习和借鉴。

华为：战略管理体系助力企业的持续飞跃

张继立

华为原移动解决方案总裁

自 1987 年至今，华为从一个注册资本 2.1 万元的小企业，成长为突破 7 000 亿元营收、在世界信息与通信领域位列前三的企业。在这 30 多年时间里，华为先后历经多次重大战略转型。正是基于一次次成功的战略“转身”，华为在动荡的行业浪潮之中存活下来，并不断发展壮大。在此我将以自问自答的形式来聊聊战略管理这个话题。

一、战略规划是门艺术，战略管理才是科学

问：任正非是大家公认的战略大牛，如果让他和各位读者朋友一起来制定各个公司的战略，做出来的战略会不会是一样的？

答：答案是肯定不一样。因为每个人的偏好、经验、优势和意图都不同，做出来的战略就一定不同，这就是典型的艺术家行为，都是独一无二的，不会相同。艺术家是很难通过一对多的培训方式培养出来，要有一些天赋和机遇，然后由一对一的教练启发出来。

有些企业找了多个咨询公司帮自己定战略，做出来的都不相同。于是就困惑了，就问我说哪个对？我告诉他说都对，站在不同的角度去看，都有他的道理。

问：那么到底谁做出来的战略是好战略？

答：答案就是：谁真正把它落地了，就是好战略，凡是不能执行落地的战略都是口号。2015 年秋天在北京一个咖啡厅，我和一家全球著名的战略咨询公司的中国区合伙人聊天，我就问他：一年你做了那么多项目，到底有多少落地的？最终的答案是几乎没有成功落地的。就像我 2016 年担任一家企业顾问的第一天，他们的总裁就从保密柜里拿出一份装订精美的报告给我看，说这是 2015 年花了 1 000 多万元请了罗兰贝格帮他们做的战略咨询报告，有一些观点不理解，想请我先解读一下。你们看这是多大的浪费。这些咨询公司的顾问也不能说不辛苦，但他们用自己的偏好，自己的特长，自己的视角做出了一份自己觉得很满意的报告，最终客户的执行团队认为这不是他的偏好、他的特长和他的意愿，最终被束之高阁。所以我说战略规划是一门艺术，存在偶然性和不可复制，但战略管理才是科学，科学是要见到必然的结果的，要通过科学的管理过程把战略转化成市场结果。

华为其实并没有刻意地追求战略规划的精妙，它花了大量的精力在进行战略可执行的科学管理，我们把这个称之为 DSTE (Develop Strategy To Execution)，有了这套框架就能确保从战略规划，到战略解码，到战略执行，最终战略评估，形成一套闭环的动态螺旋成长的机制。

图 1 的框架看起来蛮复杂的，它总共有四个比较大的环节。分别是战略制定、战略展开、战略执行和监控、战略评估，是一个不断动态循环迭代的过程。

图1　华为的战略管理流程框架 DSTE

这里面每个环节都有很多工作：

第一个环节我们称为战略制定(SP)；

第二个环节我们称之为战略解码(BP)，为了输出年度业务规划；

第三个环节我们称之为经营，战略的执行和监控是通过经营管理来管理的；

最后的环节，我们称之为绩效管理。

通过这套闭环的动态螺旋 DSTE 战略管理框架，华为实现战略的高效落地执行，不再是束之高阁的方案手册。

二、战略规划的核心在于共识和可执行

问：如果战略规划是艺术，难以复制；那么，做战略规划的目的是什么？

答：每个人因为自己的角色不同带来视角的不同，我们俗称

“屁股决定脑袋”，老祖宗在造词的时候也很考究，叫“观点不同”。观点顾名思义，站在不同点上去观，老外也这么讲，Viewpoint 就是站在不同的 point 上去 view。

很多人都听过“熵”这个概念，这几年，这个物理学词语被华为炒热了，硬生生把它从物理学名词变成了管理学术语。

鲁道夫·克劳修斯发现热力学第二定律时，定义了熵。“自然社会任何时候都是高温自动向低温转移的。一个封闭系统最终会达到热平衡，没有温差，不再做功。这个过程叫熵增，最终状态是熵死，也称热寂。”

简单来说，自然界存在这样一个基本法则：一切事物最终都归于混沌和无序，这个过程叫熵增现象。

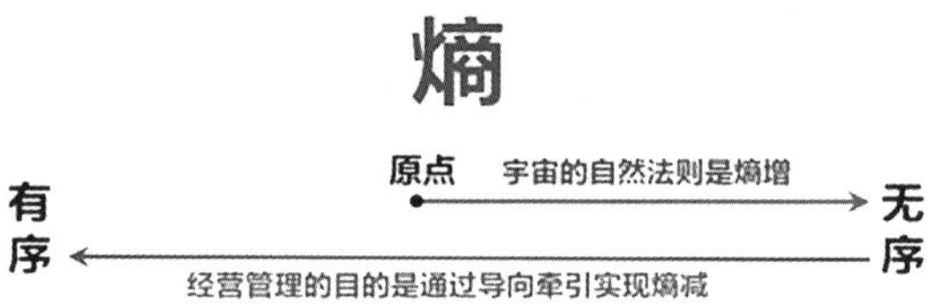

图 2　熵

比如，一块地一年都没有人耕种，最终的结果就是杂草丛生，小动物纷纷做窝，归于混乱和无序。把一群人召集到一个教室里，不允许出去，没有老师引导，也没有计划安排。待一天大家会做什么？他们就各行其是，有人打游戏，有人玩手机，有人打电话，有人处理工作，有人相互聊天，有人发呆……归于混乱和无序。这是自然界基本法则，人和物都逃离不开。

很多企业之所以出现大量的内部勾心斗角，部门墙，协同不顺畅，其根本的原因是因为大家都站在自己的立场玩着自己的小游戏。这样一来，对整体组织就产生了熵增的效果。而战略就是构建一个大游戏，让人人都在其中，没有时间去玩自己的小游戏的过程。

华为花了 4 000 万美元，从 IBM 引进了战略规划的模型。IBM 用这个东西没有成功，华为经过自己十几年的时间和摸索，增加了很多如何做的工具和方法，把它搞成功了。

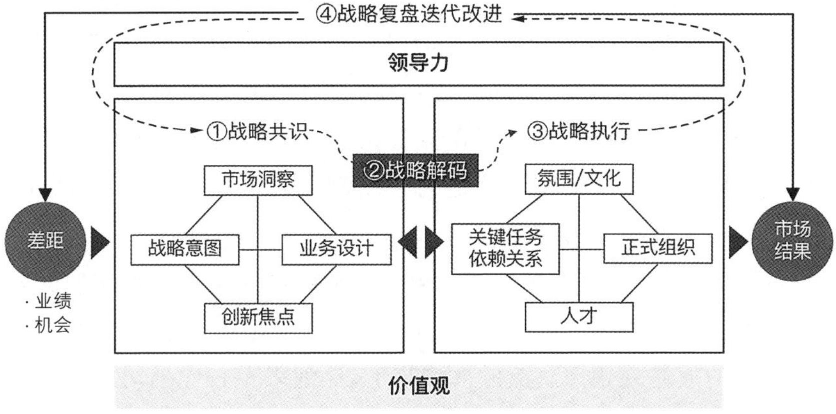

图 3　华为业务领先战略模型 BLM

这个模型怎么理解呢？我们从左往右看。我们说只有当你不满意了、有企图心了，你才考虑做战略，如果你对自己非常满意，你是不会考虑战略的。所以战略是以模型的左端“差距”为起点。差距包含机会差距和业绩差距。业绩差距指的是当下的差距，它是现有经营结果和期望值之间差距的一种量化的陈述。而机会差距是未来差距，是现有经营结果和新的业务设计所能带来的经营结果之间差距的一种量化的评估。业绩差距常常可以通过高效的执行填补，并不需要改变业务设计，但填补一个机会差距却需要有新的业务设计。

战略意图是老板画了个圈说，我们干什么和不干什么。他要落脚到我们的愿景和目标。很多人当年建议任正非做房地产，任正非说我们不干。他说不干，我们就没法去干。于是我们一直以来就攻一个城墙口——通讯设备市场，目标是成为世界老大。

市场洞察是什么？就是外部环境的分析，即行业趋势是什么，我的客户是谁，敌人是谁，以及对我的需求风口、威胁在哪里。

创新焦点就是结合自身的优势，通过对价值转移趋势的分析，选择一个切入点进行发力。什么是焦点？你会发现毛主席的军事思想综合起来就是一句话：在局部区域，集中优势兵力，以消灭敌人有生力量为主的打法，也就是把力量集中在焦点的打法。

最后落脚在什么地方？在业务设计，也就是我们俗称的商业模式。整个第一个模块就称之为战略制定环节。战略解码、战略执行这些后面我们再详细论述。

这个过程中，有几个要求。第一个战略制定是不能被授权的，领导力要贯穿始终。你不能说你作为公司董事长，把自己的脑袋拴在你的战略规划部总监的裤腰带上，让他来左右你公司的未来，我认为这对自己是不太负责任的。同时你也会发现，当公司遇到危机的时候，战略执行遇到困难的时候，员工所需要寻求的感情依靠是谁呢？绝对不是战略规划部总监，而是公司老板。所以，领导力要贯穿始终。

第二，以差距为起点，解决关键问题。你对差距和不满意挖掘得越深，你的战略目标就越清晰。

第三，不能以执行为目的的战略，统统都是口号。公司领导人带着团队做战略，目的就是希望大家达成共识，这都是为了可执行。

最后，战略必须是灵活的，可以根据环境变化不断调整，活人不能被文案憋死。

问：那怎么让大家共识呢？是要让每个人脑袋想法都跟 CEO 一样，都完全认同吗？

答：不是的，那是绝对不可能做到的。共识有几种情况：

第一种就是用系统思考的方式，让大家建立起参与感，并且获得信息对称，做出趋同的认知。我们让大家都站在外部客户的视角去看，谁是我们客户，谁是我们敌人，什么是机会；然后都站在内部的视角去看，什么是我们的优势，什么是我们的短板，该把资源聚焦到什么战略控制点上，不在非战略机会点消耗战略资源；然后再都站在行业外围和企业老板的视角去看，我们的这盘棋该怎么下，我们的活动范围在哪里。这样我们用思维来引导思维，用科学的方法让大家形成共识，这就是系统思考的方法。

还有就是让跟这个战略相关的核心团队先获得共识，让一小部分人愿意摸着石头过河，让一部分人先富起来，来影响那些观望的人加入其中，这也是促成共识的方法。不是所有人都有主见，我们要有策略地让团队一部分人去影响另外一部分人。

还有什么情况呢？有些企业太追求完美主义，要求完全的共识，这个太难了。共识也可以分阶段来操作。老板站在3层楼，可以看到500米开外的地方，而执行层站在1层楼，只能看到100米，如果老板非要提醒大家说200米后有个坑，虽然他是对的，但下属们是不愿意认同和接受的，因为他们没有这个高度，看不到200米的地方。要不要因此而争论不休？千万不要，我们可以就现在可以执行的100米达成共识，让大家先走起来，等走到100米后，他们自然会发现200米的地方果然有个坑。这就是逐步解码共识，所以共识需要分阶段来操作，目的是为了可以去执行，而不是原地待命。作为领导千万不要让你的下属经常闲着，这样他们会开始玩自己的小游戏，而要让他们多执行。

所以你们看，你们把这么好的共识过程交给外部咨询公司干，结果内部团队还在闲着内耗，是不是很亏？

三、以目标为导向，敢于直面瓶颈的战略解码

下面我们聊聊战略解码，解码这个工作对企业至关重要，很多企业总是没做好。

其实有个工具用于解码特别好，但到了中国就被玩坏了，这个工具就是平衡计分卡 BSC。平衡计分卡的核心是“平衡”，到了中国就玩成了“计分”，成了绩效管理工具，天天折腾 KPI 考核。平衡计分卡本来是用于业务单元管理的，结果现在什么团队都要搞平衡计分卡。内部的职能团队搞什么平衡计分卡，都搞不清楚自己的财务层面和客户层面怎么测算，用鱼骨图都比平衡计分卡好使，简单有效。有些企业不断地换工具学习尝试，却没有时间把一种工具学到家，用起来。华为的管理没有秘密，就是把简单的工作坚持到极致。

问：那到底什么是战略解码？

答：战略解码就是让执行层理解战略并且找到和自己的关系的过程，是实现从战略到战术的科学转化过程。战略解码的输出就是关键任务和依赖关系，只有任务才可以被科学管理起来。

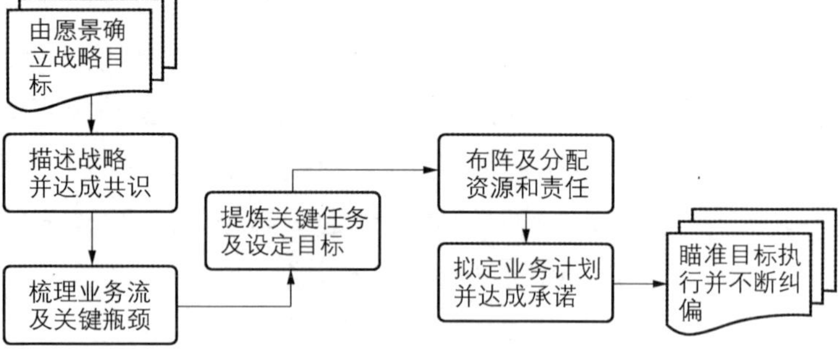

图 4　战略解码过程

这个过程中有非常多的方法，华为也试过很多，有平衡计分卡，也有瓶颈突破法。方法不是很重要，但要关注里面有一些核心的输出点，怎么来验证解码是不是解完了。

问：所以解码要解到什么程度呢？

答：解码的最后要形成这么一份战略战术 ST 图（见图 5），要把上层的战术与下级的战术进行有效的联结，要确保下级的关键任务能够有效支撑上级战略，让每个人能够各司其职，又能整体有效联结。

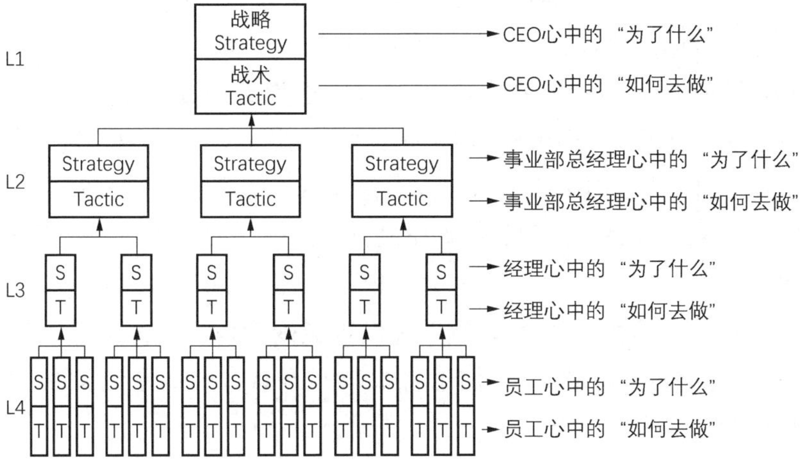

图 5　战略战术 ST 图

上级部门的战略如果不能分解成下级部门的战术，说明这个战略就成了孤儿环节。如果下级部门的战术不能够经过匹配，完成上级部门的战略，那么说明解码解得不够完全。

所以要验证是不是第二层的战术都完成了，就能够保证第一层的战略能够达成。如果是，表示战略解码完成得好；如果不是，表示战略解码可能没有完成。

在这个解码过程中，有几个核心的要点。

第一个是要找到关键任务，关键任务就是我们讲的战术。

第二个是要跟当前的组织能力结合起来，把任务落实到相应的组织和责任人。

这里有必要对现在中国管理圈里的一场争议，就是 KPI 和 OKR 之争，作些辨析。我想告诉大家，不要非黑即白地去争论这个问题了。

我们看看这两个词：KPI（Key Performance Indicator），影响绩效达成的关键指标，所以先要看 KPI 跟绩效目标的关系，影响目标达成的关键任务的验收标准就是 KPI。OKR（Objectives and Key Results），目标及关键成果，其核心也是支撑目标的关键任务管理法。实际上，KPI 和 OKR 是由两个不同的公司发明，为了解决同一件事情的不同说法而已，就像正月十五，南方人吃汤圆，北方人吃元宵，虽略有不同，但本质没有不同。这种无意义的流派之争无异于盲人摸象，不是企业家的视角，我们要的是解决问题有效性，而不是名词的精确性。所以你发现美国管理学界都说 KPI 和 OKR 是兼容并存的，而我们总喜欢谈 KPI 或 OKR 是互斥的，这种概念之争没什么意义。

问：那什么样的任务才叫关键任务？

答：我们有的企业因为没有抓住关键这个词，所以经常会解出很多操作性任务，这些任务可以每年干，持续干 20 年，其实都不是关键任务。关键任务就是影响目标达成的瓶颈突破的任务或关键里程碑的任务，如果这些任务不完成，目标就很大概率完不成，因此需要重点关注，纳入管理跟踪。也就是当年任正非经常套用毛主席的话来教育我们，各级业务干部要不断抓住业务的主要矛盾和矛盾的主要方面，这些主要矛盾就是关键任务。

为什么一定要提瓶颈呢？因为企业的效率和产出都被瓶颈的能力约束住了，只有突破瓶颈才能有效成长，当然瓶颈突破一定有难度。我喜欢用这个公式去讲成功：成功＝勇气×智慧×耐心×运气，各个要素之间是乘法关系，任何一项没有做好都可能影响成功。这里面，勇气是排第一位的，也是最重要的，敢于直面瓶颈和主要矛盾，并去突破它，这是成功和成长的先决条件，按部就班地原地踏步是无法成为伟大的公司的。智慧就是懂得先做什么后做什么的取舍选择，就是战略思维，这个也很重要，但不及勇气更重要。所以关键任务一定要敢于识别和突破瓶颈。当然任务解码出来下属不一定愿意接，要让下属愿意领走，需要考虑任务跟他的关系，这个关系建立，就成功地实现了责任移交，把领导身上的“猴子”成功地交给下属背着，这个是管理的套路，也是对人性驾驭的能力。

四、保证战略落地的组织打造

任正非对华为的中层干部提的要求是：布阵、点兵和请客户吃饭，这个“请客户吃饭”是让各级干部多到一线跑，了解真实的客户和市场情况，做好那只“春江水暖鸭先知”的“鸭”。对华为的高层干部要求是：把握方向、布阵点兵和学会分钱。你会发现对各级干部的要求中都有关于“布阵点兵”的能力要求，这个就是组织能力建设的核心，也是战略执行的关键。

“组织”这个词也很有意思，什么是“组”，什么是“织”，老祖宗造词的时候是很考究的。古人不像现代人有互联网和图书馆，有高铁和飞机，可以经常走出去思维碰撞和学习，他们都是通过“格物致知”的方式去分析身边的事物，提炼基本规律，达到“悟”的程度。我猜想“组织”这个词就是我们老祖宗数自己肋骨的时候悟出来的。因为人是大自然最完美的有机组织之一，是最容易“格”出来的。

我们看看人这个组织的运作。这个组织的最高领导就是“大脑”，大脑从来不需要每秒钟通知脉搏去跳动，通知心肝脾肺肾去工作，为什么呢？因为这些“组”（器官组件）都已经在一套成熟的业务流上各司其职了，通过业务流形成了“织”的交互，这些在业务流上的工作都可以有序地执行，大脑只需要管不在业务流上的例外工作或业务流不顺畅时的干预工作即可，所以这个入流很重要。我们很多企业的组织设置没做好，只有组没有织，组与组之间都是部门墙，缺乏业务流的打通，所以建设流程性组织能力是很重要的战略执行关键，“大脑”要经常性地关注业务流顺畅不顺畅。

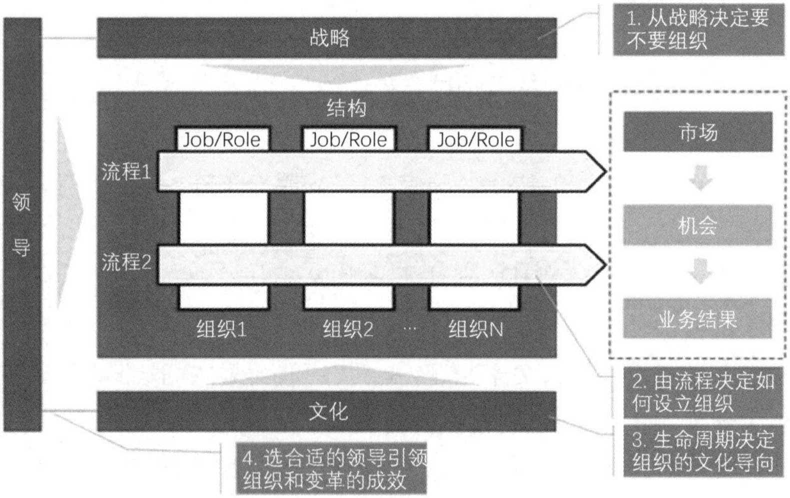

图 6　华为公司的布阵点兵心法

华为的“布阵点兵”心法也很简单，就四句话：

- 根据战略决定要不要设组织

- 根据业务流决定如何设组织
- 根据生命周期设置组织导向
- 根据组织导向挑选合适干部

这四句心法非常朴素，但至关重要，刚才我逐句讲解了一些操作中的注意要素，其中关键要素再总结提炼一下就是：布阵要关注“入流”，点兵则要“不入流”，用人所长，绝不求全责备，擅用“歪瓜裂枣”。

通过业务流的上下游关系，让组织和组织之间形成合力，互相之间多递“投名状”，自然就形成了协同组织。

五、价值分配，解决人才“干得爽不爽”的问题

论功行赏体现领导管理艺术，驭人之道的核心就是通过对人性的把握去设计论功行赏的导向机制。

问：员工为什么愿意卖力工作？

答：很多企业都希望员工有使命感、有归属感，我想告诉各位领导，这种期望要不得。因为这些归属感是我们营造出来的，不是我们要求出来的，我们只有不断让员工满意，才会逐步建立起信任和归属感。

归属感这个词其实也是个伪命题，普通人的本性都是趋利避害。现在很多公司大部分都是有知识、有技能的员工，他们很难管理，等到公司不发展了，有能力的员工感觉没有机会了，这个时候就会出现“员工跳槽，而后老板跳楼”，所以只有机会才是吸引人才的最有效法宝。

很多领导期望打造一种“基于初心”的企业文化，天天讲梦想愿景，这种乌托邦式的洗脑方式也是要不得的。我们大部分人都

是普通人,需要养家糊口,需要成就感、价值感和存在感,有人求名,有人求利,我们就按需给予,各取所需,不要避开人性空谈理想。

有的领导想建立起一套公平合理的价值分配机制,让大家都满意,其实这也是很难的。因为人性中有一个误区,就是人对自我的认知都远远大于别人对自己的认知,所以你分配的奖金永远无法让所有人都满意。如何让大多数人满意,让优秀的火车头员工能够加满油跑得更快,让组织的导向更有利于帮助公司冲锋和长期可持续发展,这才是论功行赏的重点。所以充分利用人性的欲望,鼓励大家多打粮食,把蛋糕做大,然后从多出来的部分切一点激励大家,这样既有格局,又能共赢。

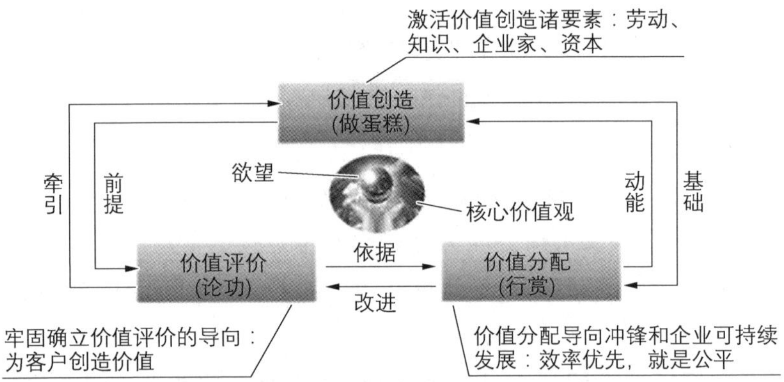

图 7　企业经营机制与利益驱动机制

我特别喜欢用物理学的简单道理去讲解管理。

不论是牛顿三大运动定律,还是能量交换、势能、功和功率,这些都是朴素的自然规律。从朴素中让我们看到本质,不要因为人情而误导了组织导向。如若没有进展和实效,即使出了力的“苦劳”也不值得奖励,不出力只坐享其成的“坐轿子行为”更不应该被鼓励。领导是组织导向的风向标，这个舵可不能偏了。

六、持续经营管理，战略复盘迭代改进

管理是个体力活，所以才可以用科学的方法总结出来。其实战略规划只是万里长征的第一步，就是用手指了指方向，能不能走到位，需要极其繁杂的管理行为去支撑它。任何领导都不要寄希望于企业没有管理就自然水到渠成，你可以自己不擅长管理，但企业中不能没有擅长管理的行为和人才。

我到一个企业中，经常会旁听或旁观一些企业的会议，看企业“会不会开会”就能了解他的管理水平。有的企业经营例会根本就不叫经营例会，就是各个团队去汇报了一下自己最近的工作状态，汇报完了就散会，又臭又长，这不叫经营例会，跟经营关系不大，只是信息通报例会，这种会只需要通过周报和OA平台就可以做到。

经营例会一定要把影响我们目标达成的关键任务跟踪管理起来，用红黄绿灯的机制管起来：没有问题的亮绿灯，直接PASS；有问题仍然在掌控范围之内的亮黄灯，需要汇报一下解决措施，没风险就过；有重大问题且自己已经掌控不了的亮红灯，红灯就需要上升到会议上汇报和讨论决策，形成新的决议和关键任务，再纳入管理。我以前在华为得了一个绰号——“老地主”，虽然我没有一分地，就是因为我经常“到点就收租子”，这就是对任务的跟踪管理做得比较好。还有一些不在工作业务流内的例外工作，需要跨部门协同，也在经营例会上讨论一下。

如果一个会议没有清晰的定位和管理，就容易变成议而不决，或变成互相推诿的扯皮会，开会就要有议题、议程、任务跟踪，这是基本的管理行为。

我把跟战略相关的会议归纳为下面三种，供企业管理者思考、借鉴（表 1）。

表 1　战略管理相关的会议

战略规划制定研讨会	频度：根据业务生命周期变化频度，一般以年度或半年度居多 • 根据差距分析、市场洞察的输出，管理团队进行研讨，达成对战略机会的一致共识 • 通过对战略规划 SP 的研讨，使管理团队达成对战略的一致共识，用 BLM 进行业务设计 • 通过战略解码分解战略，导出中长期关键战略举措、年度重点工作任务、依赖关系和验收标准
战略复盘纠偏审视会	频度：根据环境变化进行纠偏以及阶段性复盘，一般以季度居多或新战略规划前 • 审视战略执行中存在的问题或偏差，及时调整执行策略 • 分析市场环境变化（宏观、客户、竞争对手及关键技术等），及时调整战略 • 阶段性复盘，提炼经验和教训，包括组织、流程、激励机制
战略落地的经营管理会	频度：正常的办公例会频度，一般以月度或双周居多 • 汇报关键战略举措和关键任务的进展和状态（借鉴交通信号灯预警），并确定下一步策略 • 对风险进行决策，确定应对方案，协调资源，并落实下一阶段的工作任务 • 对重大战略性项目（如山头项目、战略性产品）进行审视

有一个主题想重点提醒一下，就是复盘，管理要闭环，复盘必不可少。是什么保证我们能够不断地进步成长，那就是定期的复盘。复盘一定要成为企业管理的一种机制。

复盘这个词源自中国古代下棋，下完之后我们重新摆摆棋子，把过去的场景还原一下，回到过去那一步，当时我是怎么想的，你是怎么想的，然后看看有什么其他的选择。如果是精妙的就记录下来，可改进的就总结一下，不断提高棋艺。

有一本联想专家陈中写的书，就叫《复盘》，逻辑蛮清晰的，值得一看。

华为虽然没有经常喊着口号说复盘，但确实是扎扎实实地学习和落实复盘了。只不过我们是通过对美军的系统学习，把老祖宗的东西转了一圈又舶回来了，我们是学习了美军的行动后反思AAR(After Action Review)过程，在所有的项目和关键时间节点都落实成了机制。

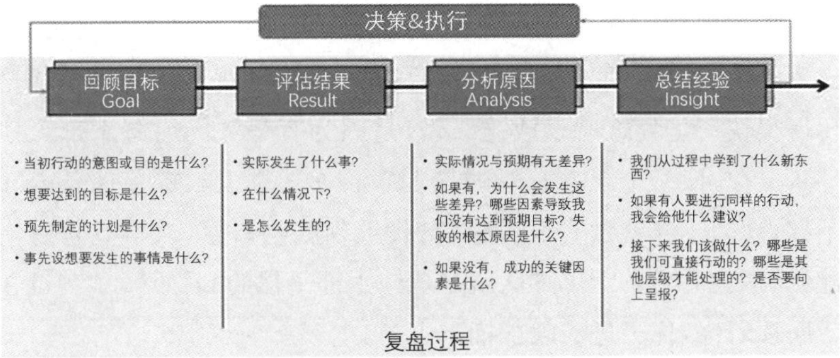

图8　美军行动后反思 AAR 过程

复盘的目的就是找差距和机会，就是因为不满足，前面我们也讲过，所有战略的起点都是源自不满意。复盘是一种闭环的动态螺旋成长思维。任正非经常讲：一个企业最大的浪费就是经验的浪费。如何把我们的经验和教训转变成能力，不在过去摔过的坑里跌第二次跤，把我们成功的经验实现规模复制，都是靠复盘和干部梯队的传承。

在华为，复盘是非常重要的一件事情。项目完成之后能否拿到项目奖金，要看项目总结报告中复盘做得是否到位。即使项目回款都很正常，已经到位，但复盘总结不深刻，奖金也可能为零。

华为的每年述职和每半年的总结，一开篇先讲的都是差距和不足。如果开场都写的是功劳和进展，领导就会说：看来这个岗位已经满足不了你了，现在又没有新的岗位空出来，要不你就先挪挪窝吧，到后备队待着去，不用杯酒就把兵权释了。

华为还开创过这种做法：述职的时候让各区域总经理或产品线总裁上缴两份报告，一份辞职报告和一份述职报告。如果述职报告通过了，辞职报告当场作废；如果述职报告没通过，辞职报告就当场生效。你们看这个阵势多吓人！

当然提醒一下，凡是你们学习华为，听到专家讲的招式很好，先不要盲目模仿，要先理解其背后的"心法"，不得其法只学招式会死得很快。华为之所以敢这么做，是因为有强大的后备干部人才梯队支撑，换一个下去有新的顶上来。你如果没有提前储备人才干部，现岗干部就没有危机感，自我批判就是口号，人毕竟是有惰性的，华为的后备干部梯队就是现岗干部坚强的"后矛"，拿着枪在后面顶着你，你不进步就被捅下去了。

问：那复盘的时候我们需要注意什么呢？

答：我从四个方面来阐述一下典型误区和注意事项：

1. 心态。复盘的目的是为了帮助大家把经验和教训转变为能力，是为了获得组织能力提升，而不是搞邀功请赏，也不是为了批评追责，不是为了评比排序，所以不需要大家藏着掖着，没有对与错，没有功与过。如果为了探听到敌人的火力点而做出一些牺牲，这是功臣不是耻辱。所以大家一定要把心态摆正，不要轻易下判断、给结论。这个心态把握是领导最需要关注的，你的一言一行就代表了导向。

2. 氛围。我们很多企业开复盘会都搞得压力很大，追问、质问、反问很多，像是领导在鸡蛋里面挑骨头，要大家必须低头认罪一样，结果搞得人人找理由推诿，这种氛围就很不对。复盘要选择一些比较轻松的场合，脱离工作场所，山清水秀的度假村，或放在团队聚餐之后。我们当年开民主生活会的时候，很多人不敢说话，气氛打不开怎么办呢？就到小卖部买了两箱啤酒，每人喝完一瓶后再聊，话匣子就打开了。另外赛马的文化也是很重要的外部氛围影响，有追求的人都不甘人后，为了刺激马拉松选手发挥高水平，组委会都会安排“兔子”选手领跑，企业中也需要有这种你争我夺的“赛马文化”。这种氛围需要提前设计，不打无准备之仗。

3. 方法。复盘的方法非常简单，不需要太繁琐，就是头脑风暴的形式，华为常用的 5Why 法和鱼骨图法都挺好。这里我想提醒另外一个关键点，就是要有经验丰富的引导员带领大家不断切换视角。人很容易自我封闭，站在自己立场看自己，怎么看怎么美，怎么看怎么对，所以很难发现真正的改进点。那就需要跳出这个棋盘，用棋手思维而非棋子思维来看世界。站在客户的视角看看，为了满足他的发展有什么不满意和机会；站在竞争对手视角看看，为了满足他的发展有什么打击点和机会点，可以引入红蓝军 PK；站在未来发展的视角看看，行业中有哪些新的机会和差距。这样的视角切换能够提高我们复盘的质量。

4. 机制。如果跟搞运动一样，一窝蜂搞一下，就成了领导行为，过了这个风口又回到老路上了。所以好的方法要落实到机制和流程中，这样才有持久性。华为的所有重大项目完成后都有复盘总结，根据总结质量申请奖金。华为每半年都有例行的中期复盘审视纠偏，有的产品线生命周期比较短，复盘的频度更高。复盘后的经验和教训都要落实到纸面上，要么纳入流程，要么登录在内部《管理优化报》上，全体干部都要学习和写心得体会。这样就保证我们的经验得以传承和固化。

亚马逊指数级增长秘籍：
用户经营飞轮之“按灯”

张思宏

原亚马逊（中国区）副总裁

亚马逊作为全球市值排行第二的巨无霸公司，被誉为“终极颠覆者”。从成立之初就始终标榜要“做地球上最以客户为中心的公司”。从万货商店到数字阅读（Kindle），从AWS的云计算到Echo音响和Alexa语音识别，在过去的20多年间亚马逊一路高歌猛进，终于成为全球第二家市值过万亿美元的公司，并连续多年被评为全球最具创新精神的公司之一；股票价格更是在过去的20年间飙升数百倍；其创始人杰夫·贝佐斯（Jeff Bezos）也在2018年和2019年连续两年问鼎“胡润全球富豪榜”，一时间风头无限……

关于亚马逊商业帝国成功的原因，坊间众说纷纭：有说互联网红利，有说是长远的战略眼光，也有说专注于科技创新……那么究竟什么才是其成功的秘籍呢？如果你要问我，一个曾经在亚马逊摸爬滚打了5年，其间两进两出的亲历者，那么我的答案将非常简单直接，那就是：

永远痴迷于用户体验，并以“机制”而非良好的意愿做好用户经营。

其实，全世界许多企业都在讲用户重要，用户是上帝，但真正能落地的非常少。因为大部分企业只有良好的意愿,但缺乏机制。我原来对亚马逊“做地球上最以客户为中心的公司”的口号嗤之以鼻,但后来不仅变成了忠实的信徒,而且通过认证培养,变成了中国区唯一的用户体验官,只因为三件小事。

1. 面试

入职亚马逊的面试,是由 8 个亚马逊高管与我背对背进行。面试到最后,他们允许我问面试官一个问题,我问了 8 个高管同一个问题——“你们作为一个老亚马逊人,觉得亚马逊最伟大的一点是什么? 你们高度认可的一点是什么?”结果他们用中英文一字不差地说:“我们要成为地球上最以客户为中心的公司。”

听到这句让人“热血沸腾”的口号时,我对亚马逊文化的认可度一下子提高到了 5 分,但又觉得给高了,而且是感情分。那些人和我一样是“职场老江湖”,哪怕不认可企业文化,但只要薪资满意,也可以闭着眼说“这是全球最伟大的文化、最牛的愿景、一定可以实现”。之所以给 5 分的感情分,是因为他们居然一字不差地背下来,而且是中英文,我觉得亚马逊的企业文化宣传做得很好。

2. 被下架的畅销书

在亚马逊有一个特别的规定——不管什么级别的管理层,加入公司半年内必须要花一整天去客服中心接听电话,或者穿上工作服跟快递小哥一样送货。我主管运营,所以去了成都公司接听客服电话。

其中一通投诉电话,用户气愤的指责“心心念念等的书,收到打开一看，却看到 100—101 页之间没有裁开”（一本非常畅销的图书）。负责接听的一个大学刚毕业三个月、月薪三千块的小姑娘，收到投诉后，她用非常礼貌友好的态度道歉：“亲爱的用户，真的很抱歉，我马上采取行动，这本书不用退了，我绝对相信你。我马上给您免费送一本新书，让仓储物流小哥检查 100—101 页是裁开的。”通过两分钟的沟通，客户特别满意，我也很开心。我刚刚进入公司两个月，基层的客服代表服务意识好，又熟悉流程，沟通技能又很棒。在我想把她叫过来鼓励一番的时候，她做了一个令我吃惊的动作——

在员工页面右上方有一个按钮，她输了一行小字“100—101 页没有裁开”，接着又点了确认的对话框。这本热销图书就这样被这个基层一线员工不经任何请示瞬间下架了。吃惊的我说：“你在干什么？”她说：“我在按灯。”

按照亚马逊的规定，同一个产品因为同样的问题被两个以上的消费者重复投诉就可以“按灯”，只要一按灯，产品会立刻下架。按灯以后会形成两个工单，一张工单发给前端真正产生问题的部门，他们会用“五个为什么”原则，直到流程层面的问题全部解决，工单才会关闭，产品才能重新上架销售；另一张工单发给采购部门，联系供应商和出版商，让他们立马撤查，再发给仓储物流部门，他们立刻暂停所有订单，哪怕包装好没有发出去的也立刻开箱检查，如果是批次的问题就需要整批退，单个的问题单个解决，直到问题得到解决了，产品才能重新上架销售。

其实“按灯”的操作并不陌生，这是精细化管理中很小的一种工具，但我绝不相信一家企业居然敢用在用户反向驱动企业做变革，所以我认为这个客服做错了。到中午吃饭的时候，我找到了中国区的客服总经理询问，他仔细听我描述了场景后说：“太棒了，你告诉我她的名字和工号，今天中午请她吃饭，发奖金。”

这居然是真的，我对亚马逊“做地球上最以客户为中心的公司”这个愿景的认可度到了50分，但没有爆表。那时，我满脑子都是问号，觉得这个做法不靠谱，这样做风险太大了。

3. 被训斥的40分钟

亚马逊一方面很关注用户满意度，但又不把用户满意度作为指标考核员工，而是关注员工的行为。比如“按灯”，员工只要按灯，就给发奖金，按错了还不打你，而要打管理人员。亚马逊认为保护员工和培养员工的正确行为最重要，而结果不重要，管理人员要负责培养员工的正确行为。当时在按灯的这个行为方面就有一个KPI指标——不良按灯率不能超过2%。

我在进入亚马逊四五个月的时候出现了“不良按灯率”超标，当时中国区要搞一个大的促销，一下子招了700多个客服代表，招聘和培训的时间太短了，员工对按灯的规则了解不清楚，一个客服错误地把100多个ASSIN（货品管理单位）下架了，那个星期不良按灯率到了2.5%。

那是加入亚马逊几个月以来唯一的一次重要KPI不达标，我特别着急。于是让他们立刻撤查原因，无论怎么做，目标是下周一开始不要看到一起因人为操作失误造成不良按灯率超标的事件。

客服总经理马上分析原因，并建设性地领会了我的意图，立刻采取了“不按灯”的行动，规定下周开始按10个ASSIN以上的组长审批、50个ASSIN以上的经理批，如果再敢犯，第一次罚钱，第二次开除。星期六晚上，总经理打电话说：“Peter你放心吧，我已经做了如下几条很强有力高效的行动，我敢保证从下周一开始，再不会出现任何一起人为失误造成的不良按灯率超标的个案。”我一听靠谱，因为这就是我以前的管理风格。

在星期一的全球会议上，按议程每个区域最多讲 5 至 10 分钟，但那天我居然被老板吊打 40 分钟。我的汇报是这么说的：“上周基本上达标，但不良按灯率的 KPI 没有达标，主要是员工培训不足，我采取的行动就是 10 个 ASSIN 以上的谁批、50 个以上的谁批，如果再敢犯，第一次罚钱，第二次开除。”两分半钟汇报完后我特别满意，等着老板表扬我。因为我相信任何一个有人性、懂管理的老板，这个时候一定会把我的肩膀抱过来说：“好同志，发现问题，找到根源，采取果断的行动让局面得到了控制，有前途。”结果他一上来就训斥道：“你这是彻头彻尾的官僚主义！”我问：“什么？这是官僚主义？”

他说：“你难道真的相信那些坐在办公室里吹着空调的经理，比那个在一线正听着用户咆哮、正在被用户痛骂的员工，更知道发生了什么吗？你真的相信每天只会开会、被开会和开别人的会的人员，比正在一线和用户聊着天、正在帮助用户解决问题的员工，更知道怎么让我们的用户快乐吗？

“如果是人的问题，我们就解决人的问题，哪怕干掉几个都可以；如果是培训的问题，我们解决培训的问题；如果是流程的问题，就解决流程的问题；如果是钱的问题，就解决钱的问题。但我不明白，为什么你要用官僚主义的做法阻止员工做他们觉得对用户对的事情？”

那天当我离开会议室的一刻，我对亚马逊要“做地球上最以客户为中心”的愿景，以及实现的可能性爆表了。

前文我用自己初进亚马逊的亲身经历，给大家勾勒出了亚马逊无比“凶猛”且实用的用户反向驱动机制的轮廓，如果你发自内心地认可这就是一家真正痴迷于用户、一切以用户为中心的公司的样子，而且迫不及待地想要在自己的企业进行应用的话，那么接下来我就开始带着大家一起，学习如何搭建“用户经营飞轮”的要素之一：系统化的工具——“按灯”。

首先我们了解一下“按灯”的由来及背后的逻辑。

▷ 什么是“按灯”

“按灯”是一个日语单词的音译，意思为“灯”“灯笼”。“按灯”系统原指企业用分布于车间各处的灯光和声音报警系统收集生产线上有关设备和质量等信息的信息管理工具。这套工具最早起源于日本的丰田汽车公司，主要用于实现车间现场的目视管理。在一个“按灯”系统中，每个设备或工作站都装配有呼叫灯，如果在生产过程中发现问题，操作员（一线员工）会将灯打开引起注意，使得生产过程中的问题得到及时处理，避免生产过程的中断或问题重复发生的可能性。

在这段解释中我特别标示出了几个关键词：目视管理、一线员工、避免、重复发生。因为这几个词，就是“按灯”在解决用户问题，帮助企业真正建立起“从用户出发，然后反向工作”的机制的核心，而且具有不可替代的作用和价值。

以往讲课时，每次讲到这里，都会有不服气的企业高管问我：“Peter 老师，你把亚马逊说得太好了吧？虽说我们的企业现在没有搞‘按灯’这种工具，但这并不代表我们就不关心用户、一线员工就不会帮用户解决问题呀！其实我们内部也有相应的流程让接触用户的基层员工及时反映问题，然后后台部门马上跟进解决。比如，我们有‘升级通道’、每周例会、各种报告、满意度调查等，由此可见，不搞‘按灯’其实一样能解决问题！”

说得好像也挺有道理的，可实际情况真的像这位高管自己说的那样吗？记得有一次我给一家央企做辅导，就被总经理在课堂上如此这番说了一顿，于是我当场和他们打了一个赌：给我半天时间，在没有集团领导参与的情况下让我和以下三种员工分别进行深度访谈，然后根据他们真实的反馈，来决定胜负：如果我输了，我一分钱讲课费也不要！

(1) 一线员工。直接面对用户的员工，比如客服、门店销售、快递员、银行柜员等。

(2) 基层员工。后台支持部门的员工，比如 IT、品控、HR、财务等。

(3) 中层员工。管理一线运营团队但进入决策层的员工，比如组长、部门经理、项目组长等。

半天过后，当我把访谈的总结报告以及部分对话录音(当然是经过艺术加工以及匿名的)拿给那位总经理及公司的高管团队时，大家都惊呆了：原来那些在他们心目中高效、顺畅、有价值的问题反馈和解决流程，其实在员工，尤其是一线员工的眼里根本就是一堆无用的东西。

客服代表 A:“把问题反馈给组长，组长又反馈给经理，经理再反馈给总监，总监再反馈给副总……可一个月过去了，那么明显的价格错误的页面还好好地放在那里，哎，我真想自己上去把它给改了，可惜我没有权限啊！”

快递员 B:“这个商品的包装盒太薄了，一碰就破，我们都跟组长反映过好多次了，可公司就是不改，最后一问组长才知道，品控部和负责产品研发的人说我们提供的数据不精准、分析不透彻。被我们逼得急了，他们还倒打一耙，向总经理投诉说我们一贯小题大做，动不动就将一堆鸡毛蒜皮的‘小事’反馈给他们，结果害得他们都没时间专心搞研发。更可气的是，还特别举出去年我的一个错误反馈，硬说他们为了我的这个错误而白白浪费了一个星期的时间去做调查，最后害得我那个月的奖金都泡汤了。唉，以后我再也不反馈这种问题了。”

品控部经理 C：“唉，其实我们也是一肚子苦水啊，谁不知道让用户满意很重要，我们也不是不想帮助一线的员工解决问题，可是如果无私地帮助了他们，我们就麻烦了：第一，承认了用户的投诉就意味着我们的工作出了问题，那上级领导骂我们怎么办？第二，接受了一线员工的反馈就意味着我们又多出了许多额外的工作量，这些活让谁去干？现有的任务都已经快把我们压垮了，谁还愿意再多事呢？所以我们就只好把一线员工反馈的用户投诉当球踢了……”

企业管理者们，请问这些现象，目前是不是在你们的企业中正广泛地存在着？是一线员工错了吗？是基层的管理人员错了吗？是支持部门太过官僚吗？其实都不是。究其根源，就是因为你们缺乏用户经营飞轮的第一个要素：系统化的工具。

▷ 亚马逊上线“按灯”的原因

那么亚马逊为什么一定要引进“按灯”这种来自传统制造业的管理方法，来作为“从用户出发，然后反向工作”的工具呢？这都是因为他们那个特立独行而又固执的老板。

管理层定期去客服中心听电话——这是亚马逊的创始人杰夫·贝佐斯提出的，而且他自己每年都身体力行。十几年前的一天，他去北美的客服中心，坐在一位名叫 Peggy 的基层客服代表身边听电话，结果发现了一个让他无比恼怒的用户投诉，而正是这次不愉快的亲身经历，让亚马逊“发明了”客服“按灯”这个系统化的工具。

那是一个关于家具破损的投诉：用户第一次收到桌子时，桌子就被摔坏了，打电话到客服中心投诉，然后问题被 Peggy 迅速解决了——道歉、换货、赔偿……可没过一个星期，当用户收到更换的新家具时，居然又是坏的，而更加诡异的是，这次居然又是 Peggy 接听的电话，只不过这一次她的身边多了个人——杰夫·贝佐斯。

道歉、换货、更高金额的赔偿……当用户好不容易被安抚好，最后无奈地接受亚马逊的解决方案后，Peggy 挂断电话，郁闷地对贝佐斯说：“其实没什么用，我相信下一周当这个用户收到新的桌子时，它一定还是破的，哎……”

“为什么？”贝佐斯满脸疑惑地问道。

“有两个原因：第一是这个家具的包装箱非常薄，在城市里运输时还好，可这个用户居住在山区，长途颠簸就导致破损的概率大幅增加；第二是最近这个区域的运输商好像更换了，不知道是他们的车辆状况不好，还是因为野蛮装卸，总之他们家的破损投诉特别多。两个因素加在一起，就造成了现在这个问题。”

“那你为什么不向组长反映，让公司彻底解决这个问题呢？”贝佐斯压着火继续问道。

“早就反映了，从组长到经理，然后是物流和运输商管理部门，可是问题依然存在。我不知道是因为改进流程太漫长，还是因为其他的部门不愿意处理，总之我看到的是，一个接一个的用户被同样的而且是重复出现的问题所伤害，可我们这些一线的员工却只能眼睁睁地看着这一幕发生却无能为力，唉……”

在一家墙上贴满了“做地球上最以客户为中心的公司”标语的公司中，居然所有的一线服务人员就这么眼睁睁地看着用户被蹂蹦却无能为力！这让贝佐斯瞬间就暴跳如雷，然后很快他就不顾成本的压力以及前端销售部门的反对，力主上线了“按灯”这个工具，信任并授权给一线员工不管某件商品的价值多大，能卖出多少，对公司多么重要，只要有问题或者符合“按灯”的规定，就立刻下架，然后系统随之自动生成整改工单并发给相应的责任部门进行调查，一追到底，直到问题得到彻底解决，工单关闭，这件商品才能再次上架销售。

▷“按灯”的目的和价值

那么如何才能让基层员工真正关注用户、心甘情愿地帮助用户解决问题呢？其实一点都不复杂，你只要解决好以下两个问题就行：

（1）这样做费不费力？

（2）这样做有没有好处？

按一下按钮，写一行小字，然后就等着拿奖金、被老板表扬。你说这样轻松的好差事你愿不愿意干？这就是为何我要反复强调：无论你的意愿多么美好，无论你的决心多么坚定，只要员工觉得太麻烦或者没好处，那么你的意愿和决心就只能是纸上谈兵，没有实现的可能。

怎么样？这下大家都相信机制的建立必须要靠像“按灯”这种系统化的工具才能实现了吧？如果你此时已经按捺不住内心的激动，想要撸起袖子大干一场，那我不得不给你先泼一盆冷水，“按灯”其实远不像看起来那么简单，这里面还有好多的规则、管理方法和经验教训需要搞清楚。我们来看看如何管理“按灯”。

▷ 如何管理“按灯”

既然是“工具”，那么就一定需要管理、维护和价值升级，那么怎样管理“按灯”呢？

1. 管理质量

不良“按灯”率：“按灯”是无法保证100%准确的，因此需要管理层监控“按灯”的质量，其计算公式如下：

不良“按灯”率＝错误“按灯”数/当季(周/月/年)“按灯”总数

注意：这个指标的责任人应该是部门管理者而非员工，因为一旦把这个指标压在一线员工头上，那么客服代表会因为害怕犯错误而放弃反映问题，以及帮助用户解决问题，这就违背了“按灯”的初衷。

2. 管理效率

(1) “按灯”处理时长：“按灯”后生成的工单必须在限定时间内由责任部门关闭(通过改进现有流程的方法彻底解决根源性的问题)。

其计算公式为：“按灯”处理时长＝当季所有“按灯”工单从开启到关闭的总时长/已关闭“按灯”总数

(2) 长尾管理：平均数有时会掩盖问题的严重性，所以必须在个案层面追踪每一个逾期未关闭的工单，时时监督直到问题解决。

其衡量指标为：超时工单总数以及超时时长。

3. 管理效能

(1) 被动“按灯”和主动“按灯”：最开始的“按灯”是被动进行的，由用户的直接投诉来触发。可执行了一段时间之后我们发现，其实完全可以采取更加积极主动的方法，比如员工发现页面信息有错误，此时可能用户并没有察觉到，它只是一种潜在的伤害，但如果按照传统的“按灯”流程，这种没有用户投诉的问题是不会触发“按灯”的，因此这条规则应该被修改。

(2) 软“按灯”和硬“按灯”：针对一些高价值、高流量、易出现人为判断错误的问题，可实行软“按灯”的特殊操作，将“按灯”和下架分开进行。一线员工发现问题实施“按灯”操作后，工单照旧生成并立刻通知责任部门采取行动，但此时商品并不会被立刻下架，而是由专人时时监督整改进度，以期平衡用户体验与控制商业风险。

建议：对软“按灯”的处理时长应该更加苛刻，因为它的价值高、流量大，所以才更应该尽快处理，否则会造成更大的用户伤害和商业损失。

（3）自动“按灯”和人工“按灯”：“按灯”不应该只是人工触发的，它还应该和大数据结合，通过信息收集和数据模型的建立，由系统自发报警，并自动生成“按灯”。比如，在品质控制上，如果某个商品在过去一周退换货率急速增加，超出了规定的范围，那么系统会立刻分析退换货原因，并根据已经设定好的逻辑决定是否“按灯”下架有问题的商品，这样一来，无论用户投诉与否，我们都可以在品质控制上做到全方位、无死角的监控和保证，而且比人工“按灯”更加高效和低成本。

到此为止，关于“用户经营飞轮”的第一个要素“工具”的介绍，就已经接近尾声了。

为什么大部分企业有愿景不能落地？就是因为他们没有机制。这个机制是怎么建立起来的？亚马逊从用户出发，有一个系统化的工具，即前面介绍的“按灯”。“按灯”的伟大之处在于可以彻底解决让员工践行伟大文化的两个最关键的问题——这么做不费力，这么做有好处。

有的企业会“洗脑”，但为什么员工不做？其实不是员工不做，而是这么做“太费力了”。大部分企业都是处理用户问题的人最痛，而造成用户问题的人却不痛，为什么？因为他们没有“反向驱动”的机制。真正痛的是前端，而不是后端。但如果你有按灯，如果你有工单，像一个武器一样的机制，员工可以扣扳机，打出去的子弹就是工单，这是反向驱动的力量，而且是个案层面的。

飞轮效应是管理学很著名的观点，一个静止的轮子和汽车，它不动的时候想推动它很困难，所以一下、两下，甚至一百下都不一定转得快。很多的企业会怀疑，我这个方法是不是不对，这些动能所花费的精力会不会浪费掉了？不要担心，因为每推动的一下，那个能量只要正确，一定会被储存。推到一万下的时候，轮子会越来越快，甚至会飞速旋转，这就是“飞轮理论”。“飞轮理论”尤其适用于利用用户驱动企业增长的模式，如果你不懂得打造一个用户体验的轮子，不懂得用这个轮子撬动企业增长的轮子，到最后很难实现企业的发展。

三、组织激活

企业管理者从战争和军事中可以学到什么？

宫玉振

军事学博士、北京大学国家发展研究院管理学教授

在我们今天的世界中，很少有人会像战争中的军人那样每天都在直面生死，但是对于企业管理者来说，在竞争性的商业世界中，成功与失败同样无所不在。尽管商业竞争与战争比起来当然算得上温情脉脉，但对于失败者来说，结果是同样的残酷无情。

战争冲突是人类对抗的最高形式，在战争领域，战略战术的正确与否所造成的后果，远远比任何其他领域都来得明显。战争关乎人员的生和死、组织的存和亡。在这种血与火的战场上总结出来的制胜智慧，从来都是取胜之道的最高体现。人类的竞争之道在战场上成熟得最早。

有一句话叫作“商场如战场”，战场和商场有很多共同的地方：两个领域都充满了对抗；两个领域都充满了不确定性；两个领域都需要对胜利有强烈的信念和意志，因而两个领域都需要清晰的战略、强大的组织、卓越的领导力以及团队的执行力。战争和军事可以为商业世界的管理者提供一个独特的视角，从战争看竞争，从军事看管理，从而更好地理解决定竞争胜负的那些本质的要素。

▷ 组织最大的迷失是战略的迷失

企业的管理者从战争和军事中可以得到的第一个启示是，要学会战略性的思考。战略这个词本来就来自军事，原因是没有一个领域会像战争这样把战略的价值揭示得如此淋漓尽致。

战争史上的一个教训是，无论是对于组织还是个人来说，战略的错误向来都是最致命的错误。战争中经常有这样的例子：赢了眼前，却输掉了长远；赢了局部，却输掉了全局；战术层面一时的胜利，恰恰导致战略层面的全盘皆输。

看重一城一地的得失，是战术家；着眼整场战争去布局，是战略家；超越战争去思考战争，才是政治家。如果你缺乏政治头脑和战略眼光，即使你取得了无数轰轰烈烈的战绩，也无法赢得持久的胜利。如果你的战略本身就是错误的，那么你的战术和执行能力再强，往往也是南辕北辙，无法挽回战略失误所带来的损失。

美军在越南战争中遭遇失败，很重要的一个原因就在于，他们只关注战术细节，而忽略了战略全局，因而打赢了所有的战斗，但是却输掉了整场战争。德军也犯过这样的错误。无论是一战还是二战，德国军队的战术向来都是大胆而精明。几乎没有军队可以在战术的优异方面与德军相比。但是，当 1918 年和 1945 年两度尘埃落定时，德军证明自己是政治无能并且战略无方。其战术与作战的优异表现，无法补救政治与战略的错误。

一个典型的例子是基辅会战。基辅会战是二战时期最大的包围战，苏军 5 个集团军被消灭，仅被俘就达到了 65 万人。德军缴获 3 500 门火炮，还有 900 辆坦克。希特勒得意地称这场会战为"世界战争史上最伟大的会战"。然而这场会战使德军失去了占领莫斯科的最好机会：德军因为基辅会战而丧失了两个月的宝贵时间，等到德军发起莫斯科战役时，已经是 10 月份了。先是秋雨导致德军寸步难行，接下来是严寒导致德军几乎失去了战斗力。而苏军方面，则因为这两个月，得到了宝贵的动员西伯利亚预备队的机会。

德军的莫斯科战役由此失败，德国在三到五个月内征服俄国的计划由此破产，德军的"闪击战"也由此宣告结束。德国陷入两线作战，因此也就成为无法改变的事实。曾任德国陆军总参谋长的哈尔德上将认为，基辅会战是"东方战役中的一个最大战略性错误"。鲁道夫·霍夫曼将军后来也总结说：基辅战役"偏离了大方向"。

战争史给企业管理者的一个教训是：过于陷入局部的争夺，反而会失去对全局的把握能力。用对抗的思维去处理事情，即使赢了，往往也是残局。

企业也是这样。竞争者当然要关注竞争与对手。但是过于关注对手，你的眼光就会被对手所限制。太强的竞争与敌对意识会限制你的视野和格局，影响你的判断与思考，以及你的策略选择，让你陷入跟对手较劲的死结中不可自拔。真正的高手，不会只盯着一时的你死我活，而是着眼于不断变化的大局。

组织最大的迷失是战略的迷失。有太多企业，就是因为太看重短期的业绩，反而损害了公司的长远发展。所以，不要为了战术的胜利而偏离了你战略上的目标。也不要用简单的战术组合去取代真正的战略。一系列看来合理的战术调动，恰恰可能给你带来的是更大的战略灾难。用雷军那句话说就是，"不要用战术上的勤奋，来掩盖你战略上的懒惰。"

比战略懒惰更可怕的是：战略上出现了问题，却茫然不知，或不愿承认，甚至把问题甩锅给下属，甩锅给团队。由此就不是去解决更根本的战略问题，而是企图通过战术或执行层面的努力来挽回局面。

二战后期，面临战略上的困境，希特勒将所有的希望都寄托在了新技术与装备的研发，以及发起成功的战术性行动上，比如说那场孤注一掷的第二次阿登战役。希特勒的命运告诉我们，不解决战略层面的根本问题，却把大量的时间花在战术与执行上，最终只会让你更多地去做错的事情。

战争和竞争的共同特点是：如果你没有自己的战略，你就会成为对方战略的一部分；如果你没有自己的计划，你就会成为对方计划的一部分。所以高明的管理者，总是把取胜的重心放在战略布局上，着眼于布长远之局，布未来之局，通过高明的布局而取胜，而不是一时或一地的得失。

这就要求企业管理者一定要像优秀的将军那样学会战略性的思考。要有前瞻性的眼光，要学会从眼前事务性的工作中摆脱出来。要摆脱日常竞争中束缚自己的反应式的思维模式，要有一种取势和提前布局的意识和能力。长远的战略，才会让你的一个个行动具有深远的意义，使你的努力有一致性和连续性，让你每一个具体目标的实现都是促进总体目标的达成，才能帮你把战术性的机会发展成为战略性的胜利。

▷ 新手看打仗，老手看组织

企业的管理者从战争和军事中所能得到的第二个启示是，系统性的组织能力至关重要。

在远征埃及的金字塔战役中，拿破仑的法国骑兵大败埃及的马木留克骑兵。战后，拿破仑对两支军队进行比较时，留下了一段著名的点评："两个马木留克骑兵绝对能打赢三个法国骑兵，一百个法国骑兵能抗衡一百个马木留克骑兵，三百个法国骑兵大都能战胜三百个马木留克骑兵，一千个法国骑兵总能打败一千五百个马木留克骑兵。”

大概没有什么能比拿破仑的这段话，可以更好地揭示出系统性的组织能力对于军队战斗力的决定性影响了。战争，尤其是大规模的战争，对于军队来说从来都是最好的压力测试，尤其对军队的组织与管理能力是最好的考验。强大的组织和良好的管理，才能支撑起一支军队长期的、大规模的作战。你要是想在战争中取胜，就必须通过系统的组织、管理与保障，把组织的资源有效地整合好。这样才能将组织的整体能力充分地发挥出来。

事实上，当我们回顾战争历史就会发现，战争史上很多战争的胜负，从根本上来说取决于双方的组织能力。战国时期魏国的武卒和秦国的锐士之所以能够称雄一时，成吉思汗的蒙古铁骑之所以能够横扫欧亚大陆，共产党军队在长期的国共之争中之所以能够一步步地战胜国民党军队，很大程度上依靠的都是强大的组织能力。

西方也是如此。罗马军团的战斗力从何而来？一名罗马士兵的战斗力总是有限的，然而 4 800 名士兵所组成的罗马军团，却变成了一台强大的杀人机器。蛮族的军队虽然人数众多，也不乏勇武的战士，但是缺乏罗马军团那样严密的组织，因而总是无法摆脱匹夫之勇的局限。这也就是为什么罗马军团总是可以在潮水般冲上来的蛮族士兵面前岿然不动。

管理上的一个很有意思的现象是：新手重打仗，老手看组织。企业刚刚成立的时候，管理者往往关注的是市场，是产品，是营销，是爆款，是业务，是迅速的扩张。一句话，关注的是如何打仗，如何打更大的仗。要的都是看得见的结果，要的是立竿见影，要的是攻城掠地。没有多少人会去思考组织的问题,更不会真正去在这方面投入。

等到突然发现企业打不了硬仗了,管理者才会意识到组织能力跟不上了。原来所有的问题都是组织的问题。忽视组织能力建设所带来的问题,一下子都浮出了水面。

在企业的起步期,往往有志同道合的追随者就可以了。但到了企业的发展与扩张期,组织能力就成了决定企业生死的关键。先天不足的组织,将无法承受高速增长所带来的巨大压力。所以,那些速成型的组织总是走不长远。原因很简单,离开了核心组织能力的打造,企业业务与规模的扩张就没有了根基。

阿里巴巴为什么有今天的成就?原因之一就是其强大的组织能力。组织能力支撑起了阿里巴巴的战略,支撑起了其高速的业务发展和组织扩张。华为成功的奥秘之一,也是把能力建立在组织上。这非常像共产党当年的"支部建在连上"。回顾那些伟大企业的战略,都是以提出宏大的愿景开始,以打造强大的组织能力落地。再宏大的愿景,再伟大的战略,也需要落实到组织和管理的层面。真正的决胜往往是在组织的层面来实现。企业家能力的最后较量,其实是驾驭和变革组织的能力的较量。

不幸的是,在现实中,我们虽然不乏聪明的创业者,但是有太多的中国民营企业家,用肖知兴教授的话说,是"商业上的天才、组织上的白痴"。组织架构随意,人事安排混乱,后勤财务一塌糊涂——我们这个时代那么多的败局,就是败在组织上。内部管理混乱,组织千疮百孔,你机会越大,发展越快,反而会死得越惨。太多陷入败局的组织,其实都是败于自身,其实都是自己打败了自己。孙子早就在 2 500 年前就告诉我们说:"善用兵者,修道而保法,故能为胜败之政。"真正长期主义的高手,一定是先从理念到制度这样一些组织的基本面做扎实，以奠定组织取胜的基础，在动荡而复杂的环境中主宰自己的命运。

▷ 好的将军都是打出来的

企业的管理者从战争和军事中所能得到的第三个启示是，管理者必须展现出卓越的领导力。

“在培养领导者方面谁做得最好？”德鲁克写道：“军队所培养和发展的领导者比所有机构的总和还要多，并且失败率更低。”因此，他们建议企业管理者应该向军队学习领导力。

的确，战争是最需要优秀领导者的人类活动，战场也从来都是学习领导力的最佳课堂。军人从成为领导者那天起就明白，自己的首要职责，就是必须随时在复杂、残酷、危险而紧张的环境中，引导士兵展开行动，迎接挑战，夺取胜利，完成使命，而这就需要展现出卓越的领导力。用孙子的话来说，“聚三军之众，投之于险，此将军之事也”。

关于战争环境下的领导力，孙子提出了五个要素，即“智、信、仁、勇、严”；吴子也提出了五条原则，即“理、备、果、戒、约”；克劳塞维茨则提出了“干劲、坚强、顽强、刚强和坚定”五种表现形式。

在战争中，好的将军从来都是打出来的，而不是选出来的。什么是战争中的领导力，你到底有没有领导力、你的领导力水平高还是低，一上战场，就会一清二楚。回顾数千年的战争史，其中有两大要素是古今中外所有优秀的将军都必须具备的：一是沉着冷静的意志，二是同甘共苦的品质。

战争中的领导力，首先体现在沉着冷静的意志上。

战争环境最大的特点是复杂而危险。在巨大的心理压力下，人性的弱点会淋漓尽致地表现出来。这个时候，领导者所要做的，就是绝对不能允许情绪和心理压力主导你的决策以及你的队伍。

战争史上，战场指挥官坚定而沉着的领导力，本身就具有强大的感染力，它可以迅速渗透到整个组织之中，尤其是在极端的环境中。这样的领导力可以帮助克服下属的怀疑犹豫，同时减少下属的焦虑。强大的自信，加上坚强的意志和自律，往往可以使指挥官在很容易导致无所作为的情况下，去采取必要的行动。

二战时期英国著名的元帅蒙哥马利在他的回忆录中曾经说："一个指挥官最宝贵的品质之一，也许就在于他在计划与作战行动中传播信心的能力，尽管在他内心对结局并没有太大的把握。"而这就要求指挥官必须具备强大的意志和坚定的信念。

兵凶战危，人的心理很容易在瞬息万变的战争中失去平衡，从而导致决策出现混乱。所以王阳明说："凡人智能，相去不甚远。胜负之决，不待卜诸临阵，只在此心动与不动耳。"人的智能差距并不太大，决定胜负的要素，是你内心镇定自若，还是陷入慌张。湘军名将罗泽南也说："乱极时站得定，才是有用之学。"

真正的高手，可以在任何复杂的环境中，都能保持不为所动的冷静，因而在极其混乱甚至极其不利的环境中，能以沉着镇定的心理，进行清晰而合理的计算，并从容不迫，谋定后动，从而传递出强大的自信，和对混乱局面的控制能力，进而一举奠定胜局。称职而又自信的领导者，甚至可以在看来已经毫无希望的情况下率领军队转败为胜，扭转乾坤。

拥有这种品格的领导者，才能在混乱和危险的环境中体现出强大的领导力，从而赢得下属的信任与忠诚，并制定出正确的决策，最终带领组织去赢得胜利。

战争中的领导力，还体现在与下属同甘共苦的品质上。

军队所面临的是最险恶的环境，战场上的军人每天都在直面生死。用吴子的话说："凡兵战之场，立尸之地。"凡是两军相接的战场，都是尸横遍野的地方。在这样的环境中，同生死、共患难、生死与共、至死不渝的感觉，对于战争中的团队来说，从来都是至关重要的。

不能期望下属去做你不愿意做的事情。分享下属的苦难，和下属一起战斗，与下属同甘共苦这样的行动，在战争的环境中比任何言语都重要。所以几乎所有的军事著作，都强调同甘共苦、同生共死在战争领导力中的重要性。《美国陆军领导力手册》中有一段话："好的陆军领导者，即便在最高战略领导层，也不会把战士推出去战斗而自己安坐在后方。他们会和战士一起深入实地，在第一线进行领导。"

一起哭过，一起笑过；一起流过血，一起流过汗；一起摸爬滚打，一起经受战火；一起分担失败的压力，一起分享胜利的喜悦。这样的体验，以及由此所形成的命运共同体的感觉，对于军队来说，比什么都重要。

企业也是如此。在复杂、动荡而充满压力的商业环境中，优秀的管理者同样也要像优秀的将军一样，赢得下属的信任，打造出有凝聚力的团队，并带领团队全力以赴地去争取竞争的胜利。这同样需要强大的领导力。

再好的战略理念，也需要强大的领导力，才能真正落地。战场和商场，都是如此。

▷ 价值驱动下的执行才是最强有力的执行

企业的管理者从战争和军事中所能得到的第四个启示是，如何打造出强大的执行力。

每位企业管理者都希望自己的团队具有强大的执行力，但执行力向来也是困扰全球商界的一个顽固性难题。因此所有的管理者都希望能够找到打造强大的执行力的思路、方法与流程。

世界上执行力最强的组织，一定非军队莫属。军队的文化很大程度上就是执行的文化。无论是我军的“保证完成任务”，还是西点的“没有任何借口”，都是如此。军队因而成为关注团队执行力的企业管理者们不约而同的研究和学习对象。

在长期的战争中，军队在执行力方面早已经提出了一系列成熟而有效的心得。比如，理解上级的意图是有效执行的前提；比如，个人执行很重要，但组织执行才是一切；比如，高效的执行需要打造明确而令人信服的高清目标，而不仅仅是大致的愿景；比如，好的计划制订要去中心化、要简洁、要多元参与、要使每个人负责；比如，没有什么事情会完全按计划进行，必须为突发事件做好详细计划；比如，领导者要把成功归于团队，而把失败归于自己；比如，执行过程中必须专注于那些与任务相关的最重要的任务；比如，没有完美的信息，等待完美信息的组织注定会失败，成功的执行者一定是敏于适时而动的，因此，迅速制订一个80%完美的计划，胜过一个花太长时间制订的100%完美的计划；等等。

所有的这些心得，都是从战争的实践中总结出来的，并且对于企业管理者打造强有力的执行团队和文化，同样具有很强的借鉴意义。

对于管理者来说，在执行中最困难的可能是如何让组织的成员自觉自发地去执行。问题是：战争是要死人的，为什么军人会在明明知道自己很可能会失去生命的情况下，还会坚决地去执行？

在古人看来：“将死鼓，御死辔，百吏死职，大夫死行列。此法令行也。”将军就要死在自己的指挥位置上，驭手就要死在自己的驾驶位置上，各级军官就要死在作战的行列中，这才叫作执行。为什么可以做到这样？除了军队的纪律、荣誉与服从意识之外，更重要的是官兵对于组织价值的高度认同。用孙子的话，就是“道者，令民与上同意也，故可以与之生，与之死，而不畏危”。道，就是让上级和下级之间有共同的意愿和追求。所以可以同生死，共患难，而不畏惧任何危险。

在我的课堂上，我经常会以红军长征为例问管理者们一个问题：当年长征中的红军，是一支让今天的很多人都无法理解的军队：衣不蔽体，食不果腹，装备极差，颠沛流离，每天面对的是困苦和死亡。如果这是一支国民党的军队，或者任何一支军阀的军队，离开苏区之后不久，这支队伍早就散掉了。红军的长征为什么取得了最后胜利？

这是一支有信仰的部队，这是一个有理念的组织。

企业当然是要追求利润的，企业员工当然需要经济回报，但即使在商业这种以功利为特征的世界里，缺乏清晰价值主张的企业也无法走得长远。仅仅靠利益来凝聚的组织，只能是军阀，只能是雇佣军，乃至于土匪。没有愿景，没有是非。有利而来，利尽而散。从来没有哪一支军阀或土匪的队伍能够成事，即使是在乱世之中。尘埃落定的时候，人们就会发现，最后胜出的，一定是有清晰理念的那支力量。

为什么优秀的员工愿意留在你的企业？我们往往以为是满意的薪酬。薪酬当然很重要，但远远不够。金钱无法购买到真正的忠诚。今天这样的时代，人们越来越重视自身的价值能否得到真正的实现。所有的优秀人才都在思考一个问题，就是把自己最好的时光、最有价值的努力，投到你这个企业里，到底是否值得？

美国心理学会前主席马丁·塞利格曼在《真实的幸福》一书中说：“幸福感有三项要素构成：快乐、投入和意义。”三项要素之中，快乐带来的幸福感最为短暂。塞利格曼说:“有太多的人以追求快乐作为生活的目的,但是对于幸福感而言,投入和意义却远比快乐更重要。”

如果你是领导,你给下属提供的究竟是什么?是一项值得为之奋斗的事业,或者只是一份养家糊口的工作而已?最后的结果是完全不一样的。

所以好的组织,一定会建立清晰的价值主张。卓越的愿景、使命、价值观,才可以真正对优秀的员工形成强大的激励,让员工感受到自己工作的意义,让员工愿意去全力投入。用北宋军事学者张预的话说,就是“见义而行,不待命也”。价值驱动下的执行,才是最强有力的执行。

如果说在战场上,真正让人超越生死利害的,尤其是能够帮你渡过至暗时刻的,是官兵的信念与追求;那么在商业世界中,清晰的使命、愿景、价值观同样是一个成功企业的真正核心竞争力,并构成了区别于对手的独特资源和竞争优势,这种竞争力也是最难被对手所复制和超越的。

领导者的一个主要任务,就是从一开始就为组织的每一个成员找到这样一个可以全身心投入的理由,找到组织成员强大的自驱力。有了这样的理由,有了这样的自驱力,组织的成员就会不计一切地付出,员工的执行才能真正变成自觉自发的执行。

这是让组织变得强大的无形的精神内核,是组织能够历经挫折而长期生存、不断发展的根本原因,这也是伟大与平庸的不同之所在,更是战争和军事所揭示的一个真理。

熵减——华为组织活力激发实践

徐光国
前华为全球劳资关系负责人

我博士毕业就进入华为，一干就是20年，直到退休。其间，我有7年时间在研发体系，7年时间在海外一线，6年时间在华为大学、人力资源部、审计部等相关职能部门。在这20年里，我最难忘的是我在南美南地区部做人力资源部部长的经历。那时我们最重要的一件工作就是怎么激活巴西4千名本地员工，500名中方外派员工的活力，让他们的人均效益、人均产值、人均利润更高。这不是我们的战略，这是必须要解决的事情。

首先，问大家一个问题。你觉得一家公司、一个组织甚至一个家庭、一个孩子，他充满活力的标志是什么？怎样叫作有活力？

2018年退休之后，我给很多公司当顾问，看到很多公司的员工不同的状态。比如，我一个高中同学在深圳开了一家7个人的公司，我去那里做了3个月的顾问，近身观察。我发现这个公司里只有老板、老板娘才愿意不待扬鞭自奋蹄地努力做事。其他5个人，每天早上可能10点钟到，下午5点之前走。而我在华为公司20年，我敢说华为80%甚至90%的员工每个人都拼命地做事。这个数据是非常罕见的。举个例子，2008年汶川大地震，地震之后我们的工程师罗涛在5月14日，就乘直升机从成都的凤凰山机场，飞到汶川牛老寨山头去工作。第一次飞机因为山顶空间太小了没成功，第二次机翼差点铲到山崖机毁人亡，第三次他从直升机上靠绳索滑下去。2015年，华为请世界上制作奖牌和奖章最好的巴黎铸币局刻了600枚“2008汶川地震救灾抢通英勇纪念章”，也就意味着当年有600多名员工不顾个人安危，开展抗震救灾最重要的生命线之一的通信设备的维护工作。

2011年日本大地震，地震之后还有海啸，当时几百名日本华为公司的员工，面临一个选择，是留在日本，还是回中国，这是一个痛苦的选择。最后的决定是，让父母、孩子家属回去，中国员工全部留下来，跟本地员工、本地运营商一起开展抗震救灾工作。两个星期以后，他们维护了680个基站。地震发生时，有一个从香港飞日本的航班上，除了机乘之外，只有两个人，一个日本人，另外一个就是华为CFO孟晚舟。她作为公司业务连续性的最高负责人，去日本当地拉通整个公司内外的资源，把抗震赈灾组织起来。

活力的第一个标志是愿意付出200%的努力。不管这个努力会给个人带来什么危险、带来什么好处，也不管这个努力究竟能给组织带来什么危险、带来什么好处，大家都朝着客户需求的方向付出200%的努力。

活力的第二个标志是有必胜的信念。没有必胜的信念，也就是再怎么努力最终都不会成功，只有傻瓜才会去努力。1993年华为连续三个月给员工发工资打白条，在第一脚还没有成功跨进电信局的时候就喊出未来的电信市场供应商将是“三分天下有其一”的口号，靠着必胜的信念和坚苦卓绝的努力渡过了“婴儿时期的危机”。2001—2005年华为遭遇冬天，大部分员工五年没有涨工资，总监级以上干部主动降薪，2003年春节在深圳宝安体育馆万人大合唱“以内心之火，点燃精神之光，找到未来成功的曙光”，靠着必胜的信念和坚苦卓绝的努力渡过了“少儿时期的危机”。2019 年，美国全力打压华为，华为遭遇“成人时期的危机”。现在华为公司内部有两个口号，第一个口号是：让打胜仗的思维成为我们的信仰。第二句话就是：没有退路就是胜利之路。华为人就是靠着必胜的信念走到了今天。

所以，组织活力是什么，就是为组织目标贡献力量的意愿，且有必胜信念。

一、华为为什么强调组织活力

2017 年的 6 月 2 日至 5 日，华为公司高层在上海讨论战略，议程到一半的时候，任正非提出来，我们今天不讨论战略，我们今天讨论一个话题——组织活力。大家都傻眼了，因为高级管理者从全球各地好不容易聚在一起，为什么要讨论组织活力、讨论人力资源的话题呢?

后来华为蓝军司令潘少钦将任正非的思想写成一篇文章，题目是《为什么方向只能大致正确，而组织必须充满活力?》。其中讲到了华为的两个例子。

第一个是 2002 年华为公司差点整体 100 亿美元卖给摩托罗拉，当时任正非已经跟摩托罗拉的最后一位家族企业掌门人小高尔文签好了备忘录，已经开始庆祝了。但非常不幸的是，小高尔文回到美国被联合董事会开除，新的 CEO 认为交易不划算，影响股票表现和盈利，就把这个合同取消掉了，所以华为公司只好继续干。如果卖了，就不会有今天美国对华为的打压了。

另外一个案例是 2008 年华为公司差点把终端卖掉，因为终端不赚钱，都谈好了大概 50 亿美元卖掉。那个时候蓝军总司令，也是华为历史上有非常重大贡献的人郑宝用,站出来跟任正非讲,不要卖,你现在已经渡过 2002 年华为冬天这场危机,已经成为业界的前三名。你现在不是愁着活下来,而是怎么活得更好,而今后网络流量最重要的入口是终端,所以终端又没有卖。如果卖了终端,就不会有美国打压华为,终端公司提供大量过冬的粮食。2019 年,华为公司全年的营收是 8 858 亿元,终端公司营收是 4 673 亿元。2020 年华为公司营收是 8 914 亿元,终端公司 4 829 亿元。

从这两件事情,看得出任正非始终是正确的吗?华为公司是永远正确的吗?不是!所以任正非说我们很多方向是大致正确,甚至是大致不正确。阿里的张勇也讲过:“大部分今天看来成功的所谓战略决策,常常伴随着偶然的被动选择,只不过是决策者、执行者奋勇向前罢了。”

我讲这些并不是说战略不重要,阿里和华为一样都非常重视战略。更重要的是,战略是逐渐形成的,就像猿到人的进化过程中,看到人不断地抬头挺胸。

所以任正非讲,在方向大致正确,甚至大致不正确的情况下,组织充满活力才是非常重要的,确保战略执行走向成功的关键。

二、华为活力引擎模型

从 2019 年开始华为因为受到美国举国之力的打压,成为悲壮的网红,网友们认为华为公司和任正非的成功是因为任正非创造了世界级的人力资源哲学。其实哪有什么世界级的人力资源资源哲学,只是世界级的热力学第二定律与任正非心中的那种直觉相匹配而已。于是华为根据热力学第二定律形成了华为活力引擎模型。这个模型最核心的就是大家熟知的熵。

熵是热力学第二定律的概念，根据华盛顿特区经济趋势基金会总裁、前欧盟委员会主席顾问杰里米·里夫金(Jeremy Rifikn)提出的通俗说法，“熵”是用来衡量不可使用能量的状态的一种单位。当一个独立的个体、封闭的系统处于静止状态、平衡状态时，它的能量逐渐变成不可使用的状态，这就是“熵增”。熵增的标志是走向平衡态，减少高度差、温差、速度差等，总之是“差距减少”，可对外做功的能量减少，该系统的功能逐渐减弱。当一个独立的个体或者系统的“可使用”能量越来越多，这就是“熵减”。熵减的标志就是远离平衡态，增加高度差、温差、速度差等，总之就是“差距增加”，可对外做功的能量增加，系统功能逐渐增强。

热力学第二定律又称熵增定律，一切自发过程总是向着熵增加的方向发展。华为将熵这个概念从物理学的概念变成了管理学的概念。用任正非的话来说，封闭系统内部的热量一定是从高温流到低温，水一定是从高处流到低处。如果这个系统封闭起来，没有任何外在力量，就不可能再重新产生温差，也没有风，没有水蒸气的蒸发与流动；水流到低处不能再回流，那是零降雨量，那么这个世界全部是超级沙漠，最后就会死亡，这就是热力学提到的“熵死”。

其实人也是一样的。每个人都喜欢静止态、平衡态、稳定态或者舒适区，个人的自然走向是贪婪懒惰、安逸享乐，缺乏使命感和责任感。企业的自然走向是组织懈怠、流程僵化、技术创新乏力和业务固定守成。

怎么办？任正非说我要用人力资源的水泵打破这个平衡。形象的说法就是用手摇、用脚踩风车，把水从低端打到高端。让水具备对外做功的能力。但是打击的过程中，水受到压力是不舒服的。让人离开舒服态也是不舒服的，所以这是第一个层面，就是要打破平衡。

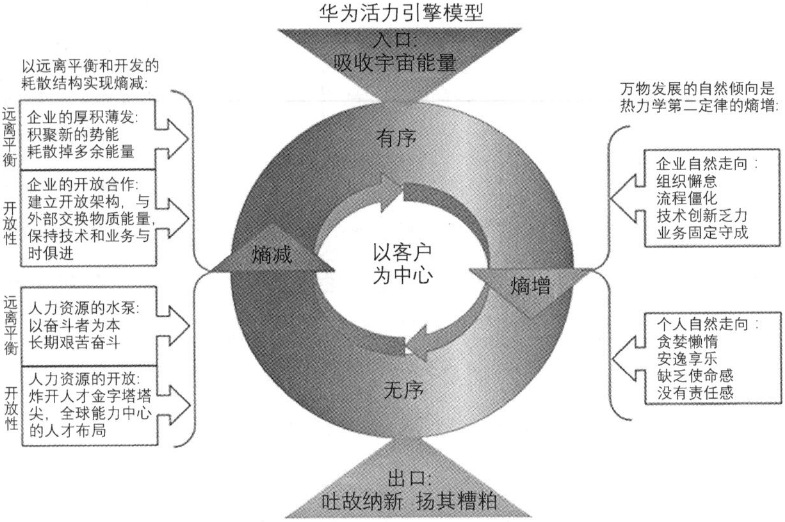

图 1 华为活力引擎模型

其实组织这个层面，不管是国有企业还是民营企业，“部门墙”都是厚得不得了的。华为公司也是这样。怎么办？任正非说要打破平衡，耗散掉多余能量。

2019 年美国打压，任正非一反常态，不断地接受中外记者的采访，可能有 100 多次。有一次他对中外记者说，2018 年华为公司有 1 000 亿美元销售额，向政府交税 200 亿美元，300 亿美元给员工发工资，200 亿美元用在研发上。另外一次在媒体会，任正非说华为公司有 700 名数学家、800 名物理学家、6 000 名科学家、6 万名工程师，我们大量的研发费用就是花在了科学家、研发工程师以及他们的设备上、实验上，最终形成了一个又一个强大的护城河。

2017 年苹果公司的销售收入比华为公司还高，它的现金流是 2 800 亿美元。但是 2017 年苹果公司全球研发的投入是 112 亿美元,排名第 7,而华为公司是第 5 名。华为公司就是将类似苹果公司躺在账户的“多余”的钱用来开发备胎。2019 年,美国将华为列入“实体名单”,华为“备胎”几乎一夜之间全部转正。如果没有长期的积累,“备胎”是不可能一夜之间转正的。

华为公司正是将“多余”的钱消耗掉,形成了强大的势能,这才是无论美国怎么打压,都打不垮华为的根本原因。

“远离平衡”“以客户为中心”和“开放性”,是华为活力引擎模型的三个核心要素。“远离平衡”就是逆向做功,不断折腾组织和个人,使组织和个人有高度差、温差、速度差等,将“不可能使用”的能量变成“可使用”的势能、动能、效能。“以客户为中心”是激活的目的,是否能为客户创造价值是判断有序或无序、熵增或熵减的标准和方向。“开放性”是指组织和组织中的人能够吸收其他人、其他系统的能量,能够促进人员流动和组织成长。

因此,华为的人力资源的开放,就是要炸开人才金字塔的塔尖,进行全球能力中心的人才布局。“远离平衡”的人力资源的水泵就是以奋斗者为本,长期艰苦奋斗。华为企业的开放合作在于建立开放架构,与外部交换物质能量,保持技术和业务与时俱进。通过企业厚积薄发,积累新的势能,耗散掉多余能量,远离平衡。

华为的组织活力激发实践也可以分为三个层面:个体层面、团队层面和组织层面。充满活力的个体组成充满活力的团队,充满活力的团队组成充满活力的组织。下面我们就来具体说一说。

三、激活个体效能

个体是组织的基本构成单元。在很多企业中,常常能发现一个问题——企业员工普遍缺乏活力,个体活力没有被充分激发。

而华为至少80%到90%的员工都充满活力。这背后隐含一个逻辑：人的天性趋向平衡、静止、舒服等怠惰状态。只有组织的人力资源水泵，才能让个体远离这些状态，像水一样被抽向高处，这样才有对外做功的势能，才有更大的生命活力。

华为对每个个体的激活目标是“让员工长期保持艰苦奋斗”。这里的艰苦奋斗有三个层面理念：1. 员工在自己的岗位上兢兢业业，做好本职工作；2. 员工在自己的岗位上不断战胜心理与心理上的不适，精益求精，攻坚克难；3. 员工要能居安思危，不断进取。

那华为是怎么激发个体效能的呢？

第一是激发个体的饥饿感，华为有一句话叫：给火车加满油，拉开差距，制造温差。

2019年华为公司任正非签发了一个文件，是关于部门2019年顶尖学生实现年薪制管理的通知，说我们要用顶级的挑战、顶级的薪酬，去吸引顶尖的人才，对2019年录用的首批8位顶尖学生实行年薪制，最高的200万元，最低的也近90万元。当这个文件在公司内部一发出来，引起了轩然大波。很多人都在骂，说我工作了10年、20年，年薪也没有100万元，没有200万元，凭什么一个应届的博士生就有200万元。任正非要的就是这种冲击，就是这种“不公平”，来激活已有员工。

这种影响对外部更甚，在社会上引起了广泛的关注。相信未来会有更多优秀的学生加入华为，达到“天才成批来”的目的。2020年华为天才少年招聘的广告词便是“拖着世界往前走”，在全球招聘天才少年，并期待他们能够“向上捅破天”，支持华为在科技领域的发展。

第二是激发员工的使命感，“精神追求向上”。精神激励与物质激励双轮驱动，使得员工愿意去做长远一点的事情，而不仅仅去做赚快钱、速赢的事情。华为内部集团流传一个寓言，就是“扁鹊三兄弟”的故事。

扁鹊当病人病入膏肓的时候，他能够做大手术起死回生。在现在的企业绩效考评，扁鹊是考核就是A(华为考核分为5个等级，A/B+/B/C/D)，当之无愧的火车头，肯定要给他加满油。扁鹊二哥只能做小手术，有点小风小感冒开点小药，看起来不是那么高难度，所以在华为公司的考核经常被评为B(中间等级)。那扁鹊的大哥就更惨了，扁鹊的大哥遥遥一望看到“病人”会在将来的某一天发病，就提醒他要加强锻炼，没有使用针和药。这种做预防性工作的人就更没有绩效了，所以扁鹊的大哥往往被评为C和D。

任正非在2000年就开始强调“奖励扁鹊大哥、二哥”，重视“职业管理者的责任和使命”。华为在2019年5月15日，再一次转发任正非2000年让高级副总裁以上干部针对“无为而治”进行考试的讲话，可见任正非内心深处是多么重视扁鹊的兄长们，因为他知道企业实际运作中，扁鹊的兄长们恰恰是最容易被忽视的。

“板凳要坐十年冷。”华为还经常用“工匠精神”来形容寂寞的扁鹊大哥、二哥。工匠有两个特点：其一，他做的事不是半年之内能见效的，可能需要一年、两年，也可能是十年甚至终其一生不见效果，是一些更长远、更大、更基础的事；其二，工匠们都是默默探索的，他们的努力都是孤独的、寂寞的。寂寞的英雄是伟大的英雄。那么对工匠们，对于没有做出成绩还在探索中的人，要进行精神上的鼓励。华为和任正非是非常崇敬这些人的。

显然，在物质激励和精神激励的双轮驱动下，华为不仅塑造了敢于上战场、能打胜仗的个体，更激励个体努力实现伟大愿景，而且为员工提供这样一个追梦的平台——有大远景，能实现大愿望。

第三是避免员工“精神下沉”，避免熵增，拒绝普遍化的高福利。华为强调保证基本福利，拒绝高福利，提倡多劳多得，避免熵增。任正非在2014年曾说过："一定不要让大家追求福利主义，我们实行获取分享制，员工干得多就拿得多，干得少就拿得少，这样我们没有压力。要吸取欧洲高福利的教训。"事实上，普遍化的福利待遇如果处理不好，反而会导致个体满足于现状，缺乏工作的物质饥饿感。

第四是激发员工的危机感，提升系统开放性，打破铁饭碗、铁交椅，去除平庸，促进人员流动。华为很早就开始推行"打破终身制，干部能上能下，员工能进能出"的机制。1998年任正非在《华为的红旗到底能打多久》一文中指出："尊重知识、尊重个性、集体奋斗、不迁就有功的员工，是我们可持续发展的内在要素。市场部集体大辞职的壮举，开创了华为公司内部岗位流动的制度化，使职务重整成为可能。创业期间他们功劳最大，他们都能上能下，别人不能吗？华为不搞终身雇佣制，但这不等于不能终身在华为工作。每个员工通过努力工作，以及在工作中增长的才干，都可能获得职务或任职资格的晋升。"

华为公司有很多的方法，比如说，考"军长"。这是从中国陆军考军长的做法引喻过来的。华为的考"军长"怎么考？让业务主管们用几页PPT对自己的工作进行讲解，注意不是述职一样的长篇汇报，主要的时间用于回答评委们和员工的提问。条件允许情况下全公司直播，涉及机密的就在部门内直播，围观者都可以实名或匿名提问。因此，网络围观同事才不会管宏观战略和管理者情面，只会问自己遇到困难的相关情况、具体场景及如何解决。提问人员众多，谁也无法控制提问的细节、难度与方向。个别"军长"现场一问三不知，过了几天，这些管理者在快速的调查后就"下课"了。第一次下课可能还没引起注意，第二次、第三次有"军长"下课，各级管理者就紧张了，这就是逼着各位领导学习，消灭南郭先生，铲除平庸。

华为公司对干部的要求就是要担责。华为每年坚定不移地对管理者实行10%的淘汰制，这项措施让管理者永远铭记自己的责任，永远处于战战兢兢、如履薄冰的艰苦奋斗状态中。

华为每年也坚定不移地对责任结果差、长期发展缓慢的员工进行主动识别和主动管理，目的是防止在业务高速发展的情况下可能出现的“内部超稳定结构”和员工怠惰。2019年以前，华为对普通员工的不合格调整是有一个分层比例限制的，比如5%—7.5%。随着管理者的成熟和公司外部环境的变化，2019年后华为的管理更加差异化，不设总体调整指标，由各业务部门自行设定淘汰目标比例，各业务部门反而更加主动地推进这项激发员工活力的工作。

为了保持活力，华为除了淘汰不合格的管理者和普通员工，也在积极地促进绩优员工加快流动。当管理者做得很好时，很多企业会让他在原岗位继续做下去，因为舍不得放弃“粮食”，如果用新人会有不能“产粮”的风险。但华为不是这样的。比如，一个管理者在某个国家业务做得很好了，华为会把他换到另外一个陌生的国家，让他建立新的客户关系，熟悉新的运营网络，学习新的产品知识。如果不学习，组织绩效上不去，就可能被末位淘汰。华为外派的海外管理者与普通员工，尤其是到欧洲，在一个国家一般不允许超过3年，在欧洲各国轮换累计不宜超过8年。这就是要逼着大家不断学习，去勇敢面对新的环境与事物。

2016年10月28日，华为“出征·磨砺·赢未来”研发将士出征大会上，向2 000名研发高级专家和干部集体发出“将军令”，他们将奔赴海外，走上销售战场，聚焦目标，饱和攻击，英勇冲锋。会场的横幅上写着“激活组织，促进血液循环；奔赴前线，人人争当将军”。在当前行业数字化及网络转型时期，华为从研发部门集结2 000名高级专家与干部，是为了真正理解客户需求，让他们背上自己制造的“降落伞”，空降到战火纷飞的“沙场”。像余承东一样，与几万名熟悉场景的前线将士结合在一起，形成一股铁流，成为图像高地、云化时代的将军。

华为公司内部也有一个争论，这 2 000 人究竟是炮火还是炮灰？据不完全统计，这 2 000 人里面有一半人成了炮灰，这对一个人是多么的残酷。但如果 2 000 人中有一个人被激励成了余承东，成为华为的一员大将，那华为公司就赚了。

通过激发个体饥饿感、使命感、危机感，华为员工的个体效能被极大地激发，形成华为人才辈出、组织充满活力的现状。

四、激发团队动能

个体激活是让每个个体活跃起来，激发个体的生命活力。团队激活不仅要让个体活跃起来，而且要朝同一个方向活跃，避免个体间活力的相互抵消。让团队整体的“可使用”能量或力量不断增加，朝着同一个方向冲锋，远离平衡态。用华为的话说，就是“一切为了胜利，全营一杆枪”。那么怎么做到激发团队动能呢？

第一，激发团队整体饥饿感，让团队导向冲锋，而不是导向平衡。比如，华为的“获取分享制”，就是以结果为导向，而不是以过程的复杂或辛苦程度为衡量标准。

华为公司在之前的奖金分配机制是从上向下的分配，把一个公司订货、发货、收入、回款、成本、利润算清楚，然后根据一定规则把今年多少奖金包算清楚，一级部门分好了之后再分二级部门，二级部门分好了再分三级部门，这就是从上到下的分配机制。这样的一个做法就会导致最末端基层作战人员他的奖金可能是最少的，因为他是被分配的。结果就是大家不愿意去海外，因为跟在领导身边的人是最容易获得奖金的。

所以后来华为公司就搞了一个叫获取分享制。这个制度的核心是什么呢？就是以最基础的作战单位——项目为基本单位，把一个项目的定、发、收、回，利润成本都算好了，然后根据公司预先的规则他就知道自己的奖金，项目的成员最早知道自己的奖金是多少，而不是像以前等着最后被分配。项目组一般有固定人力，但往往不够，可能要从代表处职能部门获取人力支持。这些职能部门对这个项目支持多少，比如支持 5%工时的人力，那么就从项目组获取 5%的奖金。其他的资源中心、能力中心也都是根据他们对项目的人力工时贡献，获取相应比例的奖金。这样一层一层地进行累计，从下至上形成获取分享制，机关和职能部门的奖金要从项目组获取。这样一来，大家就都愿意支持最基层的项目作战单元。这就是基于价值贡献，千军万马上战场的获取分享制。

为了激励团队冲锋，华为只认功劳不认苦劳。我所在的巴西华为，10 年不盈利。在华为利润导向的考核下，整个巴西南美南地区部的奖金、股票、提拔机会都远少于拉美其他地区部，更不要说和中国和拉美以外地区比。很多员工知道真实情况后是坚决不到巴西华为的。但华为就是一直让南美南团队保持饥饿感。无论团队多苦多累，只要没有绩效，结果不好，组织都要压着团队，直到做出结果。华为如果考虑到巴西华为团队没有功劳也有苦劳，奖金没有与其他地区相差太多，那傻瓜才会奋斗。一批又一批的管理者和员工前赴后继，艰苦卓绝，终于在 2012 年取得了 200 万美元的首次盈利。后来，奖金逐渐增多，干部提拔也开始了。

所以华为激励团队的一个原则就是结果导向，结果没有显现就一直压着这个团队；只有团队成长起来了，主管才有机会，业务才有机会，员工才有机会。这就是华为强调的激发团队的饥饿感。

第二，激发团队凝聚力，使团队朝着一个方向冲锋，一切为了胜利，全营一杆枪。

一切为了胜利，“全营一杆枪”，是任正非对团队活力的形象描述。这句话来自电视连续剧《绝密 543》。这是由真实事件改编的 36 集电视连续剧。华为要求各级管理者看，看了之后要写心得，写心得不过关的就下岗。

《绝密 543》这个故事讲的是新中国成立后，美国跟蒋介石不甘心，经常派高空侦察机侵扰大陆。高空侦察机在一万多米甚至两万米的高空飞行，机上有高倍摄像系统，可以将地面的人、物都照得非常清晰。将新中国的防空视为无物，想来就来，想走就走，是一个重大威胁。但当时我们的空军很弱小，炮兵也很弱小，根本就打不下来。所以中共中央就决定从苏联引进一批导弹，组建导弹部队，代号 543，下辖 5 个营。一营是全空军最好的文化素质、最好的综合素质的人。故事主人公肖占武，他好不容易加入导弹部队，后来成了导弹二营的营长。就是这什么都不如一营的二营，五六十个岗位上百号人，对准一杆枪（即导弹发射筒），实现了导弹发射从 8 分钟减到 8 秒钟的技战术。他们以全营一杆枪的精神苦练，终于在第二次实战之中达到了 6 秒发射，成功击落蒋军的 U2 高空侦察机。当二营第一次打下来 U2 飞机的时候，全营的官兵包括炊事班的成员都一起到北京天安门接受毛主席的检阅，这也是新中国成立以后毛主席唯一一次接见过的一支整建制部队，这是多么的荣光。

任正非在 2018 年与研发团队“2012 实验室”座谈时提到，要打造一支胸怀梦想、充满活力、团结奋进的队伍。“全营一杆枪的目的就是要打下飞机，对公司来说，只有商业成功，才能说明市场销售与服务好，才能说明产品有竞争力，也才能说明技术领先。只有从2012实验室到研发体系、从研发体系到市场体系，都做到全营一杆枪，公司才能实现商业成功。我们不能各自孤芳自赏，不能觉得问题全在他人身上。全营一杆枪意味着要面向客户需求，构筑从机会到变现的端到端全流程解决方案。一个营的官兵必须凝聚为一个整体，聚焦一个目标，才能取得胜利。”

激活团队第三个方面是讲究竟朝哪个方向动，朝客户需求的方向。我们内部讲的“让面对客户的弹头部(销售铁三角)能够指挥平台进行联合作战”，就是子弹头朝哪个方向动，我们枪托、枪栓，公司内部的中台后台都要朝着子弹头的方向动。更快更好地满足客户需求。华为提出的小前端“铁三角”和“四组一队”的作战队形，都是为了激发公司大平台的力量，联合作战。现在很多公司也在学习华为铁三角的运作模式。

第四个方面，团队不断有能担扛大旗的新生力量产生，使团队被激活的能量越来越多，越来越强。如果一个新人在公司十年了都还只能做一些辅助性工作，这个组织一定是没有活力的。在这方面，华为有“小步快跑，迭代成长”的方法，不断造就“一人一厨一狗”的故事，产生独当一面的有生力量“二等兵”。

“一人一厨一狗”的故事主人公是华为的一个24岁的新员工。刚毕业没多久，公司对他进行培训后就直接放到科摩罗这个国家去。科摩罗是印度洋上由4个小岛组成的国家，在莫桑比克和马达加斯加之间，只有80万人口。4个岛之间的主要交通工具是一些螺旋桨小飞机和冲锋舟，非常艰苦，缺电、缺水、缺蔬菜，没有网络。华为敢于将他“丢”在那里，让他与其他本地员工一起把这个国家的海底光纤建好，把 4.5 G 建起来，让这个国家 80 万人用上网络，不再与世隔绝。华为后来出了一个视频，叫作“三分钟告诉你什么是华为精神”，并在华为各大办公基地张贴“一人一厨一狗就代表华为精神”的巨幅彩画。

第五个方面，实施“蒙哥马利计划”。如果每个人都成了扛大旗的人，如果不能成为班长，班长不能成为排长，排长不能成为连长，那这个组织也一定是没有活力的，所以华为公司内部有个叫“蒙哥马利计划”，就是让“二等兵”能够快速升为“上将”的流通通道。这个名字也是任正非亲自取的，蒙哥马利二战期间仅用 6 年时间就从少将晋升为元帅，任正非就爱用这些形象的比喻。

五、激发组织势能

组织激活不仅要让团队活跃起来，而且要让各个团队朝着公司希望的方向活跃，让整个公司成为一体化军团的有生力量，集中力量办大事，各单元也能成为“打得赢，攻不破”的经营堡垒。

华为组织层面的激活目标是“多打粮食，增加土地肥力”。避免整个组织的板结，让组织力量活跃起来，形成组织势能。

第一，“经线”缩短，确保战略落地。华为有很多很多的方法，不断地折腾，折腾方向，折腾组织成为一体化的能量。华为借鉴党领导下的人民军队的组织理念，强调“把支部建在连上”，形成军团化力量。华为构建了无数条从上到下贯通的“经线”，如产品线、营销线、财经线、供应链、质量运作、人力资源等。其中再细分，比如产品线分为无线、固网等，每个大产品线下面还有更多的细分产品线。这些线在基层作战单元，都有明确的部门或相应职能人员对应，这就保证了各条线都能实现上传下达、统一行动。

第二,“纬线”打通,贴近客户的组织能指挥作战。如果末端指挥不动整个公司的力量来满足客户需求,再小的事情都需要中央指挥协调资源,那么这个组织众多的末端力量,就成为不了“经营堡垒”,也就没有活力。任正非一直想实现的工作状态就是一线能够呼唤炮火,听得见炮声的人能够指挥战斗。拥有资源的部门往往是离客户、离战火很远的部门,这些部门能否听从指挥,是华为一直努力解决的问题,其中一个方法是“合同在代表处审结”,让代表处有更大的自主权(客户选择权、产品选择权、合同决策权),能够调动地区部、机关各资源中心、能力中心的资源,这样就不用在代表处屯集大量的资源,即能用兵而屯兵。

第三,“拧麻花”,饱和攻击。当经线和纬线都编制好后,同一个节点会受到两个方向的指挥,在华为还有一个方法叫“拧麻花”,也就是利用“多路径、多梯次、多场景”的组织路线,充分激发节点上的力量,使之避免板结。

第四,做好监管。防止授权一线之后,业务造假或数据不真实。正如任正非所说:“这就是管理变革,既要给前方赋权也要夺权。”

华为公司曾经出现过一个恶性案例。某一年一个地总到一个新的地区部去,他是精兵强将。那个地区部是华为公司 15 个地区部单位的一个,在他去之前这个地区部的排名是末尾的,结果他去第一年经过团队的努力就达到了第九名,所以获得公司的经营组织三等奖,结果第二年他又升到了第五名,第三年他又努力到达第二名,年终市场部大会的时候又走红地毯戴大红花,经营一等奖。

第四年怎么办呢?已经是第二名了,那么第四年是不是应该是第一名了?结果国际形势变化导致该地区部经营状况急剧恶化,年中排名发现他又掉下去,又排到末尾去了。但他还跟团队说永争第一，兄弟们努力干，看看我们过去辉煌的成绩。结果年底的时候，该地区部下辖的所有代表处都做假。比如说把三年框架合同中的收入都算到今年的收入，成本都放到后年、明年。后来被子公司董事会的成员发现了，年底市场部大会的时候华为公司就搞了一个集体大批评。所以要加强监管，没有监管的放权那就是死路一条。

第五方面，系统开放，通过一杯咖啡、一桶糨糊，促使业务不断进步。主要是两个方面的开放，一是管理者的开放，尤其是高层管理者的开放心态，能黏合员工的糨糊。二是企业对外的开放，“一杯咖啡吸收宇宙的能量”。

结 语

最后，总结一下，华为认为，熵减，激活组织活力的核心就是开放和远离平衡。华为的组织活力引擎模型，就是三个核心要素，打破平衡、系统开放和以客户为中心。任正非说：“华为这台活力引擎的轴心是客户，是否为客户创造价值是判断有序无序、熵增熵减的标准和方向。”

激活分为三个层面，个体效能、团队动能和组织势能。我们也讲了三个目标，个体层面是长期艰苦奋斗；团队的层面是小前端大平台，全营一杆枪；组织层面是多打粮食，增加土地肥力。我这里再补充一句，增加土地肥力非常重要。今年打了粮，明年还能打粮，这个土地就是有肥力的，要像东北的黑土地。

所以一家公司组织层面是最重要的，其他层面都是围绕组织这个层面。一家公司如果不能打粮食，不能让土地有肥力，所有都是瞎胡闹、耍流氓。理念就是差异化，拉开差距制造温差。组织活力激发成功的最终的检验标志是多打粮食，增加土地肥力，提高客户满意度，而不是提高员工满意度。

最后送给大家一句话："一个团队即使在最黑暗的时候，也能发现一线微光，发现不了一线微光，你就找不到方向，那就没有必胜的信念，你找到了方向之后，你敢于追寻这个方向，就是要付出200％的努力。"

华为干部管理实践

——从士兵到士官，再到将军

陈雨点

前华为集团人力资源总裁助理

只要坚持能上能下地按岗位目标责任标准使用干部，华为的红旗是一定可以持续飘扬的。

——任正非

企业的发展和团队领导者的能力密切相关，因为是团队领导者在主导瞄准市场机会、把握机会点、带领团队突破。团队领导者就是各级干部，如果干部支撑不了战略落地，那么企业战略就有可能失败。

华为干部管理体系中的方法和实践经验值得很多公司学习。华为把干部管理分为三个阶段——继任管理（后备干部管理）、任命管理（新干部管理）、在岗管理（在任干部管理），干部管理的主要工作就是对处于上述三个阶段的干部进行管理。华为的干部管理体系也称为“从士兵到士官，再到将军”的干部发展体系。

▷ 华为干部管理体系的顶层设计

华为的干部管理体系也是业内很多大企业争相学习的标杆，它被称为中西管理模式结合的典范。干部管理是一项具有战略高度的工作，因此，华为非常注重干部管理体系的架构和顶层设计。我把华为干部管理体系总结成一个模型——洋葱模型（见图1）。

图1 华为干部管理的洋葱模型

第一个层面：管理原则，即明确干部管理的原则。华为的管理体系有个特点，即管理一定是关联战略和文化的，干部管理体系也不例外。通常，干部管理的理念和原则要承载三个要素：首先是体现公司的企业文化和价值观；其次是承载公司过去的成功经验；最后是明确公司未来的战略诉求对干部管理的要求。

第二个层面：组织与运作，即定义干部由谁来管、怎么管。干部管理是一个体系，既然是体系，就必须有对应的管理机构和流程。华为干部管理的政策和制度由人力资源管理部拟制，流程运作由总干部部实施，干部培训由华为大学实施，干部价值观和作风问题管理由党委负责，干部监管监察由上级主管及内审内控部门负责。

第三个层面：解决方案，即设计管理干部的具体方法，该方案包括干部选拔标准及干部考察、干部选拔、干部发展、干部流动和干部监管等环节的具体做法。

三个层面的有机结合，增强了华为干部管理体系的可落地性。经过多年的实践，华为明确了“干部是自己打出来的”这一管理理念，形成了在关键行为中考察干部、在成功实践中选拔干部、在战斗中磨砺干部的管理思想，持续打造敢于担当、勇于牺牲，能引领组织前行的“火车头”队伍。这些策略为想要构建干部体系的企业提供了很好的借鉴。

整个干部管理体系的落地不是一朝一夕就能完成的，也不是由某个部门牵头就能做好的，它一定是“一把手”工程。任正非亲自管总干部部，并担任华为战略预备队指导委员会主任，足见干部管理工作地位之高。

▷ 干部管理的原则

华为在人才管理方面的举措颇具科学性，在干部选拔、配备与流动管理方面，借鉴其人才管理方面的优势，按照以下原则管理干部。

1. “宰相必起于州部，猛将必发于卒伍”

华为强调要从有成功经验的人中选拔、培养干部，反对纸上谈兵。在干部选拔过程中强调以责任结果为导向，在责任结果导向的基础上按能力选拔干部。华为要求干部有基层实践经验，没有基层实践经验的机关人员不能直接被选拔为管理干部。

2. 加强干部纵向（干部能上能下）和横向（干部“之”字形成长路线）循环流动

华为管理干部的“之”字形成长路线，使中、高级干部的职位在一定体系范围内变动，有利于优秀干部快速成长，同时也能将优秀的管理技巧传播到各个部门，有利于企业各部门均衡发展。

与此同时，管理人才能在“之”字形成长路线中不断积累实践经验，拓展自身宽度，并且能够有效加深对企业的了解，对公司的发展方向具有更加清晰的认识。同时，干部的“之”字形成长路线也加强了干部的流动性，避免了原地提拔干部可能造成的腐败现象。这一方式值得广大企业经营者借鉴。

3. 在实践中培养能力

自 1987 年成立以来，华为的业务一直都在高速发展。因此，华为在所有的业务线、客户群、产品团队中，对于不同岗位的人才都有极大的需求。如果只是按照岗位任职资格的要求，先把人培养合格，再将其放到相应的岗位上，无论是所需时间还是企业的培养能力，都远远赶不上需求的增长。所以只要有基本合适的人，先让他们快速上岗，到岗以后再培养，同时在使用人才时再对其进行能力和绩效的考察，因此，"战壕提拔"就成为华为在人才培养和选拔方面一个非常重要的手段。

4. 不求全责备，用人所长

华为希望选出来的人才能组成一支战斗力很强的军队，因此，华为既要采用科学的评价体系，又要有灰度管理。任正非曾说，我们要的是战士，而不是完美的苍蝇，就是说不求全责备，不要求每个人都成为完美的人。优点突出的人往往缺点也很突出，有突出缺点的人不一定不能成为好干部。审视某人的优缺点时要看其主要方面，只要其思想、道德没有问题，就可以被宽容对待。在干部管理工作中，华为围绕组织愿景，形成组织牵引力。这样一来，有些能力不是很全面的干部也能够燃起雄心，提高意志张力，将自己的力量化作华为群体性的凝聚力和战斗力。

5. 以全球化视野选拔和配备干部

华为强调，干部是对市场有深刻体验同时具有广泛文化背景的人。高级干部更应该如此。因此，华为大胆、开放、积极地引入外籍高管、外籍专家，与华为的优秀人才组成混合型团队，建设"混凝土"组织。华为要求，中高级管理岗位及管理海外业务的干部，一定要有海外一线的工作经历，具有全球化业务思维。

▷ 干部管理组织与运作

早期华为规模小，干部选拔由高层直接考察决定。随着华为的快速发展，人员激增，高层不可能逐一考察各层干部，于是，干部选拔权力便转移到各层主管的手中。“绝对的权力导致绝对的腐败”，华为内部也出现过一些负面现象：某些主管任人唯亲，拉帮结派，根据个人好恶提拔人才；某些主管在管理过程中独裁专制，不允许团队中有不同的声音，使一些热衷于“内部公关”“高层公关”的人得到机会，而真正在一线勤勉工作的人才却没有机会；还有些主管只关注自身，不关注跨部门业务的推动情况，不能站在公司全局考虑问题；原有的选拔制度导致一些选出来的干部无法承担相关职责，在其位不谋其职，更无法带动团队持续艰苦奋斗，也使一些绩效优秀、有管理潜质的员工被打压，对组织产生不满或失去信心。

除此之外，原有制度下干部任用效率低，干部质量无法得到有效保证。在原有制度中，为了防止干部任用权力下放造成选拔质量下降的问题，各层管理者，甚至员工的任命最后都要由华为最高层领导者签字批准，整个任命周期非常长，导致很多干部在岗位上做了很久还没有被任命，也可能使一些重要责任岗位长期虚位以待。

实际上，很多人并没有太多与华为中高层领导者直接接触的机会，华为各级主管对他们可能也不了解。因此，由最高层领导者签字其实并不能很好地保证这些干部的质量。与此同时，随着华为业务向全球拓展，公司干部储备远远无法满足公司对优秀干部的需求，在原有制度下，容易导致一些部门将任命干部、干部培养等问题交给公司处理，而自身并不关注干部的培养和领导问题，存在严重的“等、靠、要”心理。

面对这些问题，华为迫切需要新的干部任命选拔机制来适应未来发展的需要。2005 年，华为在美世咨询的帮助下开始优化组织治理架构；2006 年 9—11 月，华为签发了一系列关于华为各组织设立与运作、公司治理的纲领性文件（华为司发〔2006〕226—230 号文件）。各组织的设立为“三权分立”的干部管理机制的落实奠定了基础。2007 年 3—9 月，人力资源管理部、EMT 秘书处、公司党委组织干部部、华为大学、原销售服务干部部、原产品与解决方案干部部等有关部门，一起讨论了“三权分立”机制的推行思路、模板，并向 EMT 做了四次汇报，就干部任用与管理权力的分层和授权问题、干部的品德标准等具体内容、干部信息公示等问题进行了详细的讨论。

“三权分立”的干部管理制度，即将干部任用、干部评议和激励中的建议权/建议否决权、评议权/审核权、否决权/弹劾权分立运作，具体要求如下。

（1）赋予日常实际管理干部、员工的相应行政管理团队（AT）以建议权，赋予对应的矩阵管理组织以建议否决权。

（2）赋予促进能力建设与提升的华为大学、专业委员会以及对过程规范性进行把关的人力资源管理部、干部部等组织以评议权。

（3）赋予代表华为全局利益的跨部门委员会和对思想品德进行把关的党委组织干部部等组织以否决权和弹劾权。否决权和弹劾权都要有事实依据。各级员工的举报是实名制的，经过调查确认属实，就可以行使否决权和弹劾权。

以华为国内市场部某代表处代表的任命为例，图 2 就是从推荐到完成任命的全流程。

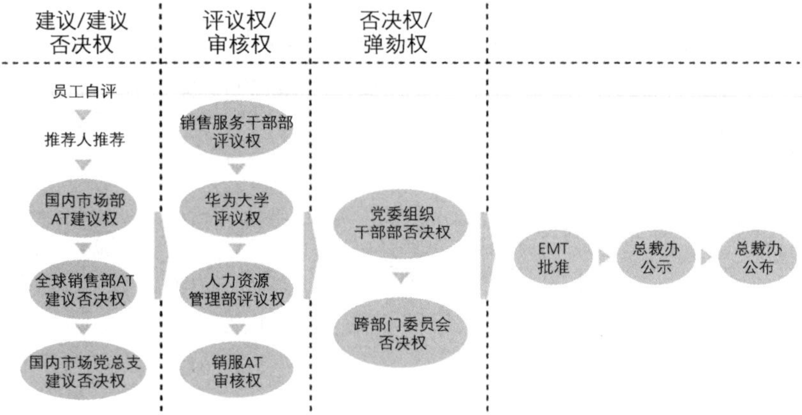

图2　某代表处代表的任命流程

在干部管理中，三权分属于不同部门，通过权力的分层授权，把一部分任命权下放给各层管理者，既能提升效率，又能通过分权和制约保证任命的质量。各部门合法行使相应权力并接受监督，承担相关的连带责任，确保华为干部管理和人力资源管理的政策导向与制度要求得到充分体现。干部管理“三权分立”不仅意味着干部选拔工作方式的转变，而且表明它的终极目标是提升华为的管理能力，为华为的长远发展提供动力。

公司总裁根据管理规则的要求，采用隔层授予的方式，将部分中高层干部、中基层干部、普通员工、业务技术专家的行政任命审批和发布的权力授予其所在部门的上上一级管理团队，被授权的团队接受公司监督，以提高干部任命的运作效率。根据这一授权规则，对一部分干部和专业人员的任命即可在各业务体系发布，这样，公司在“公司文件夹”层面上发布的任命就相应减少了。行使权力的三方互相合作形成合力，可以高质量、高效率地选出优秀干部；三方相互制约，可以防止腐败滋生。

当然，“三权分立”机制只能保证干部任命流程的公正性，如果行使者不负责任，不坚持原则，互相妥协，或者三方在制约时互相攻击，造成内耗的局面，那“三权分立”的效果就会大打折扣。因此，规范、高效的行政管理团队运作是保证干部任用质量的关键。

华为干部管理解决方案包括华为干部选拔标准、干部考察、干部选拔、干部发展、干部流动和干部监管六个部分，限于篇幅，本文着重介绍华为的干部选拔标准。

▷ 干部选拔标准

对于任何一家企业来说，干部队伍都是人力资源体系建设的重要内容，能否选好干部、用好干部，在某种程度上决定了企业在市场竞争中的成败。为保证公司干部管理体系的一致性，使“公司更富有前途，工作更富有成效，员工更富有成就”，干部选拔标准的确立就非常重要。因此，在干部管理体系中，首先要明确干部选拔标准。

对干部的选拔要以责任结果为依据。好的干部是干出来的，对干部素质的评判更应以责任结果为依据，避免唯素质论；没有好的责任结果的干部不应该被提拔或被培养。

华为在干部选拔中要求干部满足以下四个要求：

干部必须拥有正确的价值观。即干部的个人价值观与公司价值观要高度契合，被选拔的员工在思想上、行动上要高度认同并贯彻华为“以客户为中心，以奋斗者为本，长期坚持艰苦奋斗”的价值观。

干部要具备良好的品德。华为主要通过关键事件进行品德考察，通过被考察员工在具体事件中的表现对其进行品德认证。

干部要具有良好的绩效。在华为，只有绩效排名前 25%的员工才有资格参与干部选拔，华为认可的绩效指标是一种以结果为导向的衡量标准，即最终对客户作出的贡献才是绩效，关键行为内容要以结果为导向，能力素质不等于绩效。

干部要具备较高的能力素质。华为认为，领导素质是干部带领团队持续取得高绩效的关键要素，能力素质主要包括决断力、理解力、执行力、人际连接力。高级干部要具备比较强的决断力和人际连接力，中层干部要具备理解力，基层干部要具备执行力。

▷ 华为干部通用标准

价值观是衡量干部的基础，品德与作风是华为公司干部的资格底线，绩效是干部选拔的必要条件和分水岭，能力素质是干部持续取得高绩效的关键要素，以下是华为衡量干部的通用标准（见图 3）。

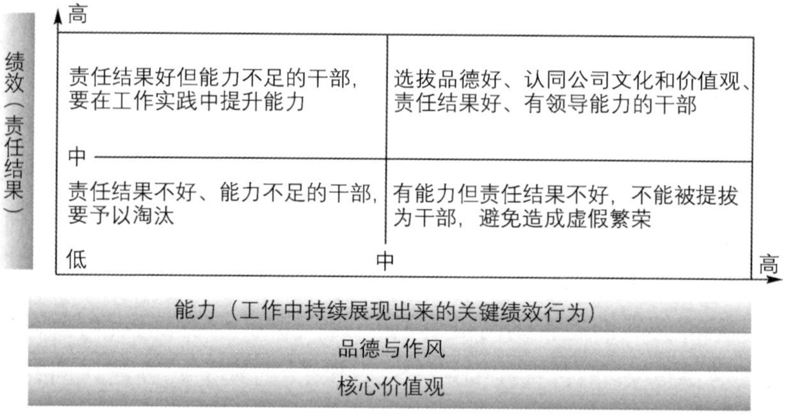

图 3　华为干部通用标准

1. 价值观是衡量干部的基础

华为认为，选干部就是要选同心人，干部的首要责任就是践行和传承公司的价值观和文化。华为公司的价值观蕴含着华为公司的愿景、使命和战略，对个体价值观和文化的判定，最直接的办法就是听其言、观其行，因此，公司以价值观为导向，围绕关键事件和周边调查衡量干部与这个标准的符合度。

华为按照以下三个维度评价干部的价值观：

- 是否围绕“以客户为中心”开展工作，将“为客户创造商业价值”作为个人和团队的关键绩效目标，而不是以上级为中心开展工作。
- 是否持续保持奋斗，尤其是是否具备艰苦奋斗的精神，工作充满激情，有干劲，不惰怠。
- 能否坚持自我批判，是否善于听取不同意见，心态开放，不封闭。

针对不同层级的干部，任正非强调以下几点：

- 高层要有使命感：要带领团队前进，要有必胜的信念。
- 中层要有危机感：要“赛马”，识别优秀的，淘汰落后的，所有干部都要有危机感。
- 基层要有饥饿感：要有自主自发学习的热情，渴望成长。

2. 品德与作风是资格底线

干部要看品德，不能唯才是举。华为大学的门口立着一块石碑，刻着八个字“小胜靠智，大胜在德”。越是高层干部，品德与作风越重要。华为反对唯唯诺诺、明哲保身的人做干部，认为在工作中不敢承担责任、时时观察上级态度，都是干部不成熟的表现；工作方法粗暴，则是缺乏能力的表现。干部在任前接受全面调查，如有人反映干部在品德作风方面有问题，经过核查属实的，党委可以行使一票否决权。华为公司的党委专门接受相关投诉，华为要求举报实名制，党委则会为举报者保密。

华为按照以下三个维度评价干部的品德与作风：

- 能否客观公正地用人：是否无私，不拉帮结派、不按个人喜好来评价人和任用人，公平对待下属。
- 是否真正对事情负责：是否实事求是，敢讲真话，敢于批评公司及上级，不捂盖子，不谎报军情，报喜更报忧，不夸大业绩。
- 能否经受不公平：是否耐得住寂寞，受得了委屈，懂得妥协，能处理好大我与小我的关系。

3. 绩效是干部选拔的必要条件和分水岭

在华为，不论是员工还是干部，都要接受绩效评价。衡量绩效好坏的统一标准是“为客户创造价值”，任何不能为客户创造价值的组织、流程和动作，都是多余的。干部选拔以绩效为分水岭，对于绩效排名在前25%的人，组织可以进一步考察其关键行为过程，评估其能力素质；绩效排名不在前25%的人不在干部提拔之列。

2011年，华为的营业收入达到了约324亿美元（约合人民币2 039亿元），但任正非在华为EMT纪要〔2011〕008号文件中继续强调：“本次BG、EMT成员的选拔，以及后续的各层干部选拔，应导向攻击前进。各业务经营单元应聚焦于将饼做大，而非将精力放在内部如何分饼上。”

对于一些为公司作出巨大贡献，但在资历、级别上尚不满足要求的员工，华为从不吝惜对他们进行奖励和表彰，倘若经过考验，这样卓越的奋斗者确实有能力担当大任，华为也从来不会吝惜对他们破格晋升。任正非曾在2012年7月召开的华为EMT办公例会上指示华为管理层：“有过成功经验的‘连长’可以被直接提为‘团长’，有过成功经验的‘团长‘可以被直接提为‘军长’，没有必要一定经过‘营’或‘师’这一级，因为只要他带过一个‘团’，到一个‘军’只是范围扩大了而已。”

华为按照以下三个维度评价干部的绩效：

- 是不是个人努力带来的绩效：评价干部绩效不是简单地看财务指标，还要看干部具体做了什么，干部只做上传下达的工作，不指导、不思考、不决策，这样的行为属于不作为。
- 是否为客户做了贡献：要和客户共创商业成功，要帮助客户解决痛点，帮助客户更好地发展业务。
- 是否持续拥有高绩效：衡量干部绩效要看该干部的绩效是持续的高绩效，还是一两次的偶然事件，长期持续的高绩效才能体现干部的真实绩效水平。

4. 能力素质是干部持续取得高绩效的关键要素

华为对能力素质的要求包括一些通用的能力，也包括一些不同岗位的专有能力。总之，能力素质是指工作中持续展现的关键绩效行为。成功的实践经验是对能力素质的验证。对干部而言，领导力的要求就是华为共同的能力标准。2005 年，华为与咨询公司合作，开发了华为领导力模型，在三个维度上有九条标准，简称"干部九条"(见表 1)。

表 1　华为"干部九条"

发展客户能力	发展组织能力	发展个人能力
关注客户	团队领导力	成就导向 组织承诺
与之建立伙伴关系	塑造组织能力 跨部门合作	战略思维 理解他人

将"干部九条"付诸实践之后，华为慢慢研发出了"干部四力"，即决断力、执行力、理解力、人际连接力(见表 2)。

表 2 “干部四力”的评价维度

干部四力	决断力	执行力	理解力	人际连接力
解读	战斗决断力	业务执行力	战略洞察力	客户拓展力
维度	● 善于抓住主要矛盾及矛盾的主要方面（战略思维） ● 敢于决策和承担责任（战略风险承担）	● 目标结果导向，在资源和时间的约束下出色地完成工作任务（目标结果导向） ● 组织运作、能力建设与持续改进（组织发展） ● 激励与发展团队 ● 跨部门协作、协调与推动	● 理解业务（商业敏感） ● 理解文化（跨文化融合） ● 理解环境（横向思维）	● 开放性 ● 善于与客户打成一片（建立客户伙伴关系） ● 妥协

除了上述标准，任正非还强调，好的领导者和管理者还要有广阔的视野。有广阔的阅读面与视野，才能看清行业的变化，只有这样，领导者和管理者才能规范好内部行为。视野非常重要，视野不完全来自经验，还来自学习。眼睛只看内部、忙着做内部规范的干部，因为看不清外部的变化，很可能被淘汰。

▷ 华为对不同类型干部的能力要求

针对具体的岗位特点和业务要求，华为还提出了更多的对不同类型干部的能力要求，这些针对性的要求体现了华为在干部管理上真抓实干、落地务实的风格以及任正非非凡的识人辨才的能力。

1. 对正职干部的能力要求

(1) 正职必须有战略洞察能力与战斗决断力,要敢于进攻。文质彬彬、事无巨细、“眉毛胡子一把抓”、越抓越细的人是不适合做正职的。

(2) 作战主管应关注胜利,要把确定性事权分给职能部门。

(3) 正职必须清晰地理解公司的战略方向,对工作有周密的策划。有清晰的方向与严密的组织并不矛盾。

(4) 有决心、有意志、有毅力,富有自我牺牲精神。

(5) 能带领团队不断实现新的突破。

(6) 评价正职时不一定要将战利品作为评价依据,应对他们在关键事件中表现出的领导者特质予以关注。

2. 对副职干部的能力要求

(1) 副职要精于管理,大大咧咧的人不适合做副职。

(2) 副职通过精细化管理撕开口子后,要能精耕细作;具备正确的执行力,从而实现组织意图。

(3) 机关副职的责任承担者要逐步由具有成功实践经验的职业经理人担任。

3. 对平台主管的要求

(1) 一切平台主管,眼睛应盯着“前线”,驱使自己的部门及时、准确地提供服务与支持。对平台主管的考核取决于他们服务事项的结果。前方打了败仗,平台主管也是败将。(2) 主管失误不掩盖将士的努力,将士中也有人做出了可歌可泣的举动。

4. 对特定岗位的要求

华为对具体干部岗位的要求也在不断明确。以交付与服务副总裁或副代表为例,自 2017 年 1 月 1 日起,华为作出了以下规定:

（1）新任命的交付与服务副总裁或副代表须具备两年以上网络维护工作经验。

（2）现岗的交付与服务副总裁或副代表如无维护经验，需补充。

这个要求体现了以客户为中心的导向，即维护好客户的网络，保障客户网络健康、稳定地运行，是让客户满意及支撑华为业务有序、稳定、健康、可持续发展的基础。

5. 对企业接班人的要求

（1）华为的接班人，除了需满足视野、品格、意志方面的要求，还要对价值有高瞻远瞩的洞察，以及具有驾驭商业生态环境的能力。

（2）华为的接班人，要具有全球视野，具有完成交易、服务目标的能力，对新技术与客户需求有深刻的理解，不故步自封。

（3）华为的接班人必须有对公司庞大的业务流、物流、资金流等进行简化管理的能力。

阿里文化是如何“长”出来的?

张卫华

前阿里巴巴大政委

阿里巴巴一直是以其鲜明的企业文化、强力的执行能力闻名业界,占比50%的价值观考核等一系列的针对企业文化的塑造,在阿里巴巴内部一直得到强力贯彻。曾经有媒体拿一些负面事件做文章,以此诟病阿里得了文化病,阿里是这样回答的:“如果坚守文化是一种病,我们愿意病入膏肓。”

一、企业文化从何而来?

在中国的企业界,像阿里这样文化特色极为鲜明的企业是极少数。以武侠文化为基础,阿里发展出了一系列极具特色和渗透力的企业文化。

这样的文化是从哪里来的呢?

可以看到,阿里的文化带有创始人马云鲜明的个人色彩。所以,企业文化首先来源于创始人。我想很多人都听过一句话:“梦想还是要有的,万一实现了呢?”这是阿里巴巴2014年赴美上市时的slogan。

马云是一个很喜欢谈梦想的人,他有很多公开演讲主题都是跟“梦想”有关的。当然，马云也是一个一直在为梦想努力、不断让梦想照进现实的人。创始人的个人风格和对组织有价值的行为、思考方式会沉淀下来，成为企业文化的一部分。所以，阿里巴巴也是一家非常喜欢谈梦想的公司，比如“梦想就是做梦都在想”，“梦想不足以让你到达远方，但是到达远方的人一定有梦想”。

在企业里谈梦想，当然不仅要谈个人的梦想，还要谈企业的梦想，也就是企业的使命和愿景，所以，阿里官方对梦想有个定义：梦想本质是源于不断为客户、伙伴创造价值的自我驱动。提醒员工，不要忘记“客户第一”，为客户创造价值是企业生存的根本。

在鼓励做梦的同时，阿里也不忘提醒员工，心要大，但是脚要实。“梦想要远大，目标要高，但一定要脚踏实地，否则一样走不远。”阿里人要不断地用使命和愿景激励自己，不断创新，同时也要脚踏实地，扎扎实实，一步一步地跨过挑战。这是阿里巴巴的立身之本。

其次，文化一定是要从业务中“长”出来的。企业文化最终是要为业务服务的。企业文化本质上就是我们在企业经营和管理过程中种种决策背后的依据和信念，所以，它要从企业自身的经历中提炼出来，从企业打的胜仗中提炼出来，变成业务行为的指南针。

2019 年 9 月，在成立阿里巴巴成立 20 周年时，阿里发布了新的价值观，一共六条。

其中，客户第一、员工第二、股东第三，是对原来的“客户第一”的深度诠释，也是阿里生存的法宝。

“因为信任，所以简单”是支付宝的第一支广告中提出来的，也是支付宝成功的关键。

“唯一不变的是变化”，是对原来的“拥抱变化”的延伸。事实上，阿里这么多年来的履带式成长，就是一个不断地去适应环境变

价值观
Values

- **客户第一 员工第二 股东第三**
  Customers first, employees second, shareholders third
- **因为信任 所以简单**
  Trust makes everything simple
- **唯一不变的是变化**
  Change is the only constant
- **今天最好的表现是明天最低的要求**
  Today's best performance is tomorrow's baseline
- **此时此刻 非我莫属**
  If not now, when? If not me, who?
- **认真生活 快乐工作**
  Live seriously, work happily

图 1　2019 年阿里价值观

化、应对外部变化，进而去拥抱变化的过程。

“此时此刻，非我莫属”来自阿里巴巴的第一个公开招聘广告，也反映了阿里的补位文化。比如，当一个 HR 不能完成工作的时候，业务 leader 就要去承担，当业务 leader 不能承担的时候，就由 HRBP 去承担。

“今天最好的表现是明天最低的要求”是当年关明生来到阿里后经常讲得非常深入人心的一句话，也体现了阿里的绩效文化。

“认真生活，快乐工作”则可以说是马云本人的真实写照，也是马云非常喜欢讲的一句话。

所以这六条价值观是真的体现了企业文化源自成员的共同经历，并且它们也是非常阿里式的话语表达。

最后，文化有一部分是可以被打造出来的。阿里的文化中，有很多外部的人也耳熟能详的部分，比如阿里的花名文化、三年醇、五年陈、阿里日等，这些都是文化外显的部分，通过这些方式可以影响到内在，营造出群体认同感。

这里我想分享一下 5 月 10 日阿里日背后的故事。

时间回到 2003 年的 5 月 10 日，当时正值非典时期，有一位从广交会回来的阿里员工被诊断为疑似非典，因为他回来之后几乎跟所有部门的人都接触过。所以，为了避免病毒传播，所有的阿里人都被要求回家隔离办公。

当时马云很焦虑，但是关明生很淡定，他还恭喜马云，说这是一个最好的凝聚团队人心的时刻。

员工们回家办公的时候，他们的热线被全部转接到家里，他们的家人也会帮忙接电话。隔离结束后，为感谢家属的支持，马云就把5月10日这一天定为阿里的家属日，欢迎家属们在这天来阿里参观。之后随着阿里日的发展，这一天还加入了集体婚礼等环节，让阿里日更温馨、更贴心、更感人。

这就是企业文化的三个主要来源。

现在很多企业都很重视企业文化的建设。但是要打造企业文化，你需要先了解企业文化本身的内在逻辑，它是如何产生的，由哪些部分组成，又是如何影响员工行为的。只有这样，才能提炼打造出真正能够为业务赋能又独具企业特色的文化。

二、创始人对企业文化的影响

在企业创立初期，企业文化大多未经设计和提炼，更多体现的是创始人的个人风格和信念。之后随着企业的发展，企业文化的内涵会不断丰富和变化，但是创始人的个人风格和对组织有价值的行为、思考方式会沉淀下来，成为企业文化的一部分。

创始人身上的一些特质和品质，是如何对企业文化产生影响的呢？

我们来看一下两位非常有代表性的中国企业家：阿里的马云和华为的任正非。他们是两个很不一样的人，刚好体现了企业经营的一体两面。马云讲的是视人为人，他认为企业管理中有六件事情很重要，分别是上三板斧——使命、愿景、价值观，下三板斧——组织、人和KPI。这其中只有KPI是理性务实的，其他全是感性务虚的。而华为讲的是战略、流程和利益分配，基本都是理性务实的。所以在管理上，阿里是把理想主义、视人为人做到了极致，华为是把务实主义、客观理性做到了极致。

我们先来看一看马云的经历。

1964年出生于浙江杭州的马云，13岁时因为打架记过太多被迫转学。一个人总是打架，代表他的性格中有攻击性或者被攻击性，因为打架不一定总是赢，所以起码代表他是一个不怕攻击、不害怕冲突的人。

好玩的是，阿里的每一个业务模块，在当时都面对强大的竞争对手：B2B最大的竞争对手是环球资源，淘宝最大的竞争对手是易贝易趣，支付宝最大的竞争对手是四大国有银行。所以阿里选择的每一个商业模式都不是蓝海。一个特别喜欢冲突、喜欢竞争的创业者人，如果到了蓝海，他会感觉到很孤独。所以我们可以确定马云是一个遇强则强的人，冲突对他来说不是坏事。

再来看，马云高考考了三次，甚至连他父母都劝他不要考了，他也不听。这代表他了性格中的什么特质呢？不服输、不放弃。所以马云曾经有过三次创业失败的经历，最终创建了阿里巴巴。

在阿里2009年第一次上市之后，杭州电视台翻出了一段1995年拍摄的视频。视频中，瘦小的马云单枪匹马阻止了偷窨井盖的彪形大汉。事后他才知道这是电视台做的一次模拟实验，而他是一整天里唯一站出来阻止的"路人"。

所以，江湖侠义精神也是马云性格中一个非常明显的特质。他也把这种精神和他对金庸武侠文化的热爱带到了阿里，并且深刻地影响了阿里的文化。可以说，马云的成长经历就是他性格不断放大的过程。从他的经历里面，可以看出以下几个关键词：不放弃，非常有主见，侠义精神。

马云的创业史也是一个他从小侠到大侠的蜕变过程，从路见不平、拔刀相助，到让天下没有难做的生意。

马云也是一个在中国企业家中比较少有的愿意在大众面前展示自己生活一面的企业家，他练太极、唱京剧、开演唱会、拍电影，是一个非常热爱生活的人，也是最早在阿里提出"认真生活、快乐工作"的人。而在2019年阿里巴巴成立20周年时，"认真生活、快乐工作"这条也被写入了阿里的核心价值观。

再来看任正非的经历：

他比马云早出生20年，生在贵州，家庭比较穷困，家里有7个兄弟姐妹，他是老大。任正非的父亲在"文革"期间是被批斗的对象。任正非当了14年的兵，最高做到团长，而且其间多次凭借技术、论文得奖。他还和战友们一起研制出了中国第一台空气压力天平，所以他本质上是一个技术专家，有典型的理科生思维。

任正非算是大器晚成。他44岁才开始创业，而创业的原因是他在上一家公司被骗200万元，因此被公司除名，又遭遇离婚。所以，为什么任正非会在华为内部提出长期艰苦奋斗？因为他的人生就是一个长期艰苦奋斗的过程。

任正非的管理风格非常强势，有浓厚的军队特色，但是他清醒地认识到他的强势能够让华为崛起，但是不能让华为走得更远，所以在1999年前后，任正非提出了一个很重要的观点，要把企业家生命跟企业生命做分离，并且面向自己和华为的高管提出要懂得自我批判。为此，任正非专门成立了一个部门，叫"蓝军"，来批判自己和公司的高管。比如，在2018年，蓝军就历数任正非"十大罪状”，罚了他 100 万元。所以华为核心价值观中的“艰苦奋斗”“自我批判”，就是任正非人生的真实写照。

从马云和任正非的故事中，我们可以看到，创始人的性格对组织文化的影响是非常深远和巨大的。所以，如果一家企业的核心价值观只是借鉴别的企业，而不是源自创始人的人生经历和跟企业交互过程中所产生的价值，那么这样的价值观是没有生命力的。

打造企业文化的过程中，首先创始人要找到自己，这是很重要的，只有先找到自己，你才能找到世界，世界也才会找到你。

马云的永不放弃和侠义精神，任正非的艰苦奋斗和坚持自我批判，这些理念都给组织带来了价值，然后它们就慢慢地被萃取、提炼出来，成为组织文化中的一部分。这就是，领导者性格中的闪光点和对组织有价值的行为和思考方式，将成为组织文化中的一部分。而作为创始人或者企业文化工作者、HR，需要有意识地去把它们提炼和显化出来，这是最关键的事情。

当然，并不是创始人所有的理念都能够给组织带来价值。其中有一些并不会给组织带来价值的理念，如果创始人继续让它们运行，就很有可能会成为企业里的潜规则，但不会成为显性的文化。

比如，有一家企业的创始人喜欢打麻将，经常会拉着团队进行切磋，这样就很容易从上至下形成一种赌博的文化，但不会体现在公司的价值观中，而是形成一种潜规则，那就是：新来的员工要想以最快速度融入团队，就需要参与到赌博游戏中。所以在这家企业中流传着这样一种说法：如果老板叫你去打麻将，那就意味着你晋升的机会不远了。

还有的企业创始人酒量特别好，很喜欢喝酒，在用人上就可能会倾向于酒量好的人，甚至宣扬酒量就等于业务量，久而久之，也会在企业里形成一条潜规则：想要受重用，先练好酒量。

这些潜规则对于企业的发展往往起不到正向的作用，甚至有些还会带来负面的影响。所以作为创始人，需要有意识地去修正自己的一些没有价值的行为方式，有需要的话甚至可以从制度上去约束，就像任正非设立“蓝军”那样。

对于创始人而言，创业如修行，而在这个修行的过程中，最终你要找回自己是谁，认知自己，这才是关键；你还要把自己有价值的心智模式变成一种集体的思维方式、行为方式，这也就是文化打造的过程，从老板的心智模式出发，打造和构建群体思维、行为、语言模式。而创始人天性的释放过程，就是企业文化内核不断向外延伸的过程。

三、文化是要定义每一处不清晰

我认为，一个成熟的企业，不仅是一个利益的共同体，也应该是一个文化的共同体。

很多人认为企业文化就是使命、愿景、价值观，其实文化远不止于此。文化是处理企业经营活动中各种假设的定义，越是容易有争议和矛盾的地方，越需要把假设定义得清楚明了。所以文化是有边界的，代表了取舍。

在企业里，最大的取舍就是做什么和不做什么。当我们讨论战略的时候，其实就是在选择做什么，不做什么。使命也是如此。所以，企业文化涵盖的范围可以很广，大到使命、愿景、价值观，也可以很小，小到比如规定同事之间如何送红包。

我进阿里巴巴的时候 30 岁，已婚。进公司一年多后，我收到了一张请帖，心情有点复杂，因为我盘算了一下：当时我所在的阿里巴巴 B2B 金华分公司有 87 个员工，其中 7 个已婚，80 个未婚。这意味着接下来还有 79 张请帖等着我。而江浙送礼都比较重，往往都是 1 000 元起，如果一个月收到三个“红色炸弹”，那么那个月就没法活了。所以我就一直在纠结：到底要不要去？去的话要送多少钱？

婚礼前一天，我的主管非常热情地给我打电话说可以顺道带上我去参加婚礼，我那时候仍在犹豫，找理由推脱。主管一句“不就是 200 块钱嘛”让我一下子看到了光亮。那时候我才知道，原来公司有规定，同事结婚最多送两百，一百都可以。

所以，哪怕是细微到同事结婚送红包这样的小事，阿里都把它变成了一种文化。这样的事如果企业不去定义，就会发现碰到时处理起来会很微妙。因此，越是容易有争议和矛盾的地方，即模糊不清晰的地方，越需要把假设定义得清楚明了。

如果有些事情不去定义，可能会出现什么情况呢？

让我们来想象这样一个场景：假设你是一个分公司的总经理，总部有位领导来你这里视察，请问你要不要接送？如果公司没有明确的规定说不准接送，你就一定是要接送的。发现没有，有些事情一旦没有规定，在背后起作用的，往往是宏观文化。而在中国文化习惯中，我们将礼尚往来、长幼尊卑作为基本的礼节。所以，如果公司没有明确的规定说不准接送，那么对上级领导就必然是要接送的。

再比如，要不要请领导吃饭，饭钱由谁来付？是公司还是上级，还是你？你会发现，这一连串动作的取舍都是由文化来决定的：当企业没有对某个事情进行定义，或者定义得不清晰，就会由其他文化来定义。所以，企业在建设文化时，不能忽视这类细节。

我们继续上面的案例，如果公司对于请领导吃饭这块没有专门的报销预算，那怎么办？那就很可能是你以个人名义请了总部领导吃饭，那么等到下次当你需要去向这个总部领导申请资源的时候，这位领导很可能会不好意思拒绝。就这样，慢慢地，就有可能在企业里形成一个寻租体系，并且进一步升级，变成一个默默运行的官僚文化体系。所以不要小看文化的作用。

假如企业不定义以客户为中心，那么通常企业里就会以老板和领导为中心，这是一个很有意思的现象。企业文化没有清晰定义、不作业的领域，宏观文化就会去接手发挥作用。但是宏观文化中，有好的部分，也有不好的部分，这个不好的部分往往会跟企业经营想要达到的效果产生对抗。

所以，阿里的做法是尽量对细节问题都做到清晰定义。比如，对于领导来了是否要接送这个问题，阿里 B2B 的规定是，任何公司总部来的领导一律不接不送；一起吃饭付款方式只能二选一，一种是 AA 制，另一种是由职位最高的人请客。

所以，企业文化本身并没有好与坏之分，重要的是，它是否定义了每一个与企业经营、管理直接或间接相关的模糊不清的领域。

当然，很多情况下，这些规则和制度都是真的在管理中碰到，因为没有清晰定义而带来问题，在解决的过程中，总结、提炼出来的，用于指导处理未来可能发生的相似情况。

所以，文化的工作是没有办法一次性做完的，而是每隔一段时间，比如半年或一年就要复盘一次，增加或删减一些规则和条例，再长一点时间，比如三五年，可能就需要对价值观进行修改，连带着对于核心价值观的动态诠释和方式都可能会改变。

四、阿里 20 年价值观演变

回顾阿里 20 多年的发展历史，阿里的核心价值观经历过四次关键变化：

1999 年：可信，亲切，简单。

那时候阿里刚创立，成员很少，所以提出的价值观也很简单，严格意义上来说只能算是一个雏形，因为这三个关键词更像是在表达一个互联网网站对外界客户的友好。

2001 年：独孤九剑。

在当时刚进公司担任 COO 的关明生主导之下，马云、彭蕾、蔡崇信、吴炯、金建杭等几位阿里创始人一起，从阿里的创业经历中提炼出了九大价值观。因为马云非常热爱“侠”文化，所以称之为“独孤九剑”。

如图 1 中所示创新轴为：激情、创新、教学相长、开放；系统轴为：团队、专注、质量、客户第一；另外还有“简易”贯穿两轴。

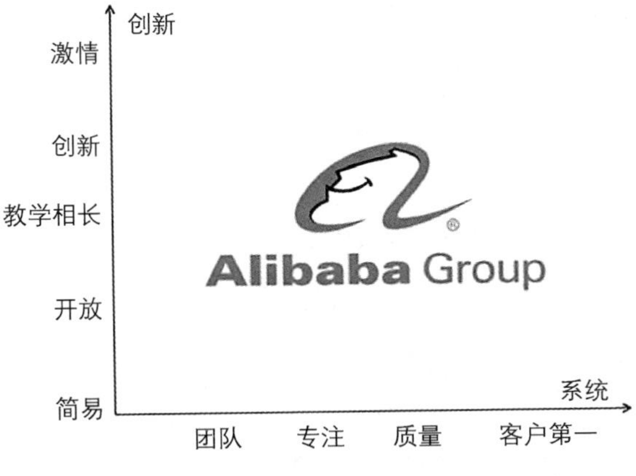

图 2　2001 年阿里价值观坐标系

其中的质量和客户第一，关明生曾经明确表示是他从通用带来的。而其他几条，则是他和其他几位创始人一起从马云和阿里的经历中提炼出来的。

2004年，阿里进入一个蓬勃发展期，“六脉神剑”出炉：激情、诚信、敬业、团队合作、拥抱变化、客户第一。

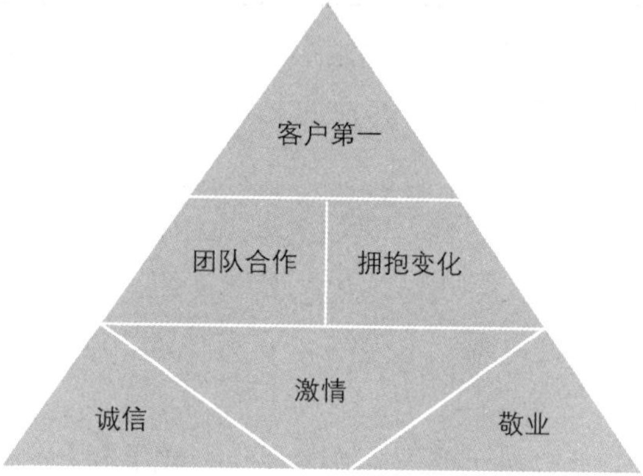

图3　2004年阿里发布“六脉神剑”

这次最重要的操刀人就是时任人力资源负责人的邓康明。

邓康明在微软和强生待过，他曾在公开场合表达过对他个人影响最大的就是强生的价值观。

强生教诲每一位员工：首先，关注我们的客户——关注世界上所有的医生、护士及父母；其次，关注自己的员工，并尊重他们的尊严和价值；另外，也关注我们的社会，时刻提醒自己为社会作出贡献，维护我们所共有的财产；最后，关注股东的利益，给股东们合理的回报。

邓康明也将强生坚持的“客户第一、员工第二、股东第三”带到了阿里。

2019年9月，阿里发布新的“六脉神剑”。

尽管我无法从官方资料得知这次的操刀人是谁，但从最后出炉的六大价值观可以看出，新的“六脉神剑”结合了关明生主导的

“独孤九剑”和邓康明主导的“六脉神剑”，以及马云身上鲜明的个性标签，当然其中还有阿里 20 年来的实践总结。

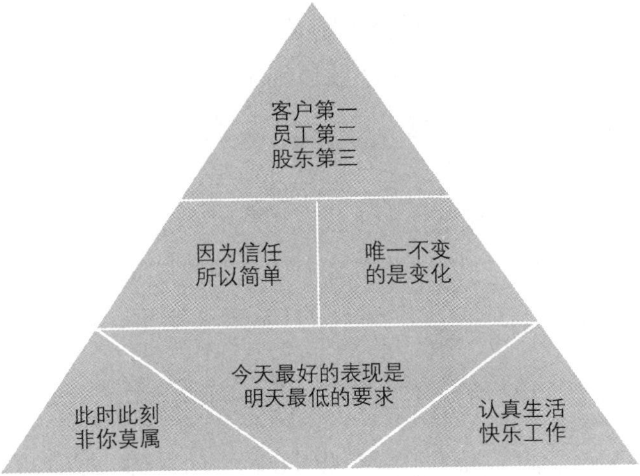

图 4　2019 年阿里发布的新“六脉神剑”

升级后的价值观取材于“阿里土话”，是非常阿里式的话语表达体系。用一位阿里的 HR 的话来说就是“阿里的这六条价值观，一听就是阿里的，辨识度非常高”。

成功者对于成功本身的诠释、解读和定义，是企业文化基因的内核，而创始人天性的释放过程就是企业文化内核不断向外延伸的过程。

所以，阿里从早期“永不放弃”“此时此刻，非我莫属”“认真生活，快乐工作”，到“侠”文化、“太极”，到今天的“平头哥”精神，再到新“六脉神剑”，这个过程既是马云不断通过外部学习，整合其他企业的最佳实践，打造属于阿里自己的独特文化的过程，也是马云寻找自己的过程。

五、如何设置企业高压线

一个公司的文化最开始一定是自上而下的，但文化又必须从下往上进行滋养和传承，两个循环都不可或缺。那如何从自上而下顺利对接到自下而上呢？

我把企业文化划分为三个层次：最里面是信念，中间是制度，最外面是行为。文化落地的本质，就是由“信念”向“行为”的转变，而这个转变是通过制度来进行保障和强化的，脱离了制度保障的行为是乏力且空洞的。

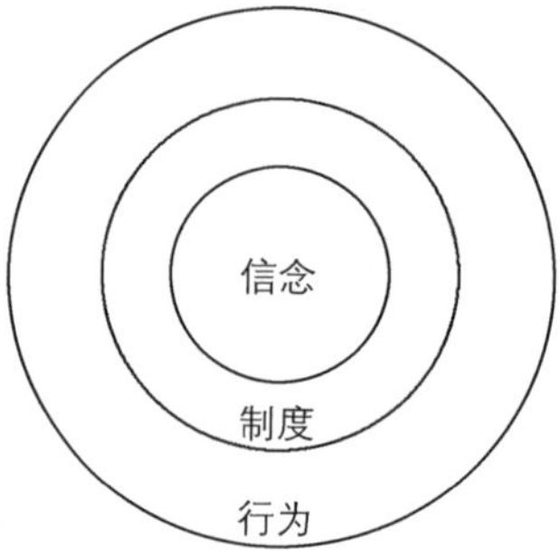

图5 企业文化的三个层次

也就是说文化是从信念开始生发，由制度进行保障，最后落地成行为。而今天很多企业的 HR 在做的很多事情只是行为层，这是外延，一件事情如果你不知道它背后的源泉和本质，效果是事倍功半的。缺乏制度保障的文化是空洞的，缺乏文化支持的制度是乏力的。

所以先问你一个问题：你认为制度是惩恶还是扬善的？

狭义的制度一定是惩恶的，广义的制度一定是扬善的。制度本身一定是兼具两种功效——每一个冷冰冰的制度背后都有温暖的初衷。正如设立制度本身，不是为了让员工感到麻烦，而是为了让员工免受诱惑，看到限制，才有真正的自由。

曾经在 A 公司发生过一件这样的事情：有一位二十多岁的年轻员工因为贪污受贿被公司告到法院并被判刑，在他离职的当天公司通知他父母过来带他回去。其母苦苦哀求，说孩子入狱 5 年出来就33岁了，可以赔偿所有的损失，可不可以别告他？

高管团队坚决不同意，一直沉默的父亲突然发话：我记得去年你们也请我来公司了，那个时候我的孩子因为表现优秀得到嘉奖，你们悄悄安排我来给他惊喜；今年再通知我过来，却是领他的入狱通知书，这一年里发生了什么？你们公司就没有责任吗？所有的高管无言以对：是啊，发生了什么？

所以说我们在管理员工的时候，也是在帮助他人格成长，不管你想不想，这是逃不掉的。而价值观落地中的一个重要保障，就是制定高压线。

在阿里我们每个月都会收到很多指名道姓的辞退公告，收到这些通知之后，管理层会过来详细讲每个人被辞退的原因，所以之前有人问我说辞退触犯高压线员工这件事情要不要讲，我认为当然要讲，一定要讲，以此警示其他员工别受诱惑。

什么是高压线呢？就是企业里任何人都不能触碰的制度。只要触犯了企业的高压线，无论是谁都要离开，而且不是劝退，是辞退。

每家企业的高压线都不一样，可以是贪污受贿、打架斗殴、不能同部门谈恋爱等等，会涉及很多琐碎的事情。其中的关键点是，高压线的提炼通常是基于核心价值观的反方向的极致，比如阿里曾经有一条价值观是“敬业”，那么跟敬业相关的高压线就是“不作为、玩忽职守、懒政”，一旦确定员工有以上行为，就会被立即辞退。

因为每个企业的价值观都有所不同，所以高压线通常极具企业个体特色，有时难免会和劳动法产生冲突。比如，有一家公司，打架是他们的高压线，有一名员工因为和同事打架被辞退，该员工不服，提出仲裁，因为劳动法中并没有打架就要被辞退的规定，所以很可能这家公司会面临赔偿。这种情况下，有些管理者或者

HR 可能会站在为公司省钱的角度考虑，提出与员工私下和解，让员工自愿离职，而不是公开辞退。那么这件事情能不能这么处理呢？当然是不可以的。

对于高压线，公司的态度一定要强硬，其中任何偏颇和模糊的处理都可能会让员工认为，这件事情是可以商量的。即便公司最后做出赔偿，也是基于国家法律，而不是在高压线上的让步。要明白，公司的所有制度都不是针对某个人的，而是全体员工的，如果一个违背底线的人不被辞退，等于在告诉其他人，高压线是可商量、可让步的，那么下次再有员工触犯高压线，企业就很难进行管理。

所以，企业制定高压线是要付出成本和代价的。但是有些事情企业可以做在前头，以减少员工触犯高压线以及员工不服以致仲裁的情况，比如：

一是把高压线写入入职通知书、员工手册、劳动合同附录等文件中，这也是一个不断构建和员工之间心理契约的过程。这些心理契约构建完之后，员工如果触犯高压线，引起纠纷，告公司的概率也会大大降低。

二是将之前员工触碰高压线的案例整理成资料，向员工宣导，强化高压线，让员工知道后果的严重性。

三是日常要进行相关的监督和审查。建立制度不是为了让员工感到麻烦，而是让员工看到限制，免受诱惑。

一个好的制度会让坏人变好，而一个坏的制度会把好人变坏，如果你给一个人太多的权力而不给予约束，给他太多的寻租空间而不给予监督，等于是把一个好人推到火坑里面。所以，有很多制度的建立看起来是基于对员工的不信任，但是这种不信任的背后是用更大的爱来帮助他们变成一个好人。

所以，制定企业高压线的时候一定要考虑清楚：高压线必须形成强有力的约束，并且这种约束是针对全员的。企业可以不定高压线，但是一旦制定了高压线，就代表着企业的规范和价值观，所有员工都必须遵守。所以企业老板一定要想清楚，制定核心价值观和高压线的时候要慎之又慎，一定要想清楚，自己是否能够带头严格遵守，不要先去创造了文化，然后又亲自破坏了文化。

那么高压线制定的依据是什么？

第一种是价值观对立面的极致表现。比如，团队合作对立面的极致表现就是在团队内部拉帮结伙、诋毁同事、搬弄是非、阳奉阴违，决策前不参与、决策后不执行。客户第一对立面的极致表现就是为谋一己之私，欺骗客户，不尊重客户，利用职权威胁客户，为了自身或团队业绩目标和利益而损害客户利益等等。

第二种是治安和刑事案件。

员工酒驾、醉驾，或者在公司外面跟人打架被拘留，这种情况要不要辞退？我的建议是可以按照案件类型区别处理。如果是刑事案件，那么一律辞退。治安案件则根据不同性质酌情处理，比如发生在企业之外的偷盗，这类行为是企业不能接受的，应该辞退。企业中很多类似的界限模糊的地方，我们都要在制度里将它们定义清晰。

第三种情况就是其他公司所不能接受的底线。

每一个企业的高压线都是独一无二的存在，绝对不是随口说说、看情况执行的。所以我再次强调，如果老板不确定自己以及员工能够遵守，那么宁可不制定高压线，这样也好过制定了之后不严格执行，这样不仅伤民心，而且打击士气。

另外，作为公司老板或者企业文化工作者，在处理这类事件时需要做到一点，就是一定不要把高压线跟道德绑架在一起。高压线只是企业里的游戏规则，而不是道德标准，更不是国家的法律。员工触犯高压线就相当于违反了游戏规则，你把他踢出局，让他不能再参与游戏，仅此而已，不能因此否定整个人。

我给大家举几个阿里高压线的例子。

在阿里辞退员工有最大的两个原因，一个是考试作弊。阿里内部有很多考试，如果你考试作弊，就证明你的诚信有问题，到了业务中，可能会带来意料不到的危害。

第二个原因是CRM做假，也就是在客户管理系统中做假，不管是为了私藏客户而编造客户信息，还是为了“偷懒”编造虚假拜访记录，等等，都是危害非常大的行为，会让整个客户管理系统中信息的真实性很难辨别，给后来者会造成很大的障碍。

我再给大家提供一个容易忽略，但应该要考虑的点，那就是员工之间谈恋爱。

我想，除了直销、微商这类松散、耦合的组织，绝大多数企业对于员工之间谈恋爱是不太会持鼓励态度的。但是需不需要去反对呢？我认为反对是不人性的，但是在处理这类问题时，有两个关键点是需要把握的：一是如果是有利益输送关系的部门员工之间谈恋爱，就必须有人调岗或者转部门；二是如果是上下级之间谈恋爱，则必须有人要转岗。因为其他员工会认为领导在日常处理会有所偏爱，不能公正地处理事务，长此以往对公司不利。

当然，企业在设置高压线的时候，需要结合自身的业务情况来，基本依据就是我在前面说的三类。

六、如何打造“上下同欲”的企业文化

很多企业领导会抱怨下属只盯着自己的KPI，而不愿意承担

团队或是公司的其他要求。但是，无论是采用 KPI 还是 OKR 考核，目标和考核指标的设定都无法涵盖所有的工作内容和员工行为。那些没有纳入考核的行为，管理者要如何去管呢？

还有，每当有不可控的事情发生，比如黑天鹅事件出现，就会发现，普通员工想的和管理者不太一样，管理者想的和老板也不太一样。

其实很多企业并不是文化打造本身出了问题，而是没有形成力量出于一孔和利益出于一孔的机制，也就是土壤不行。我们需要给文化创造土壤，土壤的肥力决定了文化是否茁壮和健康。

那么，要如何打造文化的土壤，实现上下同欲呢？

“上下同欲”，这个“欲”指的既不是欲望，因为上级和下级想要得到的物质或精神收获是不同的，也不是目标，因为实际上上级的目标更大更广，往往包含下属的目标。所以我认为，上下同欲应该包含的是三个方面，一是语言和行为方向的一致，二是目标方向的一致，三是思想的一致。

如何达成这三个方面的一致呢？

阿里有一句管理土话，叫作“高层不谈文化，基层不谈战略”。“基层不谈战略”比较容易理解，因为战略应该是高层思考的问题。而“高层不谈文化”，其实是想提醒高层们，文化不能停留在“说”上面。

那高层要做什么呢？基于我对文化和对阿里的理解，我认为高层在文化上要做三件事情：两个“不说”和一个“说”。

第一个“不说”指的是要以身作则。作为高层，文化不是高谈阔论，而是要言行一致，行胜于言，起到表率的作用。

第二个“不说”是指要去主导和推动相关制度的设计。制度设计对于高层来说是非常重要的事情。在制度设计上，要做到三个

"一致"。

首先是上级和下级的绩效考核维度和方向要一致，这样才能力出一孔。如果上级考核的是客户体验，下级考核的是营业额，这样就在制度上导致了上下不同欲，管理抓手就更是无从谈起。

其次是组织管理和组织架构上保持一致。举个例子，比如你要求一个地区分公司的管理者承担当地市场部团队的管理，但是市场部的工作却是向总部汇报的，这也就意味着市场部人员的招、留、育、用、汰都是总部说了算，这种情况下，地区分公司的管理者就无法有效地实施管理和监督职责，团队就会一片混乱。

第三就是公司重要的战略控制点和绩效考核的占比权重要保持一致，以保证利出一孔。比如，对于一家以客户服务为重要竞争力和核心战略控制点的公司来说，在考核一线管理者时也要在客户服务上有所偏重，权重要超过其他考核内容，这样才能保证组织能力的打造方向和公司的战略方向是一致的。

从这三个"一致"你可以发现，上下同欲是需要被精心设计出来的，而上下不同欲也可以是被设计出来的。好的制度设计的原则是懂人心，通人性，把坏人变好；而坏的制度设计就是挑战和考验人性，鼓吹以自律取代他律，盲目放任，从而把好人变坏。

所以，"高层不谈文化"，是希望高层对文化的打造不要停留在"说"上面，更重要的是要去行动。但是，文化在很多时候是需要通过表达来创造的，只是在表达时，要做到三个维度的一致性，分别是数据语言的一致性、管理语言的一致性和文化语言的一致性。

下面我来一一解释：

第一，数据语言的一致性。在数字化时代，管理的效率有一部分体现为业务数据化的能力，我们通过数据来呈现业务的价值链和逻辑。因此在企业中，业务数据的获取、呈现、表达、解读、沉淀和管理，都要体现出上下认知和执行的一致性，这就叫数据语言的一致性。

第二，管理语言的一致性。管理不是自然科学，而是人文科学，这也就意味着很多问题并没有标准答案，只有属于时代的最佳实践，所以不同学历、背景和职业经验的人对于管理的认知差异极大。如果你用管理体力工作者的方式去管一群脑力劳动者，或是用互联网企业的管理方式去管理一个生产型企业，那么在管理上就一定会产生很大的冲突，根本不可能形成上下同欲。

但是很多企业都是既有脑力工作者又有体力工作者，那么怎么办呢？某互联网公司就是基于这种情况，在企业内部形成了二元文化，对于脑力工作者，要让他们觉得有价值；对于体力工作者，要让他们活得有尊严。这就是企业文化和价值观倡导的方向要与管理决策保持一致，即管理语言的一致性。

管理语言有很多表现方式，比如阿里土话就是一种非常具有阿里特色的管理语言：“昨天的最高表现就是今天的最低要求”，这是一个绩效管理相关的表达；“向上沟通要有胆量，平行沟通要有肺腑，向下沟通要有心肝”，这是一个沟通管理相关的表达。

第三，文化语言的一致性。文化是一家企业在解决外部适应和内部整合问题过程中形成的一系列共享假设，这些假设很多时候就是公司管理层做决策的依据，没有这些依据，就很难实现上下同欲。

一般来说，公司的经营时间越长，形成文化语言可依据的标准就越多，可能性也越高，当然前提是要表达和显化出来。比如，客户、员工和股东，这三者的利益是如何排序的？人力资源价值和企业经营价值哪个排序靠前？使命和愿景是否清晰确定？因为企业的战略取舍是基于明确的使命和愿景的，如果使命和愿景不确定，那么战略的讨论只能落到市场机会的捕捉上，就可能受到短期利益的驱使，而忽视了长远的目标和方向。

所以，综合来说，要实现"上下同欲"，需要做到六个"一致"：企业上下的数据语言一致，管理语言一致，文化语言一致，以及上级和下级的绩效考核维度方向一致，组织管理和组织架构保持一致，公司重要的战略控制点和绩效考核的占比权重保持一致。这些都是属于文化制度层面的打造，制度层起的作用就是让信念转化为行为习惯。

写在最后

企业是一个生命体。企业要想长久生存、经历风浪不倒，不仅需要有完善的制度和流程来保障，也就是肉身要健康，更重要的是要有一个可以凝聚的灵魂，可以激励、指引身体不断奋斗、达成目标。而员工就是组成这个肉身的基本要素，能够将他们紧密凝聚在一起的东西则是文化。

企业文化是企业的魂，也是一件将会伴随企业发展终身的事情。我们不要高估文化在短期的价值，也绝对不要低估文化在长期的作用。路漫漫，当求索！

详解美的基于人性管理的“7＋3”机制

罗华刚

原美的电器管委会成员兼战略营运总监、

数字化转型第一任执行组长

《财富》2021年发布的世界500强榜单显示，美的跃居第288位，较上一年上升19位。第288位，其实并不值得夸耀，但是连续多年逆势增长，且排名持续上升，这一点非常值得关注——为什么50多年发展，经历多个经济周期，在一个红海市场的美的能持续保持增长？即便是2020年遇到疫情和贸易战双重负向影响的背景之下，美的还能保持营收增长，且利润保持更高的增长，这显然

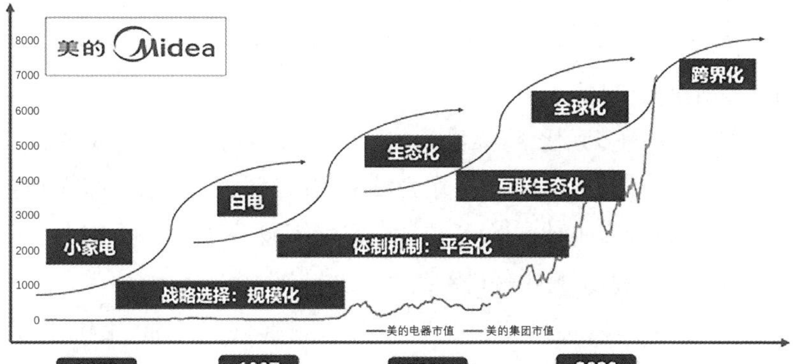

图1　美的连续增长曲线

不仅仅是一个奇迹，一定更有值得研究的其增长的逻辑。

美的的持续成功，大部分人只看到它的结果，而不知道其背后的逻辑，管理界也很少有人能总结出其成功因子。其背后有两个深层次的原因：

一是美的内部文化强调“简单、务实、高效、结果导向”，注重行动与实践，何享健和方洪波都是典型的实践派、实战派，一贯的低调。

二是美的内部文化基因中非常反对高谈阔论、眼高手低、光说不练的行为，所以在职的美的人说得少、实践多；而离开的美的人搞实业和创业的人多。

▷ 美的成功因子

美的有没有成功因子呢？当然有，这正是本文要重点分享的内容：美的成功本质上是机制的成功，笔者总结为“7+3”机制，这种机制带来基于人性化管理的文化价值观成功及基于法治精神的管理系统成功，是基于变革及自适应环境的战略成功，更是管理驱动业务之经营哲学的成功。那美的值不值得对标学习呢？当然值得。

第一，美的基业长青持续增长的经营能力值得学习。美的经历了半个世纪，持续保持增长，除 2012 年等少数年份主动降速外，每年都是增长的。

第二，美的多元化、跨界生态化的成功战略值得学习。美的在家电行业深耕 50 多年，从单一风扇到整个白色家电多元化，再跨界到新能源、医疗、地产、环保产业，尤其是在家电领域，每进入一个细分行业几乎都获得了成功，且市场份额基本上都做到了数一数二。

第三，美的通过价值链上下游整合做厚经营空间、做深产业链，值得学习。美的从整装厂到纵向研产销一体化，再向价值链上游延伸，做深做透，尤其是向压缩机、电机、大宗原材料的深耕，提升产业链的优势，建立起了自身的“护城河”。美的大多数产品毛利率都超过33%。

第四，美的战略转型和经营变革更值得渴望持续增长的制造业学习。始于2011年以“产品领先、效率驱动、全球经营”为三大战略主轴的战略转型和数字化，历经十年，成就了美的营收从1 000亿元到3 000亿元，市值从700亿元到最高时7 000亿元的突破。

第五，美的是一所职业经理人的“黄埔军校”。美的人才如潮，人从哪里来的？怎么培养的？其职业经理人培养机制非常值得学习。美的基于机制带来的组织、人才、战略、变革、系统、文化等系统上的成功，亮点纷呈，繁星璀璨。

一、什么是机制

机制一词最早源于希腊文，原指机器的构造和工作原理。组织管理学中的机制，指一个工作系统的组织、人、资源、权力、责任、目标等要素之间的关系及动态连接方式，本质上的逻辑是基于人性，通过责权利匹配，实现人的善意最大化发挥及创造力最大化提升，实现组织目标及价值。机制是组织目标实现和持续成功的根本性因素，是实现企业可持续高速增长内在动力。

机制包含四个动力系统：赋能系统、加速增长系统、自适应环境与突破系统、自动纠偏与主动变革系统。所以机制是企业持续成功和企业长青的保障。

- 摆脱企业家，组织产生动力系统，机制为组织赋能；
- 摆脱个人英雄主义依赖：实现人才如潮和人才自驱，机制为人才赋能；
- 企业自适应竞争环境，战略上不被时代淘汰，机制为战略赋能；

- 企业文化自动优化和熵减，机制为文化赋能。

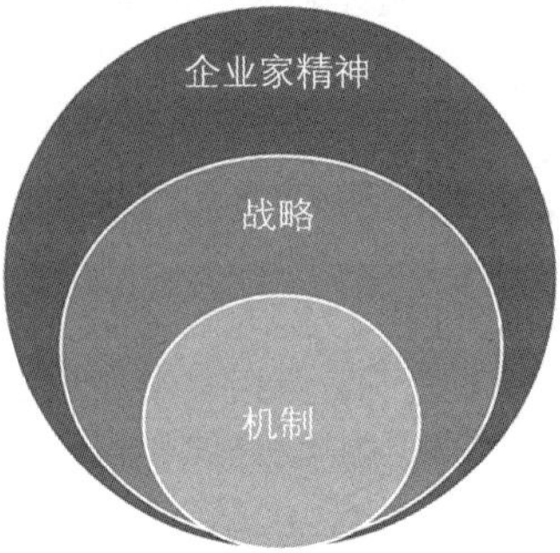

图2 企业成功必要条件

在企业家眼中，企业的持续成功主要体现为营收、利润、现金流、市场地位、品牌溢价及市值不断提高，并实现多元化、生态化、跨界化的成功。这些成功一般包含三个必要条件：机制、战略和企业家精神。我们用图表示如下：

综上所述，持续成功＝企业家精神×战略×机制，其中机制是最根本、最底层的因素。

二、企业为什么要建立机制

企业需要建立机制的原因，我们总结为以下五点：1. 机制是企业持续成功的基因，其核心密码及能力可以不断在不同产业和新公司之间复制，有利于推动公司多元化、生态化、跨界化；2. 机制是实现法治的关键，是企业真正实现可持续发展、走向基业长青的必由之路；3. 机制使企业摆脱企业家及个体依赖，真正实现个人成功走向团队和组织成功；4. 机制聚焦和培养出批量的优秀干部和职业经理人；5.机制支撑企业在发展过程中建立“护城河”，实现风险防控、自适应环境的纠偏体系。

三、如何判断机制的优劣

一个企业的机制好不好，可以从多个现象去判断。

好的机制一般会有以下八种现象中的多数：现象一：会使坏人变好人，好人变卓越；现象二：好机制会使外部不确定性变成内部确定性，实现业绩和管理持续优化；现象三：好的机制对坏人人人喊打，使之无法恣意妄为；现象四：好的机制会使优秀人才如潮涌现，批量产生自家经理人，人才密度不断增加；现象五：好的机制使“人尽其才，物尽其用，货尽其流”；现象六：好的机制使“老板什么都不管，什么都清楚（受控），什么都放权，什么都有序”；现象七：好的机制能够让“组织有活力，经营有效益，管理有效率；好人不吃亏，坏人不得志”；现象八：好的机制使优秀人才不断上浮，人人追求上进，事事有人负责。

不好的机制一般会有以下十种现象的一种或多种：现象一：好人变坏人，坏人变恶人；现象二：企业生态复杂化，办公室政治严重，员工关系复杂；现象三：企业不断熵增，亚文化泛滥；现象四：人人唯上，不唯市场；现象五：人浮于事，阿谀奉承，欺上瞒下，溜须拍马之风盛行；现象六：员工流失率高，内部员工成长不起来，空降人才留不下来；现象七：人人自保，推卸责任的坏风气盛行；现象八：员工以资历、信任和功劳簿，凌驾于组织和规则之上，践踏规则和法治；现象九：一言堂，专制严重，整个公司只有一个大脑；现象十：朝令夕改，缺乏定力。

四、美的机制及其重要性

在美的，创始人何享健一生悟出的名言可以说明机制的重要程度：“美的持续成功得益于机制建设。”美的历史博物馆里墙上挂了副图，上面写着：“宁可容忍 1 个亿的投资失误，也决不容忍机制弱化和退化。”

现任董事长兼总裁方洪波，作为美的集团接任者，对机制助力美的成功是这样总结的："美的的核心竞争力是内部经营管理机制。"

美的员工认为：机制是他们在美的工作和奋斗的"价值观与保障"，能让他们真正地体会到"责权利能"一致，享受职业尊重和奋斗成就感，促成人性善意的绽放。

那么，美的机制的本质和底层依据到底是什么呢？笔者在美的从业务员做到美的电器管委会成员，经过16年的思考和沉淀，将美的机制总结为"7+3机制"，并将这一机制系统与中外人性研究大师麦格雷戈和王阳明的理论进行对应，从而形成了完整的逻辑关系。

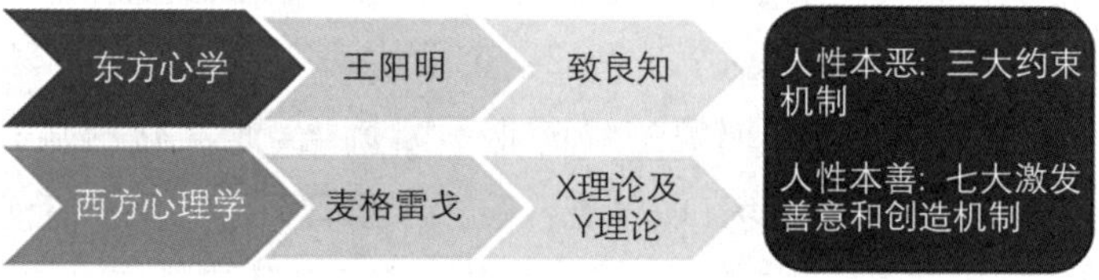

图3 美的"7+3机制"解读

如果要系统全面地学美的，那就应该学美的的本质和逻辑——美的"7+3机制"，其中"7"指七大激发机制，激发人性的善意；"3"指三大约束机制，抑制人性的恶意。接下来我们重点讨论美的"7+3机制"。

五、美的七大激发机制

1. 激发机制一：科学的治理机制

美的治理机制包括以下要点：纵向：控制集团、事业部、子公司定位与角色清晰；横向：业务部门、管理部门、经营部门分工不分家，自动形成完整的赋能型系统。业务上横向能拉开：确保业务多元化和开辟第二增长曲线或赛道时，能够实现一个标准、一个体系、一个文化，能不断复制不同产业的成功。管理上垂直能打通：确保上下同语、同欲、利益和目标一致。组织功能与流程严而不漏：组织结构功能系统严密，分级分层决策体系健全。战略上自纠偏及自适应环境：变革常态化，自适应环境变化，战略跟随环境。

治理机制是一个完整的系统，涉及面非常广，企业中的所有要素，如人、资源、组织、权力、文化以及这些要素之间，都有系统的运行逻辑，有明确的目标和功能。比如，文化作为治理机制中最重要的一个要素，融入到美的各个体系，可以说无所不在。

再如，美的人耳熟能详的核心价值观“价值为尊，利益共享”包含四个重要条款：

- 为顾客创造价值，为员工创造机会，为股东创造利益，为社会创造财富；
- 顾客至上，关注顾客需求，追求绩效，赢得顾客满意；
- 尊重员工，培养人才，以共同利益落实共同愿景；
- 持续变革，视变革为机会，不断创造价值，共同成长。

四个重要条款均围绕客户、员工、变革、价值、利益分享展开。这四句话成为美的在管理、业务、经营、治理上的总方向、总指导思想。

美的重视文化融入治理机制是一贯的，是自上而下的。何享健和方洪波亲自参与，并身体力行。比如，美的文化价值观升级到2.0，是由方洪波亲自来推动的，并以他个人的名义给全体员工写信宣传贯彻，足以见得他在企业治理中对文化价值观的重视程度。

再如，美的对高级职业经理人的治理，有一本《美的职业经理人行为准则》,是约束美的高管、必须遵循的基本准则。尽管看起来是务虚的,但实质上则是企业文化落实于职业经理人行为的深化和具化。美的深谙文化之道,赋予高层干部有“传承公司文化和价值观”的重要使命。只有高管以身作则,下级才会身体力行,确保文化和价值观的一致性。在治理机制子系统中,纠偏及自适应变革系统非常强大,这保证了美的在大风大浪中总是能够以最佳状态渡过难关,屹立不倒。这其中的原因,本质上还是治理机制及系统的成功。

2. 激发机制二:平台化的组织机制

美的组织机制包含以下要点:

- 事业部产研销一体化;
- 用户型组织;
- 去中心化、去科层化、扁平化;
- 敏捷化、学习型、赋能型组织;
- 流程化、标准化的组织(美的所有事业部组织结构基本一致);
- 业务组织与管理组织两位一体,融合于经营单位;
- 经营指挥权与管理赋能权分离。

非常多的企业都在做战略,开始时轰轰烈烈,落地时一地鸡毛。主要原因是组织能力和组织结构没有配套,尤其是运营管理功能、HR功能和财经功能缺失,导致战略不能上下打通,无法落地。业务组织聚焦于短期目标的实现,只有管理组织才关注战略及中长期目标的实现。在这一点上,美的和华为有相似之处,将管理型组织和业务型组织的指挥权和管理权进行了分离。美的强调管理型组织听上级指挥,业务型组织听市场和用户指挥,经营型组织听一把手指挥,并且匹配了相应的机制以确保落地。整体来说,美的组织体现出了精总部、强事业部的指导思想。总部主要做精做专，事业部则做强做大。在组织的宽度上，强调科学治理，如，每个上级原则上管理七至九个下级；在组织的长度上，尽量压缩中间环节，原则上控制在四到五级；在汇报关系上，原则上一级汇报一级，强直线组织，弱矩阵组织；在机制上确保责权对等。

战略决定组织，组织匹配战略，并为经营服务。这是美的持续推动组织再造和经营变革的精髓。调整战略，是基于外部环境和竞争需要。没有一成不变的战略，所以一旦战略变化，组织结构就随之调整，组织调整以后，经营才能做闭环和落地。早在 2011 年，制冷家电集团（原美的电器上市公司平台）就启动产品领先、效率驱动、全球经营战略。三大战略主轴发布以后，接着就要优化组织结构和机制，经过近一年的调整和优化，美的形成了 789 组织结构支撑三大战略，笔者将设计逻辑做了详解，见图 4。

3. 激发机制三：客户导向型的营运机制

美的营运机制的主要特点是：

- 产研销价值链一体化；
- 纵向上下打通，一竿子到底；
- 客户为尊；
- 市场导向；
- 首问制；
- T+3 以销定产；
- 产品爆款（减 SKU）；
- 持续改善；
- 精益化营运；
- 外部竞争内部化，内部竞争市场化；
- 数字化。

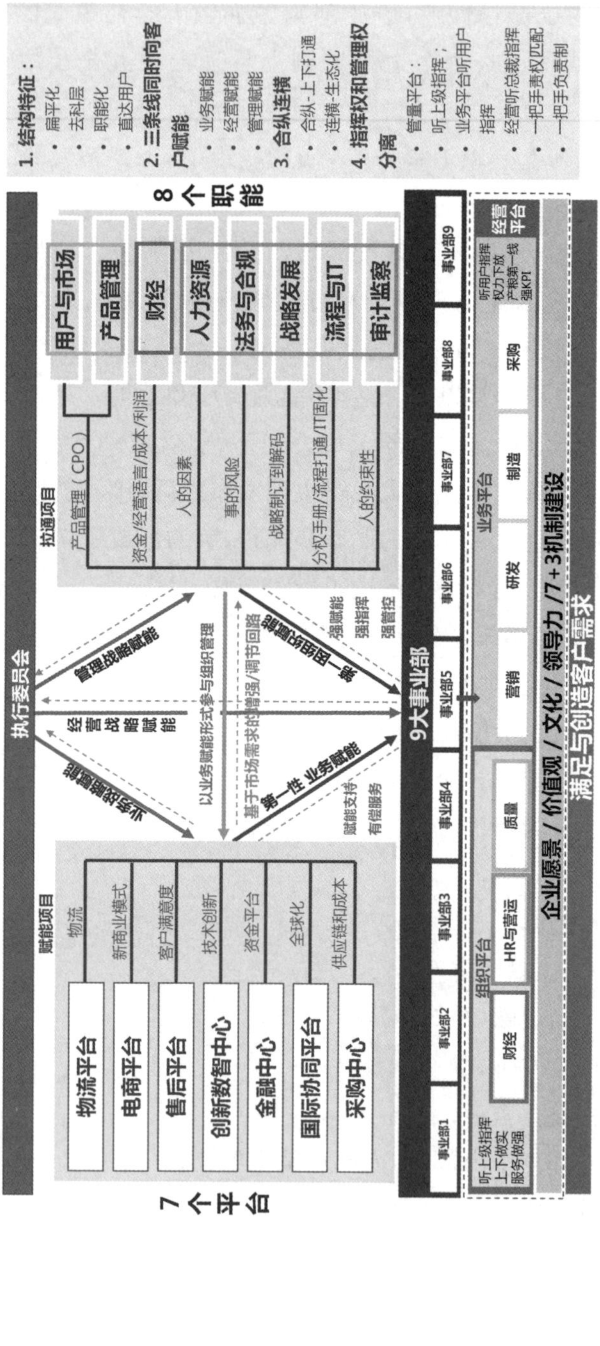

图 4 美的 789 平台解析

营运机制是基于事业部组织体制下的产研销一体化。事业部具有独立的事业经营权，在集团战略和文化价值观指引下，在预算和考核要求下，自主经营，自负盈亏，享受价值创造、价值评价和价值分配的自由。在营运机制中，几乎所有的企业都遇到一个非常大的困难，就是采产销的主计划系统的运营。绝大多数公司为此苦不堪言，采购、生产、营销、客户之间日复一日的争吵，换不来顺畅的计划系统、快速的交付系统、高周转的库存系统以及柔性化的生产系统。美的早在 2013 年就通过"T+3"系统数字化解决了此问题，实现了最快 9 天从产品下单到产品交付的闭环管理，库存周转率提高 80%以上，各类仓库面积和成本减少 50%以上。

为什么事业部制是公司多元化最好的组织结构？一言蔽之，事业部体制真正实现了经理人事业合伙化、责权利能匹配、自主经营独立算账、研产销一体、快速响应市场、人才培养等诸多优势于一体。数智化运营是美的最近十年打造的又一利器，真正实现了PLM、APS、SRM、ERP、MES、CRM、BI、FMS、HRMS 所有信息IT 化、数字化及决策智能化，以确保及时满足客户需求。举个例子，全球十几万零售商可以随时在 App 里向美的全球工厂下单并动态追踪订单。笔者是美的数字化第一任执行组长，亲历见证了变革突破带来的变革红利。

4. 激发机制四：开放的用人机制

美的用人机制的主要特点是：

- 开放；
- 公平公正；
- 自我培养；
- 结果导向，业绩为王；
- 赛马不相马；

- 能者上，平者让，庸者下；
- 唯才是用；
- 尊重人性。

在美的，早期流行一句话：美的 70 年代用北滘人、80 年代用广东人、90 年代用全国人，21 世纪用世界人。这种用人文化体现出了美的的开放性：不排外，只要有才美的就用。美的文化的开放与包容，还体现在大量启用年轻人，自己培养人才，很多老的创业者跟不上，就退出给年轻人腾出机会，很好地活化了企业机制效应。美的是中国大陆上市公司中第一个启用真正外籍人士 HelmutZodl 做集团 CFO 的公司（中国人加入外国国籍除外），足见美的在用人上的开放性。建立和完善自主培养体系，美的坚持以自主培养为主，每年大量招聘高校高质量的毕业生；同时，引进外部专家型人才，充实人才梯队，形成“鲶鱼效应”，强化人才密度和厚度建设。现在职业经理人队伍 90％以上都是自主培养的。有企业家反馈：我们也校园招聘，但是效果很不好，一年后走了大部分，余下的也成长不起来，什么原因呢？这实际上是自主培养人才体系和配套机制没有建立起来造成的。

美的有着鲜明的用人观，员工是美的价值的缔造者。具有强烈进取心、创新力、人际连接力、变革突破力及优秀团队精神的人才，是企业的核心竞争力。美的从各个层面创造公平、公正、公开的竞争环境，不拘一格降人才，尤其是重用高度认同美的企业理念的各级人才。笔者从美的用人手册里摘取了“五用五不用”，简单清晰呈现美的用人原则。

“五用”：用品德好的人、执行力强的人、以团队为主的人、善于学习的人、勇担责任的人；“五不重用”：不重用不熟悉业务的人、不会做小事的人、不服从大局的人、不培养下属的人、不善于变革的人。

“五用与五不重用”用人原则在美的执行得淋漓尽致。比如，美的的一把手一定要熟悉业务，也即从产、研、销中提拔高级人才。这和华为“从泥潭里爬出来的都是圣人”用人理念高度一致。美的不重用业务上是高手而管理上是矮子的人才，管理就是要会做小事，服从大局、培养下属以及善于变革。再如，品德不好的人，在美的一旦被识破，就会边缘化，如果是高管甚至被下岗追责。这就是何享健先生说的“不可以容忍机制的退化”。

为了避免在用人上的裙带关系冲击用人的开放和透明，美的还有两个非常重要的规定：一是美的高管不得有任何亲属关系人员在公司，上下三代，一律清除；二是已离开公司的员工，原则上不允许返聘。这对净化用人环境还是非常有价值的，可以看到美的对开放、公开、公正的用人机制之坚守。

5. 激发机制五：清晰的分权机制

美的分权机制包括以下要点：

美的集团分权“十六字方针”：分权有道，集权有序，授权有章，用权有度。

美的集团分权，笔者总结为“12345 法则”：

- 一个匹配：责权利能匹配；
- 二个对等：责权对等；
- 三个管住：管住战略与目标；管住资金及效率；管住副总及财务、HR 负责人；
- 四个强化：强化预算及考核；强化经营审计及职业道德管理；强化流程制度建设；强化营运数字化。
- 五个放开：除副总、财务和 HR 负责人外的人事权、预算内的费用审批权、经营管理权、业务决策权、过程资源匹配权。美的要求各级干部要向下分权，不要把权力攥在自己手里，要层层分权、分权到位。

美的将分权经营形象地比喻成“金鱼缸法则”。即金鱼在透明的鱼缸里自由自在游动，正如职业经理人在自由自在地经营，但权力是有边界的，边界就在《分权手册》。权力分给你的同时，你得向上进行信息透明，不得以任何名义拒绝上级组织的监管和监督，就像透明的金鱼缸一样，上级组织都能清晰看到职业经理人的经营行为，但你不得伸手去穿越玻璃缸，干预下级的经营行为。

分权的目的是通过责权利能匹配，实现激活人性、激活组织的目的。关于分权的问题，方洪波在内部会议上说过：“我们要把内部的事情简单化，以市场导向简化内部的流程，真正为市场、为消费者设计内部组织。在这个原则之上，我们把权力下放，但是核心就是这八个字，简政放权，责任清晰。我们的目的是不要形成大企业病，不要形成内部繁文缛节的东西，把权力放到最需要权力的地方。”

很多人不理解，美的为什么没有出现“一放就乱，一收就死”的现象。这是由于美的在分权、授权做得非常彻底的同时，有非常严格的配套机制，主要体现在以下几个方面：

第一个配套机制是信息透明，“金鱼缸法则”已经将分权与信息透明的问题阐明得非常清晰。越分权，越监督，美的把信息透明和分权放在同等重要的位置。

第二个配套机制就是职业经理人培养。企业的发展有赖于一批一批合格的职业经理人的培养和使用。美的职业经理人要经历“721”的培养，基本能够较好地引导团队正确对待权力的使用。具体见用人机制部分。

表 1　分权手册(模板)

分权手册(模板)										
序号	职权事项		职权与业务流程规范							备注
			对应制度	提案	审核	会审	审议	审批	备案	
一	战略经营管理									
(一)	战略与经营									
1	事业部三年中长期战略规划、年度经营企划书		集团战略管理办法	[营]	[管委]	集经财		董事长	集战委	
2	分权手册及信息报送规范	事业部	信息报送管理办法	[营]	[管委]			总	集经	(营运)负责
		部门内部	信息报送管理办法	[部]		[营]		部总		交(营运)备案
3	黑名单管理		黑名单管理办法	[部]	[营]-总	集审		集经	集财	
4	年度工作计划的制定	事业部	工作计划管理办法	[营]				[管委]		
		事业部下属各部门	工作计划管理办法	[部]				部总	[营]	
5	责任制方案制订与调整	责任制分解	责任制管理办法	[营]	[财]			总	集经、人、财	
		各部门内部(二级责任制)	责任制管理办法	[部]				部总	[营]	交(营运)备案
6	降成本项目立项审批	采购降本	降本管理规定	[供]	[财]			部总	[营]	
		研发降本	降本管理规定	[研]	[财]			部总	[营]、[品]	
		制造降本	降本管理规定	单位	[财]			部总	[营]、[品]	

表 2　子集团-集团重要信息报送明细表(模板)

序号	信息报表名称	填报部门	周期	报送时间	报送形式	密级	收报部门	转送部门	备　注
1	月度工作计划及上月工作总结	营运管理部	月度	每月 1 号前	电子	秘密	集行	集团管委会成员	
2	半年工作总结和计划	营运管理部	半年/年度	7 月 15 日前	电子	秘密	集行	集团管委会成员	
3	子集团总裁办公会会议纪要	营运管理部	月度	会后 3 日内	电子	机密	集行	集团管委会成员	
4	子集团总裁出差报告(两天以上)	营运管理部	及时	外出前 2 天	电子	普通	集行	董事长/集人	
5	以子集团名义编号下发的文件	营运管理部	及时	下发后 2 日内	电子	普通	集行	集人	
6	子集团财务部月度重点工作计划	财务管理部	月报	当月 1 日前	电子	机密	集财	美财	
7	子集团一级经营单位人事任命文件	人力资源部	不定期	签发后 3 日内	书面		集行	集团各部门	
8	年度人事分析	人力资源部	年度	每年 12 月底	书面	秘密	集人	董事长	
9	高层人员月度异动情况汇总表	人力资源部	月度	每月 8 号前	书面	秘密	集人	董事长	

第三个配套机制体现在财经职能的一贯到底。美的通过建立完善的财务管理制度，基本上能够较好地堵住财务管理漏洞。

第四个配套机制体现在审计与问责，这一部分内容在三大约束机制里展开。

6. 激发机制六：事业合伙化的激励机制

激励机制包括以下要点：

- 高端经理人长期化激励与绑定；
- 价值创造、价值评价、价值分配三位一体；
- 开放性；
- 平台激励、事业激励、物质激励相结合；
- 契约精神；
- 反对平均主义和大锅饭。

整体来看美的的员工激励，是开放“价值分享”思维。这一点切合美的文化价值观中的“价值为尊”理念。记得20年前方洪波主政家用空调事业部，有一个本科毕业生，毕业第一年做业务员，提成拿到了10万元，当时的10万元什么概念？在顺德可以买一套120平方米的房子，在广州可以买70平方米的房子。美的关于激励有一句名言：“重赏之下必有勇夫。”当年，方洪波的年度责任超额完成，按年度责任书，团队可以获得超额利润分享达到5 000万元以上，集团个别部门领导提出金额太大，不能发、不兑现。但是经过讨论，最终遵从“契约精神”，美的集团还是发放了这超额的大奖金。反过来也同样遵循契约精神，2012年某事业部因为没有完成责任制，只拿到了67分，按规则年终奖0元。当时事业部打申请报告给制冷家电集团，希望能酌情发放，没有功劳也有苦劳。总裁批示意见“按责任制核算年终奖”。批示结果冷酷无情，这也是契约精神。很多人都不能理解方洪波为什么这样做，但是一讲契约精神，所有的美的人都接受了。笔者联想到2012年8月1日浙江人民出版社出版的图书《系统之美：决策者的系统思考》（德内拉·梅多斯著），讲到的八大陷阱之一——目标侵蚀，美的人深谙此道。

当时对事情的处理思路，在美的内部讲是契约精神，讲目标刚性。没有人由这一处理结果联想到是基于全球系统管理大师梅多斯的理念，实际上，这种做法在理论上却与梅多斯大师不谋而合。

美的激励还体现在晋升通道和职级管理上。美的人非常清楚分层分级的激励原则。早期美的职级体系中，非常反对高配职级。比如，方洪波当时为美的电器总裁，而不叫CEO，CEO下面原则上是总监，不设副总裁，总监原则上只设经理，不得设副总监，不得设高级经理。这一规定跟外界很多企业的做法恰恰相反，有些公司规模也就十几个亿，副总裁十几个，总经理几十个，总监上百人，结果人人都是官，人人都是领导，官僚之风盛行，人浮于事随之而来。而在美的工作的人都知道：一个管20亿元资金的分公司的经理或者厂长，在内部职级也就是M3经理级。但是就这么一个M3经理级的员工，其收入可能达到80万—100万元，难怪猎头公司说请不起美的高管。因为猎头并不知道，美的事业部的总监其管理宽度、人数、业绩，远远超过中型上市公司高级副总裁。

更值得一提的是，美的员工到了经理级以后，每晋升一级，收入通常是翻一倍以上。所以美的员工要想成功，要想赚大钱，每个人都会努力上浮，这样也造就了美的优秀人才如潮的局面。这恰恰与有些公司“被提拔是负激励或者提拔不动”是相反的。

举个例子，比如江西有一家上市公司，一个部门设一个总裁，两个副总裁，三个总监，四个高级经理，一个主管，一个专员。整个部门全部是官僚，提拔员工时收入和机制跟不上，导致优秀员工混个领导职位,然后找机会跳槽。还有一些公司,“小老板思维”非常重,不断给虚职奖励员工,但收入不增加,以为省了钱,赚大了,其实不然,这是严重破坏了人才发展、晋升通道和激励机制的行为。最后的结果通常是:天天在招高管,天天有高管离职。

2012年后,美的加快了事业合伙化机制建设,以纠正早期美的考核的短期行为和导向,同时真正“绑定”优秀的职业经理人。从2012年推出第一批股权激励,已经连续累计推出接近十期。美的加强产业管理和资本市场管理,提升市值,通过资本的力量激励中高层干部和核心骨干,这正是未来十年、二十年的主流激励手段。笔者认为,美的在激励机制和理念上,领先中国绝大多数企业十年。

7. 激发机制七:公平公正的考核机制

美的考核机制包括以下要点:

- 公平公正;
- 开放性;
- 基于战略和经营预算;
- 基于责任和目标;
- 正向考核,负向问责;
- 分层分级分阶段;
- 聚焦策略;
- 以结果为导向;
- 应用于绩效和晋升;
- 规则口径清晰;
- 尊重规律;
- 目标渐进原则。

考核机制与责权利能相关度非常高,也就是说,考核不是为了考核而考核。对公司来说,考核是基于公司发展战略及目标的承接;对个人和组织来说,是绩效的依据,更是个人成长、晋升、加薪的重要衡量标准和应用基础。美的尽管年均复合增长率非常高,但在定责任制时,却非常稳健,坚定而又不好高骛远,执着而又不浮夸。这样定出的目标,考核成了激励,目标成了牵引,结果成了财富。在这一点上,美的不同于其他公司。有的公司,老板制定了一个宏伟的战略目标,结果激动了自己,害了团队,伤了组织。定出不切实际的目标,导致团队80%的人完不成考核目标,年终奖要么打折,要么归零,最终得不偿失,团队士气萎靡不振,老板却归咎于团队执行力不足。

所以考核与价值创造、价值评价、价值分配有着系统关系,也与个人岗位、绩效、薪酬强关联。设计考核机制时,要系统思考,整体布局,全局设计。

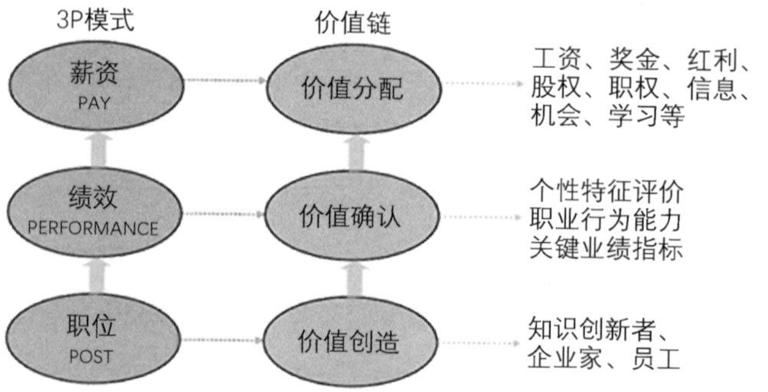

图5 美的考核机制

美的的考核体系中有三个关键点:

一是关于目标的确定既不是自上而下,也不是自下而上,而是上下相互沟通并达成共识的过程。

二是各个指标的多少及权重,取决于公司战略,结合中长短期目标而定,重要指标一般不超过三个,战略性成长指标,不超过三个，以确保聚焦。美的经营哲学认为：同一时间内，一个组织、一个团队不可能同时抓好三件及以上的事件，所以在阶段性时间内，通常只做一件事，集中火力实现结果，这叫"搞定文化"。

三是责任制考核与价值分配进行开放性关联。也就是说，考核结果越好，责任制完成越高，其绩效奖金越高，有些组织和职群能拿到其浮动薪酬基数的2到3倍，这一点与其他企业不一样，美的浮薪占总体收入超过70%，业绩越好，拿得越多，但企业的人工成本率反而下降。所以考核的开放性是非常重要的。一旦采取开放性的考核机制，考核就成了正激励，而不是负激励，这样非常有利于激发各级员工最大化创造价值。下图是美的M5级员工收入结构，整体来说是意外惊喜的模式。

图6 美的M5级员工考核及激励方案设计原理

除此之外，美的考核中还两点值得一提：一个是人才发展，要纳入所有中高管的考核绩效协议书中；二是重大责任一票否决，也就是说，如果重大责任一旦触发，可能导致绩效得分为0或者大扣分，导致一年白干了。这些重大责任包括批量质量事故、重大经营责任和重大危机。通过这一机制，有效地防止了部分职业经理和组织短期套利，损害公司中长期发展的问题。所以，美的有了这样的系统的考核机制，就可以确保公司不会出现灭顶之灾。

包括方洪波在内，美的所有的人都要接受考核，承接发展的指标，这样确保组织里每个岗位、每个角色都有清晰的目标和方向，也进一步激活了组织和个人。所以考核无论对于个人、组织，无论是新员工还是老员工，都是责权的对等，成长的准绳，价值创造的保障。考核不是可有可无，而是如何更优更系统的问题。

在考核问题上，有很多企业家会犯三种错误。一种是不考核，这样的企业基本是老板一支笔，员工吃大锅饭，组织活力不足；第二种是考核过严，每年大部分人完不成任务，考核成了减法，员工不仅拿不到年终奖，组织还丢了战斗力，人人内心抵制考核；第三种是考核过于分散，不为战略服务，也不围绕目标，导致员工失去方向感，考核结果最终无法实现。

六、美的三大约束机制

约束机制理论依据来源于XY理论及中国心学大师王阳明。每个人内心有善和恶的两面性。我们经常说，不要去做考验人性的事，本质上人都有恶的一面。那怎么样去抑制恶呢？王阳明认为：致良知，也就是去恶扬善。麦格雷戈认为X理论是要从根本上去抑制懒惰、嫉妒等人性恶的一面，Y理论更多地是要从很高层次上激励激发人的善意。这也是西方管理界讲的“胡萝卜＋大棒”激励原理。

三大约束机制是指：

- 制度上约束人性懒惰，如懒政、迟到早退等；
- 审计和监察约束人性中任性，如不遵守制度和规则，甚至职业腐败的行为；
- 价值观上约束人性中嫉妒与自私，如不患寡而不患不均、损人利己。

我们把美的三大约束机制做了以下基础模型总结和举例。

图7　美的三大约束机制图

三大约束机制分别由审计监察部、人力资源部、总裁办（经营管理部）协同负责，实行三权分立。总裁办（经营管理部）负责立法，审计部负责调查审计，人力资源部负责追责，对重大经营行为追责，通常也由财务部和经营管理部同时负责闭环处理。

约束机制相对于激发机制而建立的，主要目的在于抑恶扬善，犹如农民在地里种庄稼，如果只种玉米和施肥，不锄强扶弱，收获的季节就是杂草比玉米长得还高，这与物理学的熵增现象一致。

三大约束机制是美的红线、底线，再突破底线，那就由国家司法、执法机关介入处理。约束机制也叫惩罚机制，类似于火炉法则。美的对职业违规违法、职业腐败采取高压零容忍的原则处理。上至总裁，下至一级员工，一查到底，一追到底，所以在美的内部，审计监察部或反腐败办公室非常权威，被尊重、被敬畏，这是一个企业管理文明的象征，员工有尊严的象征，更是管理驱动型企业的特征。

七、“7+3”机制的实质：自加速、自调节、自增强

（一）“7+3”机制的背后是人性

提起美的，大多数人认为美的是一个管理驱动型的企业，管理的背后则是机制，机制的背后是人性，美的对人性的把握可以说是入木三分。有人问笔者，能否用一句话来讲美的成功？

我总结为：机制的设计，最大化地激发了美的人的善意和创造力，形成文化凝聚力，实现了最高的价值创造水平。这一句总结是有现实根据的。有两个根据，一个是美的中高管离开美的后，基本对美的都是感恩的，几乎没有负面评价（真正激发了人的善意和感恩）；二是从价值创造的角度，美的作为劳动密集型企业，人均年收入超过 220 万元，在这样一个 3 000 亿元营收的企业，员工的价值能力发挥到淋漓尽致（激发了创造力）。

如果用近几年比较热门的两个理论来归纳美的的成功也是有道理的。第一是飞轮理论，出自柯林斯的《基业长青》，美的用“7+3 机制”，持续地做增强回路，使飞轮持续转动，驱动企业增长。这本书美的人不陌生，2004 年，美的所有经理级以上员工人手一本。第二个是梅多斯的《系统之美》，这本书作者是《第五项修炼》作者彼得·圣吉的老师，美的同样用“7+3 机制”规避了企业发展中的“八大陷阱”，避免了美的踩坑、踩深坑。早期在美的工作过的同事应该记得，2005 年，经理级以上员工人手一本《第五项修炼》。美的成功是一个自加速、自调节、自增强的飞轮成功。

外界评价美的，有很多标签，比如管理先进、治理规范、优秀职业经理人多、职业经理人化的民营企业，财经职能很强大的企业，分权做得好、事业部做得成功、三大战略转型成功等等。这些标签

背后，我们认为根本上是美的"7+3机制"的成功。这是美的持续成功、持续增长的基因。

(二)"7+3机制"：对人性的积极管理和激发

美的是一个自适应环境的企业，"变"是美的基因，也是唯一不变的要素。美的"7+3机制"中的治理机制和营运机制里，都提到美的主动适应外部环境的机制。主动变革机制确保了美的不会犯根本性的错误，不会出现常识性的失误。

相对于华为的全面成功，美的早期的成功受益于第一因成功，即机制上的成功，包括组织、体制、分权、激励、用人、文化等的成功。所以很多人将美的早期的成功归因于管理的成功，而并非产品、技术、品牌的成功，这样讲有一定道理。

事实上，美的是一个危机感特别强的企业。方洪波在2012年那场重大转型前，经常对高管说两句话：第一句话是"我对成功视而不见，每天思考的是失败和被颠覆"；第二句话是"我们必须拿出壮士断腕的决心推动企业的转型和变革"。于是就有了美的2012年(注：2011年7月23日制冷家电集团年中会时正式启动)以"产品依靠、效率驱动、全球经营"三大战略主轴的战略转型和经营变革，持续10年，带来了美的从1 000亿元到3 000亿元的繁荣，实现了净利率从6%提升到9%的蜕变。2011年，随着三大战略的启动，宣告了美的在夯实第一因的成功基础上，开始寻求产品技术、经营精益化、战略多元化、跨界化、数字化运营的突破。而因为有"7+3机制"作为内因和根本，美的业务上突破势如破竹。

2020年底，历经10年，美的三大战略退出历史舞台，全新推出四大战略主轴——科技领先，用户直达，数智驱动，全球突破。为匹配该战略的启动，美的在组织结构、文化价值观、团队与领导力建设上同步升级，进一步夯实"7+3机制"，形成了全新的战略系统，笔者总结为“12345”。

- 一个美的：智慧生活可以更美的；
- 两个全面：全面数字化，全面智能化；
- 三大导向：说到就要做到，每天都要赢，用户就是对的；
- 四大战略主轴：科技领先，用户直达，数智驱动，全球突破；
- 五大产业板块（产业事业群）：智能家居事业群、工业技术事业群、暖通与楼宇事业群、机器人与自动化事业群、数字化创新业务（事业群）。

笔者坚定看好未来美的接下来的四大战略主轴的突破。我们用系统理论，总结出美的持续成功的三要素：企业家精神、机制、战略。

第一，文化其实是企业家精神的再现。

作为内部企业家，方洪波是非常重视文化再造的，他本人不仅会亲自驱动文化再造，而且身体力行，说到做到，做出表率。笔者曾做过其三年的直接下级，却没有见过他迟到过一次、工作应付过一次、在何享健面前推卸责任过一次。通常，在一次新的战略转型启动时，美的首选进行文化再造，2021 年 7 月 9 日，方洪波亲自向全体员工发了一封信《致美的人的一封信》，将美的价值观升级为 2.0 版——“感知未来”，包含五个关键词：志存高远，客户至上，变革创新，包容共协，务实奋进。五个关键词中每一个词都无时无刻不融入到组织、团队和日常沟通中，生生不息。比如，同事之间称“某工”，叫方洪波当然不叫方工，而叫“波哥”；组织和团队之间工作协同叫“拉通对齐”；找工作突破口叫“抓手”；结果“刚性”，以终为始叫“倒逼”；工作再难，任务再重都讲“刚性执行”；在工作中发现问题的人，要最终解决问题及复盘叫“闭环”。在有些事业部还有这样的子文化系统：赋能加持沉淀落地，倒逼协同反哺兼容，布局联动共建聚合，解耦集成对焦辐射。

第二，机制上，美的进一步强化了“7＋3 机制”。

比如，强化事业部制，升级为事业群，进一步拉开了组织，以适应产业多元化、跨界化以及互联网化的发展需要。同时，为适应行业周期变短变快，在事业部结构下，进一步优化 BU 运作，以确保应对新兴品牌的挑战。

以 T＋3、632 项目为代表的数字化成功升级后，实现了数字化运营、智能化产品、大数据决策等重要转型，这一转型尽管花去了十年的时间，但美的深受启发，并将此发展成一个新的业务板块：数字创新业务。中国很多企业非常想推动企业的数字化，如何确保成功？笔者作为美的数字化第一任执行组长，提炼了以下关键要素：

一是管理没有规范化前，不要谈流程化信息化；二是工时工序没有标准化前，不要谈制造自动化；三是公司没有全面实现信息化、标准化、数字化前，不要谈运营智能化；四是没有五到八年的持续投入和坚持不懈，不要谈数字化成功转型。

从本质上来说，“7＋3机制”是对人性的积极管理和激发，是组织与员工契约精神的体现，更是企业的法治精神的固化，是美的职业经理人化的象征。每个人，无论身居要位，还是一线员工，在“7＋3 机制”面前都是享受尊严、平等的，都是充满敬畏的。在美的，你可以看到包括方洪波在内的高管排队等电梯和打饭，你可以看到何享健向每一位主动打招呼的员工点头或微笑。没有一个人可以特别，没有一个人可以高人一等，唯有机制、文化、组织的强大。

第三，战略上，美的有一套战略进化系统。

这套进化系统确保公司在战略上不断地适应环境，以取得竞争优势，并保证战略目标的实现。同时，在组织功能中，美的有一套战略管理与战略落地的执行系统（人财物三条管理线、增强上下指挥权和矩阵管理权），以保证战略上的闭环能力，文化和管理上的“一个美的，一套体系，一个标准”。显然，美的利用十年的时间，实现了管理和战略的双轮驱动。“7＋3 机制”对双轮驱动的成功起到了根本性的作用。

主动变革机制是美的治理机制和营运机制中非常重要的部分，也是一个成功的企业可持续发展的保障。如果是外部环境导致公司被动变革和转型，那将是灭顶之灾。正如一句名言：“鸡蛋从外打破，是食物；从内打破，是生命。”既然“7＋3 机制”是一个企业持续成功和可持续性增长的根本支撑，建立一套适应本企业的“7＋3 机制”，无论对于第一代企业家退居幕后，还是企业基于经营环境升级，都是重中之重。接下来，我们来探讨如何建立“7＋3 机制”。

八、建立“7＋3 机制”的五步法

建立机制的最佳途径有两种：第一是构建一整套先进机制，请职业经理人去对标学习，其难点在于企业家或老板要自我驱动，自我变革和创新，从人性上讲，难度大、阻力大、会反复；第二个容易成功的方法是请专业人士做企业家顾问，驱动企业实现战略突破，推动机制再造，培养内部职业经理人，推动增长飞轮，实现可持续增长。无论采取哪一种方式方法构建基业长青的机制，根据笔者成功的建设经验，都可以用五步法，如图 10 所示：

建立机制是企业的重大战略和变革，要确保成功，必须统一思想、

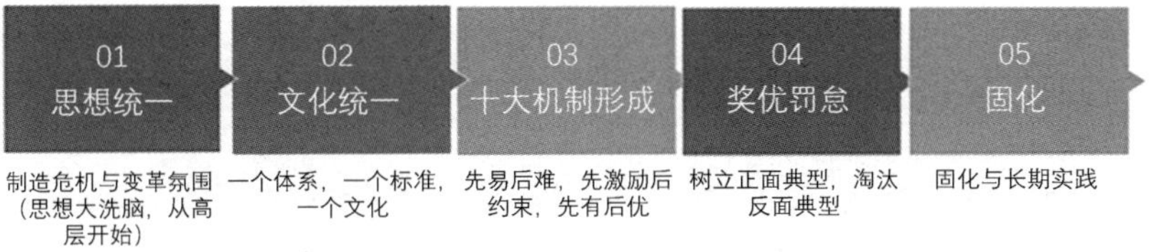

图8 机制构建五步法

文化先行。统一高管及全体员工的思想和文化，将是变革的起点和难点。为什么改变人的思想非常难呢，因为一是要克服“人性”，二是要动部分人的“奶酪”。美的在2011年的转型变革前，搭建了各种场景来进行思想和文化统一。如经营分析会、年会、电子报、专题会、变革务虚高管周会。方洪波当时有两句口头禅，足以形容当时对高管思想统一的要求：一是“要用壮士断腕的决心推动变革”，另外一句是“换不了思想，就换脑袋”。文化和思想上统一了，变革就迈出了一大步。

第三步——“7+3机制”的形成和建立。在方法和节奏上：首先，不要有一蹴而就、急功近利的想法，要做长期打算。其次，不要眉毛胡子一把抓，要从重点突破，比如从激励、分权、组织等这些机制开始，通常容易成功。再次，不要搞运动，要结合业务推动，建立机制如果不结合业务，就虚掉了。不要教条与形而上学，要讲究方法、手段、节奏。比如，可以从部分单位优先试点，可以由年轻干部率先推动，可以从点到线，再到面。

第四步，奖优罚怠，建立机制和搞业务是一个道理，要有控制点，要有评价。对于结果好、推进得力的要奖励，奖励的要点是快、准、狠，要对中基层重点奖励。对于结果不好，从骨子里一直与组织对抗、传播负能量的少数人，要进行惩罚与诫勉。

第五步，固化阶段，主要的工具是IT、模板、流程、制度，并长期坚持。

九、建立"7+3机制"的困难和解决方法

- 不可否认，机制建设非常难，涉及整个企业运行的所有要素及其之间的连接。更重要的阻力来自如下原因：
- 思想和文化没有统一；
- 内部缺乏共识；
- 没有专业的人才推动；
- 管理灰度过大，熵增严重；
- 人才密度不够，无法进行人才升级；
- 绝大多数企业老板和管理层主要聚焦在业务上，而忽视管理机制建设；
- 企业家成长认识瓶颈和固化思维。

对于以上现象，我们以理论与实践相结合的方式，给出了以下解决方法。

（一）面对中高层：文化先行，达成共识，奖罚跟上

对于中高层思想不开放，行动上对抗与抵触变革，解决方法是：文化先行，达成共识，奖罚跟上。比如，美的每次变革时，第一件事就是和高层进行变革动员，以达成共识。方洪波在2016年经营年会上用鲍勃·迪伦的名言"曾经我无比苍老，如今风华正茂"鼓励全体中高层充满豪情和使命感推动转型变革。2017年经营年会用了"心有所定，御风而行"的主题词来勉励变革的决心和定力。

（二）面对老员工：打破平衡，敢于破局，储备人才

对于老员工的反对，解决方法是：打破内部的平衡，敢于破局，克服人性中害怕变化的一面，加大人才洗练力度，增加人才密

度和储备。比如,美的在重大变革时,一般会提前加大人才梯队建设和人才储备。

(三)面对变革阵痛:强化认知,把握平衡

对于变革短期内对团队和经营工作有阵痛,解决方法是:强化高层认知力以及思想上的统一与共识,在短期的阵痛和建立机制释放的长期利好之间把握好平衡。比如,美的 2011 年的战略变革,经历了销售收入下滑的阵痛,对于外界质疑,方洪波不为所动,虽然内心非常地焦虑,但是他对内部传递的变革信号是“我们走在正确路上”“心有所定,御风而行”。

(四)主流文化不适应:文化再造

公司主流文化中家长文化、一团和气文化、人治文化重,解决方法是:进一步推动文化再造,重点植入变革文化、竞争文化、市场文化、绩效文化、法治文化及淘汰文化。比如,美的在推动文化再造时,方洪波经常会用两条谚语来警示文化再造与升级上的形而上学,一个词是“穿新鞋走老路”,另外一个词是“新瓶装老酒”。

不愿意分权、分享价值,导致“7+3 机制”建设中关键的项目缺失,解决方法是:企业文化再造,企业家突破认知障碍。

(五)机制建设不系统:自上而下推动,跟进执行结果

公司为机制建设设限,导致机制建设不系统、不全面,解决方法是:以企业一把手为首的高层要统一思想,达成共识,自上而下推动机制建设。比如,美的在管理变革时,何享健和方洪波会亲自与高管进行一对多,甚至一对一谈话,并亲自跟进执行结果,对执行结果不力的进行一对一问责。整体来说,建立机制,推动管理变革,有两个关键点:一是要强化变革领导力,二是克服人性恶的同时,要激发人性善的潜能和创造力。

建立“7+3 机制”是一项管理创新。德鲁克认为:建立创新型

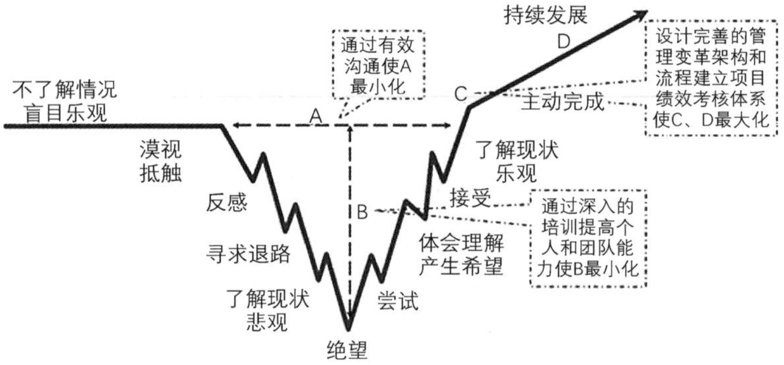

图9 建立机制推动变革人性变化V模型

的组织就是要把创新精神制度化而创造出一种创新习惯。所以，建立“7+3机制”就是建立一套持续创新的能力。

十、“7+3机制”的导入时机及七个平衡

“7+3机制”的形成，不是一朝一夕的事。所以决定要导入时，要做好长期打算，至少要五到八年的时间。企业发展到什么时候导入呢？有两个时间点，第一个时间点是一代企业家创业成功到一定阶段后，一方面企业规模和利润一直徘徊不前，另一方面自己一天到晚几乎24小时忙于业务，却没有成效，这个时候引入“7+3机制”是最佳窗口期；第二窗口期是，企业老板有意退位，传给二代或职业经理人管理，这个阶段必须建立“7+3机制”，否则风险放大且无法实现可持续性增长，甚至进入衰退期。

无论哪个点，我们认为要实现成功的机制建设，还要把握以下七个平衡：

- 一是科学与技术，尤其是企业在机制上的建设与突破，体现出是变革的艺术，所以不要只讲科学，更要注意时间、节奏、方

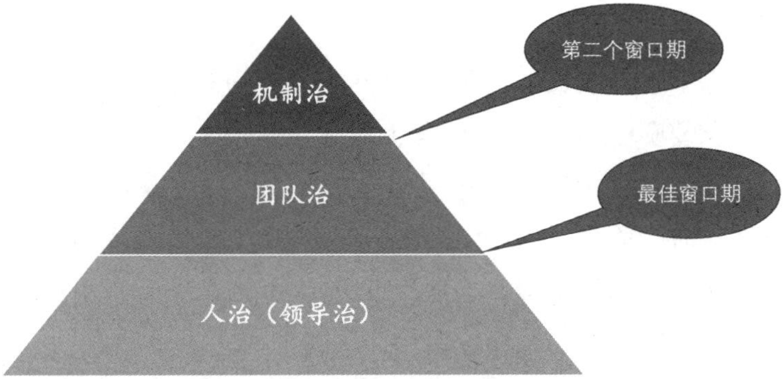

图 10　企业构建“7+3 机制”最佳窗口期

法、手段。

- 二是变与不变：变是永恒的，不变是相对的，不变的是底层逻辑和人性，变的是落后、保守、守旧的思想和行为。尤其是要突破经验依赖。

- 三是业务与管理：有业务能力没有管理体系，人治路径不可长久，也无法建立可持续发展的健康组织和优秀职业化的队伍；有管理体系，没有业务，管理体系如空中楼阁，虚无缥缈。

- 四是战略与战术：战略上要保持定力，切忌无谓折腾，战术上要不断调整、优化、迭代。

- 五是公平与公正：建立管理机制是确保增长的问题；优化管理机制则是持续及有质量增长问题。

- 六是结果与过程：管战略、目标、文化，考核结果，看过程，保持信息透明、灰度管理及操作空间，切忌绑住团队的手脚。

- 七是管理机制建设的快与慢：单点突破要快（比如，流程建设），整体上要慢，全局要稳，框架上要系统（不能老打补丁，更不能貌合神离地学标杆）。

▷ 结语

对标学习是成长中企业通常的做法，美的对标了两个企业，主要集中在2000—2008年。管理上对标GE，业务上对标三星，持续三到五年，学通学透，并创新超越。西方管理界普遍认为，一家企业或组织需经历50年以上的周期，如果屹立不倒，趋势仍然向好，则该企业或组织具备基业长青的特质。美的创立50多年，是一个经历多个经济周期仍然保持增长并持续推动变革的企业。

“7+3机制”是美的管理的精髓。在这一精髓加持之下，美的在现代化管理、体系建设、组织治理、文化再造、持续变革与经营转型、职业经理人治理、人才发展、数智化转型、财务管理等方面，对中国成长中的企业都非常有对标学习的价值。最后我们想与读者分享的是，机制的形成更取决于实践，并且要不断升级。正如管理大师德鲁克所言：“管理的关键不在于知而在于行。”

领军人才五项素质，铸就华为人才铁军

冉　涛

前华为全球招聘总负责人

从“华为现象”看人才

华为，这家1987年成立、注册资本2.1万元的民营企业，从2019年卷入中美贸易摩擦，受到以美国为首的一众强敌施压而屹立不倒。这家中国的民营企业也因此成为世界关注的焦点，更是成为中国企业的一种特殊的精神符号和管理现象。

华为的成就，我认为在三个方面体现了它的与众不同。

第一，用了32年的时间，华为成为一家让美国万分忌惮、举国打压的对象。打压绝对不是我们希望看到的，但是，在这个打压背后我们看到这并不只是某个领导者的“神经病”，而是美国科技与工商行业的共识：弄不死华为，将来它就会变成美国的噩梦。因为，华为至少在五个世界级领域中，对抗或超越着六家美国顶级的企业。

传统通信领域，摩托罗拉、朗讯两家曾经伟大的企业已经在5G时代来临前销声匿迹；芯片领域，随着5G芯片的崛起，在芯片设计上海思已经超越高通；手机领域，华为手机2020年全球出货量世界第二,已经超过苹果;操作系统领域,从 PC 时代的微软到移动互联网时代的 iOS 和安卓,美国都是绝对的定义者,华为自研的鸿蒙打破了旧格局,并很有希望在未来的物联网时代一骑绝尘;网络安全领域,华为与思科的双雄时代已经持续了很多年。

在这五个领域中,华为以一家中国本土的民营企业,对抗了摩托罗拉、朗讯、苹果、谷歌、思科、高通六家美国“现象级”领袖企业,其承受的压力可想而知!

更进一步思考,作为一家贸易代理起家的企业,华为如何在短短三十年里,在如此多的领域、如此高门槛的行业,实现了惊人的技术积累呢?

第二,五年来,华为以每年营业收入增加 1 000 亿元以上的速度在高速增长。1 000 亿元营收是个什么概念?2019 年中国企业超过 1 000 亿元营收的,一共 216 家,其中民营企业 65 家。中国 GDP 第一大省——广东省拥有 21 家超过 1 000 亿元企业,民营经济最活跃的浙江省拥有 17 家,而华为可以一年增加 1 个 1 000 亿元,这背后的高速增长机制令人震惊。更难能可贵的是,华为 30 多年的成长历史,基本上每年都在高速增长,这种持续的高增长背后是一套强大的经营体系的支撑!

第三,华为不仅在 2B 业务上大放异彩,同时在 2C 的消费品市场也能称霸世界。但其实华为最擅长的是 2G 业务(政府业务),通信市场在全球范围内本来就是各个国家主导的市场。一家企业能否穿越各种不同类型的市场呢?企业是不是行业的企业?G/B/C,三类不同行业,有不同的客户需求、行业竞争,华为是如何做到穿越的?这背后是一套以客户为中心的强大管理体系!

华为为什么能取得以上的成绩呢?解析华为 30 多年的发展历程,有战略的成功,有管理的加持,而这其中最不可忽视的是:

华为的人才!

在企业竞争当中，其实关键比的就是关键的人才。

企业竞争中大家面临的条件都差异不大，市场环境、生产资料、供应链，甚至包括能学到的知识技能、能获取的资源，其实都差不多，你能拥有的别人也能够拥有，最大的变量就是企业间的人才不同。行业里的老大之所以是老大，就是因为他的人不一样，人才的队伍越大，高潜力的人才越多，离成功也就越近。当企业拥有全行业最好的人才，何愁不能成为全行业最好的企业呢?

有什么样的人，才能干怎么样的事业。尽管华为人一向低调做事，但还是涌现出一大批领袖级的人才，如早期备受关注的产品天才李一男，一手把华为手机从贴牌机打造成全球第二大手机品牌的余承东，从零组建海思芯片团队在 2019 年一夜转正的何庭波，还有华为的主业电子通信业务的一大票牛人……可以说华为上下是人才济济。

华为是如何做到的呢? 这与华为对人才的招聘是分不开的。

1995 年，在华为刚创立七八年的时候，任正非就立下了豪言壮语：世界通信行业三分天下，华为有其一。要成为世界级的通信行业领军企业，就需要有一大批世界级一流的人才。

华为从 1997 年，就对校园招聘非常重视。当年华为就掏机票，让一大批对口院校的研究生飞到深圳玩，包吃包住。所以来了很多人，觉得不错就留下来了。

今天华为的好多高管，比如余承东等人，平时在公司可能都看不到，但是校招的时候，一定会奔赴各大高校。

2009 年华为开始招芯片的人才，当时的负责人何庭波，一来就抱怨说，“任总说给我两亿美元一年，花不了就把我干掉”。然后我们另外一个高管就说，那你就去招人去。中国最好的芯片电子专业，就数清华大学和复旦大学。何庭波就去请整个微电子专业的研究生吃饭，然后动员人家来华为，一场一场地动员别人。

为什么有这个重视程度呢？华为的校园招聘，究竟招什么？

答案是：招 10 年以后能成为华为帅才的人。

华为的领军人才五项素质

▷ 什么样的人是帅才呢？

2006 年，我进入华为开始从事人力资源工作。那一年，华为前董事长孙亚芳，从华为早期 100 位“领军人才”身上提取了成功的基因，凝练成五项基本素质，作为华为人才选拔的标准。非常有幸，我主导了将这五项素质开发成面试方法的工作，并在校园招聘中推行。

这套五项素质模型从 2006 年开始用于华为的人才评估与招聘，这些年通过大量的实践得以验证，源源不断地获取了大批的优秀人才。所以今天大家都会看到：华为人才济济，其实与这样一个模型是密不可分的，华为所有杰出的代表，从五项素质方面，都可以得到一个充分的印证。

领军人才的五项素质，即主动性、概念思维、影响力、成就导向和坚韧性。这五项素质通过洞察人才冰山以下的潜在素质，给了华为一双发现人才的伯乐慧眼，这就是华为人才基因的真正密码。

五项素质具体都包括什么呢？我们具体来看看。

▷ 第一项素质：主动性

主动性，代表的是一个人的动机，有没有强大的意愿去做事。

图 1　华为领军人才五项素质模型

一个人纵然有天大的才华，如果没有意愿，很可能也是一事无成，所以意愿是第一位的。

所谓的主动性，是指能在工作中不惜投入更多的精力，善于发现和创造新的机会，提前预计到事件发生的可能性，并有计划地采取行动，从而提高工作绩效，避免问题的发生或创造新的机遇。

这里需要注意一点，我们强调的主动性，不等于简单的积极行动，而是要有预见性，要有建设性的行为，而且这种预见性要产生好的结果。

主动性分为四个等级，0 级是“不主动”，这类人不会自觉地完成工作，都是推一下动一下，需要管理者给他布置任务、计划、监督、检查，只要一时监督不到位，工作就会停滞不前。0 级的人在组织里就是个麻烦，为什么这么说呢？一家公司的管理水平的高低，不是取决于素质最高的那群人，而是由素质最低的那群人决定的。因为有一群人老是上班不自觉，经常迟到早退，所以公司要制定考勤打卡制度，又有一群人对布置的工作不积极完成，所以又设立一个机制去监督和验收工作……这样的情况非常普遍。所以，大量的管理成本其实都是用在了少数的低素质的人身上，其实换个角度来看，把低素质的人换掉，管理水平也就直接拉高了。

主动性的1级叫"主动行动"，对于这类型的人，领导们只要把工作布置清楚了，不用催促，他就会主动去落实工作。如果我们的队伍里很多人都是主动性1级，当领导会是挺幸福的一件事，只要把工作任务想清楚布置下去，然后就等着看结果了。

主动性的2级叫"主动思考，快速行动"。对于主动性达到2级的员工，领导连工作任务都不用布置，他会主动思考该做什么，主动发现机会，并且快速做出行动，然后告诉领导一个结果。

主动性的3级叫"未雨绸缪，提前行动"，是一种穿透现在看未来的主动。这样的人不会等着问题发生，而是会尽可能避免问题的发生，甚至创造出机会来，立足于当下为未来做好准备。

主动性3级是创始人特质。很多的创业项目不是模仿来的，而是基于未来的深刻的洞察，看到了某个机会，然后从当下开始行动，而这种行动当下可能很多人不理解，是种特立独行的未雨绸缪。所以，一个真正优秀的企业家不是人云亦云，而是真正洞察到了方向，并且未雨绸缪，提前行动。

任正非曾在接受外媒采访的时候说，华为不仅5G做得好，微波也做得好，这两个合起来在全世界范围内只有华为做得最好。而华为微波产品的开发所带来的成功就是主动性3级的人才创造的。

华为微波产品的诞生有过这样一段历史：早年任正非认为微波没多大用，所以提出把微波这条产品线砍掉。但产品线总裁彭智平根据自己对市场的嗅觉，觉得这是一个好产品，于是偷偷在他的人力预算中挤出了几十号人对微波进行产品研发。两年以后，非洲市场发现埋光纤不现实，建基站成本太高，而微波是最低成本的通信工具。正在任正非万分后悔的时候，彭智平说，任总，没问题，我们的微波产品已经可以交货了。这个故事体现的就是主动性3级人才未雨绸缪的能力。

主动性的这四种类型，不是一个人的四种状态，而是四种类型的人，是人深层的素质表现，等级之间的差距几乎难以跨越。人和人真的不一样，所产生的结果也就不一样。对于企业来讲，寄期望于把一个0级的人提升为1级是不现实的，选对人比培养人要更有价值。

▷ 第二项素质：概念思维

概念思维，是指识别表面上无明显关联的事情之间的内部联系和本质特征的能力。概念思维是一种跳跃式的思维，要根据有限的信息做出全面的判断，归纳和推演出事物发展的逻辑。拥有这种能力的人，在面对复杂问题或现象时，尽管信息不全，但能够迅速抓住问题的要害；或敏锐地发现潜在的机会，高屋建瓴，一针见血，一语道破。

概念思维是判断一个人聪明与否的重要标志，要能成为未来的领军人才，个人本身是不是足够聪明非常重要，它是一个人的内核。

我们看不管是谷歌、麦肯锡，还是华为，都在满世界找聪明的人。什么是聪明的人呢？并不是说这个人掌握了多少信息和知识，而是看在有限的信息里谁更能做出准确的认知和判断。

许多商业天才早期在做出商业判断的时候，很多人都无法理解，但最后都验证了他们的正确眼光。这其实不是碰运气，而是他们能够在有限的信息中洞察到事物的本质规律，看透背后发展的逻辑，因此就能看到别人所不能理解的机遇，这其实就是概念思维。

概念思维也分成四个等级。

概念思维 0 级是“看不清，想不明”，不能准确而周密地考虑事物发生的原因，或者不能根据已有的经验或知识，对当前所面临的问题做出正确的判断。有一句话讲得很好：有的人是因为看见了才相信，有的人是因为相信了所以能看见。这就是人和人的区别。比如十年前，有人说“赶紧买房，能挣钱”，很多人不相信，觉得房价都这么高了怎么能买，然后就一直等，一直等，十年后的今天往回看已经悔不当初，这就是典型的“看不清，想不明”，没有发生的事情他就不能理解。

概念思维 1 级叫“简单类比”，指能依据过去的成功经验复制成功。虽然叫简单类比，但其实并不简单。这里面有三层含义：第一层含义是过去成功过；第二是能知道成功的原因并提炼总结；第三是能够在新的条件下复制这种成功。概念思维 1 级的人最直观的表现就是能够在擅长的领域里不断迭代，直到成为专家。

概念思维 2 级的人叫“触类旁通”，指的是这个活我没干过，但是我能透过局部的现象与有限的信息洞察事物发展的深层逻辑，然后能把没干过的事干成、干好，这叫触类旁通。

今天我们看到的很多跨界打劫的出现，就是因为创始人达到了 2 级，能够抓住这个行业发展的规律，而不是从原来的本质出发。1 级和 2 级最大的区别是 1 级只有做过、不断地总结经验去验证，而 2 级可以没做过而去找规律，这是一个巨大的提升。

概念思维的 3 级叫“深入浅出”，这种深入浅出已经不是做过没做过了，而是洞察万事万物成长的规律。

比如，爱因斯坦总结的质能方程 $E=mc^2$，这个公式非常完美，仅用了3个字母、1个数字就把能量和质量这么复杂的关系讲清楚了，当质量增加一点点，能量便会发生光速的平方的变化，想想这个能量变化是多么巨大啊。爱因斯坦这简单到极致的质量方程，奠定了后面原子弹研发的底层规律，这就叫作“深入浅出”。能达到这种程度的人，可以说是百年不遇的天才人物。

从概念思维的四个等级，我们可以看到这四类人完全不一样，人与之间的聪明程度差距可以如此之大，与不同的人共事，结果又会有怎样的变化呢？

▷ 第三项素质：影响力

影响力，是施加影响的能力，是一种试图去说服、影响或给他人（个人或组织）留下印象来让他们赞同或支持说话者的观点的行为特征。

需要注意的是，判断影响力要与管理者的权力区分开来，用上位者的权力让下级乖乖听话并不能代表影响力。影响力主观上具有让他人接受自己的想法的愿望，客观上个人并没有权力将自己的意愿强加给别人。通俗地讲，要能影响的人群是那些你管不了的人，比如客户、上级，甚至是竞争对手。

影响力同样分为四个等级，0级是“不能影响”，就是指不能有效地影响他人认同或支持自己的观点。伴随着不能影响，影响力的0级还往往表现为个人观点不明确，容易受他人影响。

影响力的1级是“直接说服”，指通过向别人讲述理由、证据或者事实、数据等方式来直接说服别人，简单讲就是“以理服人”，现实中大部分人都是属于这个类型，比如律师，经常需要引经据典，要找到事实依据去说服别人；比如财务，通过大量的数据、报表，去说服别人认同自己的专业意见。影响力1级的人常常给人的感觉非常强势，但是他们说的让你无可辩驳。

影响力的2级叫“设身处地”，通俗地讲就是换位思考，能站在对方的角度，用他的话去解他的问题。从底层逻辑来讲，这就涉及生物体的特性都是自恋的，人人都觉得自己才是最好的。那么我们在和别人的沟通过程当中，如果你能站位到别人那个角度，虽然只是一个换位，但是这意味着一切是以别人的出发点为根本出发点。出发点的不同也就区分出了段位的不同。

影响力的3级叫“综合策略”，可以采用综合策略的方式对别人施加影响，运用复杂的策略影响他人，或通过微妙的幕后操作使别人接受自己的观点，这是一套组合拳，结果是根本不给你选择的余地，不管你愿不愿意，都必须按我的计划来，即所谓的“阳谋”。最经典的例子就是“围魏救赵”，我要救赵国但不需要直接派兵跟你打，只要把你魏国围起来，让你必须撤回来自救，自然也就达到了救援赵国的目的了。

▷ 第四项素质：成就导向

成就导向，衡量的是一个人的野心与标准，指个人在工作中追求卓越而不惜投入更多努力的程度，挑战困难的野心与承担风险的程度。

成就导向的0级是“安于现状”，这种类型的人对自身没有追求，得过且过，不求个人技术或专业方面的进步。他们往往让管理者非常头疼，因为定下来的目标与计划总是难以达成，或做了但是工作质量低下。

成就导向的1级是“追求更好”，这类型的人会努力将工作做得更好，会为了达到某个优秀的标准而投入努力，我们常说的“工匠精神”就是指这类人。国内许多企业用KPI作为绩效管理的工具，但是做得好的企业却寥寥无几，究其原因，就是企业里成就导向达到1级的人太少了，而0级的人太多，所以KPI做不出效果。

成就导向的2级是“挑战目标”，他们会自己给自己设定富有挑战性的目标，并且会为达到目标而付出相应的努力。2级的人是典型的自驱型的人，他们不需要上级去设定目标，而是会给自己设定更严苛的标准，朝着心中认为的理想目标而不惜投入超越常人的努力。

成就导向的3级是“敢冒经过评估的风险”，天生对高风险有偏好，这些人会在仔细权衡代价和收益后，冒着经过评估的风险，在权衡利弊的基础上敢于做出决策，为了获取更大的成功，敢于冒险。这是企业创始人的一个重要特征，从来都是富贵险中求，创业就是一个极大的冒险，所以不会冒险、不敢冒险的人你做不了大事业的。在企业或一个团队中，我们看一把手和二把手的区别在哪里？其实就是一把手必须要做决策，做决策的人就要承担相应的风险，因为所有的决策都是在信息不对称下作出的，敢不敢冒险，这决定了一二把手的本质区别。

余承东2011年临危受命，负责华为终端公司的日常管理。当时的华为终端公司营收不过一两百亿元，而且手机产品都是为运营商定制，没有品牌，质量一般。面对这种情况，他毅然决定断臂求生，首先宣布不再给运营商代工，要做自己的品牌。这是需要冒极大风险的，可以说是置之死地而后生。有这种敢冒风险的精神，才会敢于大刀阔斧地改革，才能敢于紧紧抓住市场的需求。所以他不仅在大家都能玩的互联网领域玩得转，在以小米为代表的互联网营销企业玩不了的黑科技领域，也可以充分发挥华为的优势。最终在他的领导下将消费者业务提升到了一个惊人的高度。他的成就导向就是3级。

▷ 第五项素质：坚韧性

坚韧性，就是能够在艰苦或不利的情况下，能克服外部和自身的困难，坚持完成所从事的任务，面对他人的敌意，能保持冷静和稳定的状态，忍受这种压力。

在五项素质当中，作为一个最后压轴的项目，可以说这项素质非常重要。俗话说：人生的高点，不取决于你的起点，而在于反弹的高度。我们从小到长大，每天都会面临很多的困难，所以人生本身就是一个不断面对困难的过程。坚韧性是成功的基础。一个人只有坚持才能成功，没有经历过困难，没有经历过磨炼，是不可能走向成功的。

坚韧性的0级是“扛不住”，0级的人经受不了批评、挫折和压力，稍微遇到点压力就开始抱怨、找各种借口，然后放弃。坚韧性0级的人不能承受压力，这种人是很难做成什么事情的，哪怕其他的素质都很好，没有了坚韧性这个坚实的底座，都是没有意义的。

坚韧性的1级叫“压不垮”，在工作中能够保持良好的体能和稳定的情绪，能顶住压力工作，面对再大的困难都能咬牙坚持下来，不言放弃，这就是坚韧性的1级。但是1级的人虽然能坚持下来，但不代表能带来好的结果，他只能保证不放弃努力。

坚韧性的2级叫“干得成”，在压力中不仅能顶住压力不放弃，而且还能把事情做成，能带来好的结果，这叫“干得成”。衡量1级和2级之间的区别在于，2级的人只要把任务交给他，任何事你都可以安心等结果，他一定能把任务干成，带来好的成果。

坚韧性的3级是“解除掉”，能不受情绪和压力左右，主动消除他人的敌意或保证自己情绪的稳定，不受制于压力，还能反过来把压力解除掉。坚韧性3级的人能洞察构成的困难的根源，然后把这些困难解决掉，人生不就是坦途吗？如果人生处于顺境我就多干，人生处于逆境的时候我就退回来以退为进，其实这就是一种人生的智慧。

其实做企业也是这样的，成长过程中哪有一帆风顺的？对于企业家来讲，坚韧性的3级也非常重要，成长过程中很多问题不是抗着忍着，而是要能彻底地化解掉，只有把这些问题从根本上化解掉，企业才能从一个成功走向另外一个成功。

如果只是扛着压力前进，总有一天会被压垮。因为企业在发展过程中，面临的压力会越来越大，当做1个亿的时候，有1个亿的压力；10个亿的时候有10个亿的压力；100个亿的时候有100个亿的压力；然后到1 000亿、1万亿，积累的压力和问题会越来越多，越来越重，如果不能在过程中化解问题，谁也扛不住。

创业就是一条不归路，就是永远要去解决难题的，所以坚韧性也是考察一个企业家能否做大的很重要的素质。

▷ 运用五项素质，快速找对人才

五项素质有什么样的内在逻辑？如何在人才招聘中去应用呢？

主动性代表着一个人的一种态度、一种追求。概念思维是一个人的本体，如果一个人的本体是良好的、强大的，才可能驱动成功。影响力是一个人和外部进行能量和信息交互的场，影响力越大，场就会越大，对周边的影响也就越大。成就导向是一个人的目标追求，目标追求越远大，动力就越足。坚韧性是一个人的底，这个底构建了其人生基础。如果这个底很厚，也就是如果一个人有很强的坚韧性，他就可以在人生的历程中克服一个又一个的困难。

这五项素质反复锤炼，就构成了领军人才所需要具备的素质：

积极、聪明，有强大的场能影响他人，有远大的追求，面对挑战能坚持不懈。

值得注意的是，五项素质是用于评估选拔企业领军人才的，关注的是一个人在商业环境中要达成目标的素质基础。这五项素质是一个人冰山下相对恒定的固有特质，因此可以用它来做预测，即通过不同素质之间的高度组合，从他过往的素质行为表现推测他未来能不能干成事、适合干什么事，以此实现人尽其才。

因此，根据五项素质的评价结果，可以对应三类人才分类标准：

- 开创型人才：主动性、概念思维、影响力、成就导向、坚韧性均达到 2 级及其以上的人才。
- 守成型人才：主动性、概念思维、影响力、成就导向为 1 级及其以上，坚韧性为 2 级及其以上的人才。
- 执行型人才：主动性、概念思维、影响力、成就导向、坚韧性均达到 1 级的人才。

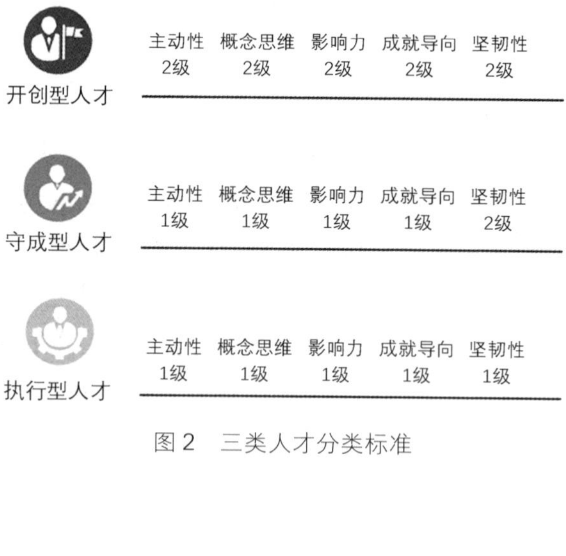

图 2　三类人才分类标准

五项素质的评估，很重要的价值就是把人识别清楚，从过去预测未来，把人放到合适的位置上，华为的录用标准是五项素质均达到 2 级。

自 2017 年我创办咨询公司以来，已经通过五项素质对 60 多家企业的管理团队进行了人才评估，其中不乏企业总裁、总经理等关键岗位，也不少来自成熟名企的管理骨干，但达到华为录用标准者不足 1%，可见人才的稀缺。

我们可以看到，五项素质中有一项为 0 级的，均不被视为人才，因为某项出现 0 级，意味着这个人在某个方面有明显的缺陷，且难以弥补，这样的人很难担当起企业领军人才的重任。如果企业花了很大的力气去培养，结果很可能是人没培养出来，企业花了很多资源不说，还可能给经营带来很大的风险。所以，某项素质为 0 级的人往往不堪大用。

执行型的人才，需要达到五项素质中没有 0 级，这样的人没有明显不足，但也没有明显的优势，他们适合做具体的执行工作，能按公司的要求踏踏实实地做好本职工作。很多的技术骨干、职业专家都是这一类人，他们虽然很难做到高屋建瓴，但总能在自己擅长的领域把事情执行到位，也是人才。

守成型人才，要求在坚韧性上一定要达到 2 级，相对于执行型人才，他们最大的特点在于不管交给他们什么任务都一定能完成，都能输出一个满意的结果。因此，守成型的人适合从事成熟业务的日常管理运营工作，擅长把打下来的江山守住，稳扎稳打，逐步发展壮大。这类人才适合大部分成熟的管理岗位。

开创型人才需要五项素质均达到 2 级，这样的人才是非常稀缺的。开创型人才顾名思义，适合负责开拓性、创新性强的工作，比如新业务的开发、新市场的突破等。他们擅长在未知领域发现规律、抓住机会、找到突破口，实现从0到1的突破，适合担任带头人的角色。这样的人往往非常聪明、活跃，对于重复性高、一成不变的工作容易缺乏耐心，所以从事常规的运营性工作可能反而不如守成型的人做得好。

对于不同的人才，应该根据其不同的特点发挥其长处，充分发挥人才的价值，做到人尽其才，这是五项素质应用的最大价值。

▷ 结语

企业间的竞争，关键拼的是几个核心人才的高低，拼的是谁能在茫茫人海中发现蒙尘的瑰宝。

五项素质模型始于华为，但不仅仅适用于华为，在四年的咨询工作中，在为数百家企业提供人才咨询的过程中我们发现，任何成功者都能在五项素质上得到印证，而企业的大部分问题，也能通过五项素质在人身上找到答案。因为五项素质的确定性，所以我们敢大胆给企业做人才建议，让企业做到人尽其才。

千里马常有，而伯乐不常有。领军人才五项素质带给企业一套可以掌握的人才识别标准，让企业拥有一双识别人才的"伯乐慧眼"，对于所有企业都极具参考意义。

华为组织如何助力业绩倍增?
——解读 LTC 流程与铁三角组织运作机制

崔 键

原华为海外地区部 TK 业务副部长

LTC 全称是从线索到回款(Lead to Cash),是华为公司在全球知名咨询公司埃森哲的帮助下,建立的一套世界级的销售业务体系。

这套业务体系支撑了华为在全球 170 多个国家,每年数千个大型项目的运作,极大地提高了华为在全球项目运作、项目管理以及项目盈利能力。LTC 业务流程以及相应的铁三角的组织运作机制,也成为我们中国众多的民营企业家争相学习、借鉴的一个标杆方法。

一、LTC 流程概述

2B 业务的大客户销售,最大的痛点是什么?众所周知,2B 业务挑战性大,复杂程度高,涉及项目金额和流程往往也很复杂。因此,它需要销售人员懂产品、懂行业、懂人情世故、知道如何处理客户关系,可能还要懂一些商务、法务知识,对人的综合能力要求非常高。这就容易产生对人的依赖性。于是,造成 2B 业务到了一定规模之后,就会遇到天花板,很难突破。在投资界有一个说法,2B 业务很难做大,就在于很难突破人的瓶颈。

总而言之，2B 业务的可复制性差，是困扰很多企业家、企业管理人员的问题。如何破解这个问题，也是大家所关心的。

华为在全球 170 多个国家运作这么多项目，每年 2B 业务产生的营业额达到 4 000 亿元规模，可以说，华为突破了 2B 业务可复制性的瓶颈。那华为是如何突破的呢？其实就是两点，一个是销售流程化，一个是销售组织化。

什么叫销售流程化？销售流程化就是把一个复杂的、具有挑战性的目标简单化，切分成很多小目标，一个小目标、一个小目标地实现。积小胜为大胜，通过不断地实现小目标，趋向最后大目标的实现。由于把一个大目标，切成很多小目标，销售难度大大降低，很多年轻的销售人员都可以参与销售活动，不再依赖于能力超强的销售精英。

什么叫销售的组织化？就是通过一个团队的努力，形成团队作战的模式去取代过去单打独斗式的销售方式。通过团队专业的互补、专业的支撑和配合，形成群狼作战模式，突破传统个人能力的瓶颈。这样对人才的要求也大大降低了。人才的门槛降低，销售的流程化，加上销售的组织化，最后汇总在一起，形成 LTC 流程体系。

简单来说，LTC 背后有三条重要的逻辑，第一条是业务逻辑，第二条是组织逻辑，第三条是管理逻辑。业务逻辑反映了我们如何去运作一个销售项目，是销售的方法论问题。组织逻辑反映了在进行业务流程运作中，如何排兵布阵，如何搭建组织架构，这也是华为著名的铁三角组织运作机制。管理逻辑是指在整个的业务流程运作过程中，我们通过哪些点去识别风险、控制风险、做评审和决策。它反映了项目管理的一些知识和内容。后面，我将对 LTC 的业务逻辑和组织逻辑进行详细阐述，管理逻辑会融合在前两个模块里，不再单列。

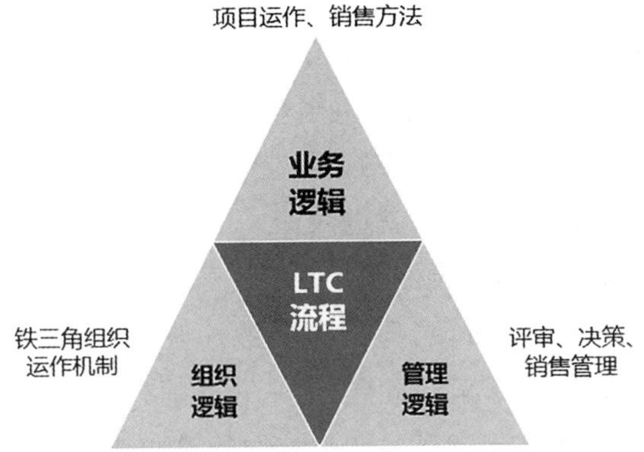

图 1　LTC 流程体系反映的 B2B 销售管理的三个逻辑

二、LTC 流程的业务逻辑

如何搭建业务流程？LTC 业务流程的起点在哪里？

答案是客户的采购流程。客户的采购流程决定销售流程，客户的采购动作触发相应的销售动作。

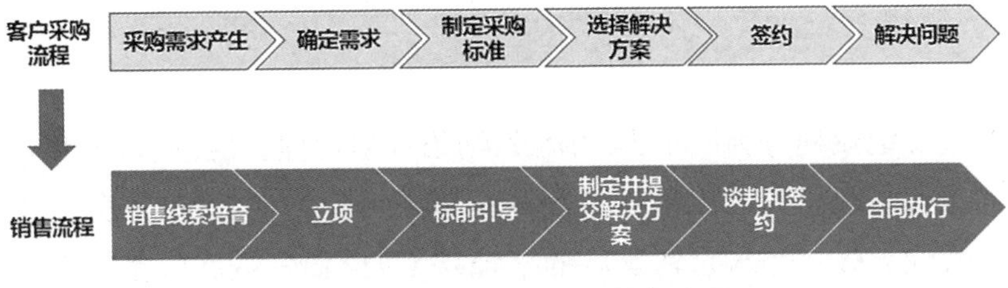

图 2　客户采购流程决定销售流程

客户的采购需求尚未产生，但是客户有强烈的采购欲望，我们的销售动作是什么？是培育销售线索，引导客户作出采购决策。

客户的需求确定之后我们要制定销售计划，排兵布阵，筹备资源。这就进入销售立项阶段。

客户确定完采购需求之后，接下来是要进行产品选型，制定采购标准，这个时候我们的销售动作是什么？是标前引导。我们要引导客户，把采购标准向我方倾斜，有利于我方。

客户确定了采购标准，就进入正式招投标阶段，这时我们的工作重心要转移到制作解决方案上。

等客户进入签约阶段，我们就要做好谈判策略的准备以及合同会签的准备，最后是解决问题，进入合同执行的阶段。

整体上，销售流程就是要匹配客户的采购流程。所以 LTC 流程的本源，一定是客户的需求。

以下是华为的 LTC 销售流程，这是一个不完整的销售流程，只体现出二级流程和三级流程。

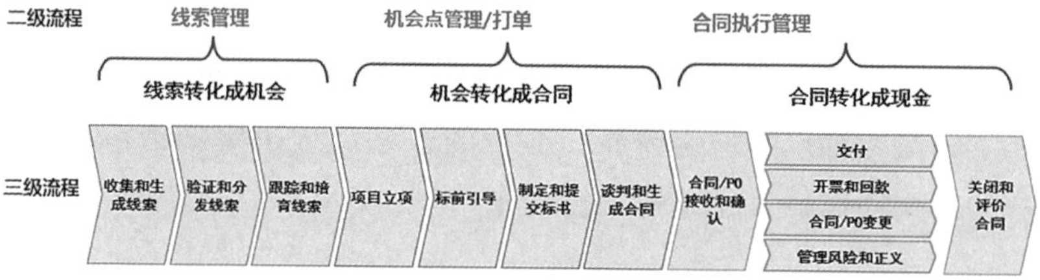

图 3　LTC 销售流程

二级流程分为三个大的阶段，销售线索管理、机会点管理和合同执行管理。三级流程就有很多小节点。华为的 LTC 业务流程一直到五级、六级，才到最后的落地层面，也就是最后的销售动作以及销售工具和模板层面。这里给大家展示的二级流程和三级流程，还是处于销售的逻辑层面。

接下来举个例子来说明，如果业务流程到了五级、六级，它是什么样的。

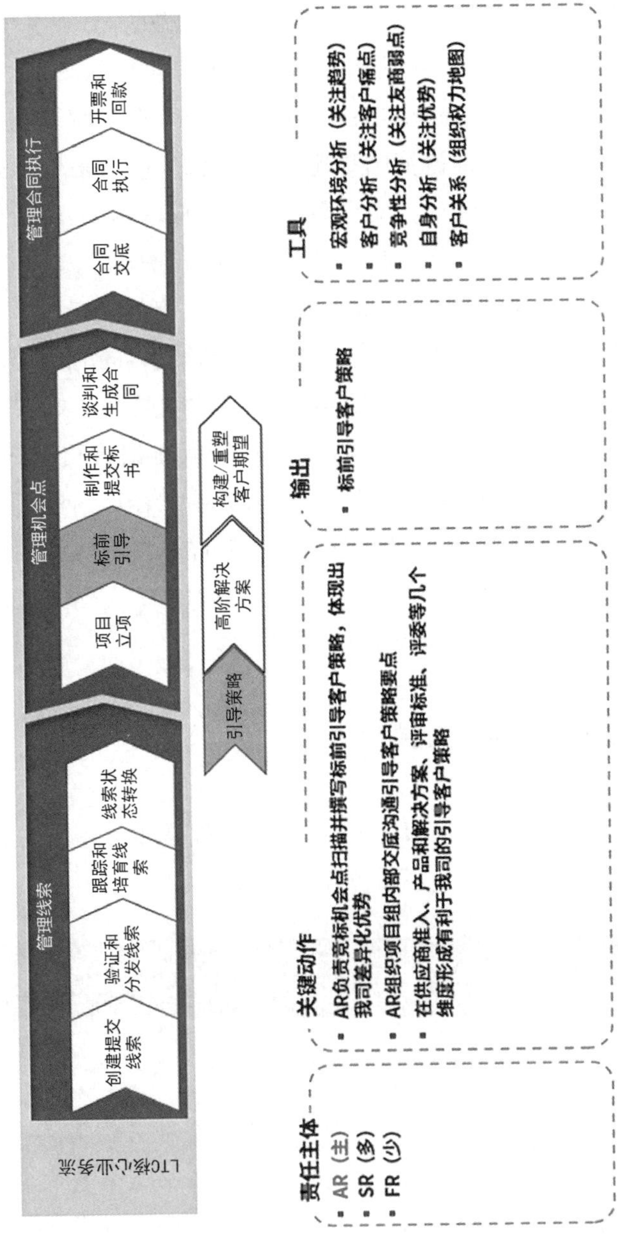

图4 某汽车集团的IT操作流程

这是我帮中国一家著名的汽车工业集团做的2B业务的IT操作流程。它是一个可视化的操作流程。大家可以清晰地看到，在标前引导这个流程节点上，实施流程又分为三个步骤。在三个步骤里，任何一个节点都被清晰地定义，谁负责，接下来他要采取什么样的销售动作，这些销售动作要产生什么样的结果，以及做这些动作需要哪些工具，并且这些工具都是模板化的。

流程做到这种程度，它就是可以落地的。有流程节点，有责任主体，有相应的销售动作以及输出什么样的结果，同时要用到什么样的工具。通过这些流程要素，我们看到的就是一个标准化的作战模板。这个标准化的销售体系，可以降低对销售精英的依赖。普通的销售人员按照这个SOP，也可以从事大客户销售工作。并且每个节点都要进行评审，这样在项目推进的过程中，我们对项目的把控能力也能得到很大的提高。很显然，LTC流程大大降低了销售难度，并使整个销售处于可控状态。

三、LTC的项目运作、销售方法

接下来，我们将深入探讨LTC业务流程是如何运作的。我们按照以下的流程节点，一一展开详细讲解。

图5 LTC流程节点

这个流程节点也是LTC业务流程的一个业务逻辑。

LTC流程首先从管理销售线索开始。什么是管理销售线索？我们暂不给出定义，先来看个案例，看看从案例中是否能找出答案。

当时在华为某一代表处，我们发现有一个客户连续两年没有新建网络、没有投资的需求。于是我们开始分析到底是什么原因导致其不愿意投资建网络。我们先跟他们的财务总监沟通，发现客户近两年的业务处于亏损边缘，也就是基于现有的网络的运营，客户是不赚钱的。我们接下来就去分析为什么不赚钱。我们把客户的财务报表和这个区域内其他的运营商财务报表进行对标分析，分析后得出的一个结论就是客户的运维成本太高了。继续进行数据的透视，发现运维成本里的用电成本太高了。用电成本造成运维成本高，这也是造成公司业务亏损的主要原因。

我们进而分析，用电成本高的原因就在于网络布局的不科学，所以我们就去跟客户沟通，说服客户，是由于现有的网络问题造成了用电成本高。我们需要优化现有网络。这样，客户网络优化的业务需求就产生了。

在我们的协助下，客户进行了网络优化，进而改善了经营绩效，盈利得到明显的改善。客户赚钱之后，就产生了新的投资需求。这样，我们就进入了良性循环。

在这个案例中，一开始没有业务需求，经过对客户问题的层层识别、深度分析，我们发现问题的症结，最终促成了网络优化业务。

这中间发生了什么？其实我们所做的一切工作，就是销售线索的管理。在2B销售场景中，销售做大量的客户拜访，80％的业务就是从客户拒绝、客户不需要开始的。客户往往告诉你，我们现在不需要，或者说我们现在已经有非常稳定的供应商。因此，2B销售就是通过一系列努力，把客户的不需要变成需要。

那么如何管理销售线索呢？销售线索基本上分成这三类，冷线索、暖线索和热线索。客户产生问题，叫冷线索。当客户意识到这个问题很严重，并且产生改进的意愿，我们把这个叫作热线索。

当客户产生了改进的意愿，又匹配预算，或者客户内部推动项目立项，这时候就进入热线索阶段。热线索也就意味着可以转为打单的过程，进入下一个机会点管理的流程。作为销售经理的职责，就在于要推动客户销售线索不断升级，从冷线索转化成暖线索，最终转化成热线索，这样业务机会才会到来。

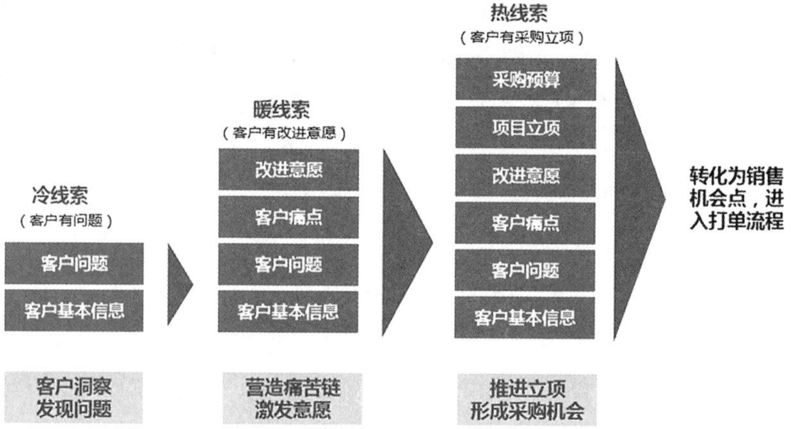

图 6 销售线索分级

那如何发现客户的问题、发现销售线索呢？这里给大家总结了几个维度。

首先是行业维度。行业的政策法规，是否有一些新的机会；消费者消费习惯的变化能否给我们带来机会；还有产业进步，技术进步，产业链调整等等。

举个例子，现在 5G 技术处于飞速发展时期，想要跟运营商沟通，让运营商投资 5G 网络建设，我们就会从社会的发展趋势着眼来跟客户沟通。比如，像工业互联网、大数据、人工智能等应用场景，都需要 5G 的基础设施的支撑。如果现在不投资建设网络，没有占据市场提前卡位，将来就可能会失去市场的竞争力。

第二个是客户发展战略的层面。我们要去分析客户，比如客户有没有改扩建的计划，有没有新开发产品的计划，有没有进入一个新领域、新市场的计划，这些往往都是我们发现销售线索的很好的切入点。

另外我们也要分析客户的市场地位、市场份额、客户满意度，客户在销售、市场、日常运营等方面面临的一些痛点和挑战。像刚才举例的网络优化业务，就是识别到客户财务表现不好这个问题。

最后一个维度就是客户工作重点。我们要特别关注客户高层日常高频抱怨的一些问题，知道业务上他关注的重心是什么。每个高管也背着 KPI，我们要特别关注他哪些 KPI 指标还没有完成，哪些 KPI 指标面临着严重的挑战。这都是我们的机会点所在。

销售工作的起点基本上就是通过这些维度去发现客户的销售线索，并且引导客户销售线索。但是大部分企业往往没有从销售线索管理开始，他们都是在被动地等着客户打电话，或者等客户的标书截止期还剩一个礼拜，才匆忙上阵，这样我们去打单和做业务，黄花菜都凉了。

我强烈建议企业把销售线索纳入日常考核中。是否有销售线索管理，其实是一家优秀的企业和一家平庸的企业的根本区别，是一个优秀企业的销售经理和平庸的销售经理之间的第一个分水岭。销售人员的责任是什么？一个是要打粮食，也就是帮企业拿订单、拿回款；第二个是增加土地肥力。什么叫增加土地肥力？就是我们不但要关心今年打粮食，还要关心明年、后年能否持续地打粮食。而明年、后年我们还有收成、还能打粮食，取决于什么？取决于你现在是否有足够的销售线索，这也是我建议把销售线索纳入到考核之中的原因，因为它是保障我们市场持续发展的源泉。

如果纳入考核，考核什么？其实就两个核心指标。第一，有效的销售线索的数量;第二,销售线索的转化率。冷线索有多少,暖线索有多少,热线索有多少。有多少冷线索经过你的推动转化成暖线索,暖线索有多少转化成热线索。控制这两个核心指标,我们的销售管理起点就能做好。

前面我们讲的是第一个阶段,即销售线索管理;第二个阶段叫项目立项。

在项目立项的过程当中,第一个动作是成立项目组。在华为要正式发文,规定每个项目组的成员以其职责和角色。

成立项目组之后,接下来是做销售计划。那销售计划怎么做呢?

首先要判断现有的竞争格局,判断我们现在的竞争位置,是领先还是落后。我们大概在什么位置上。如何判断?大家可以参考图 7 的蛛网模型。

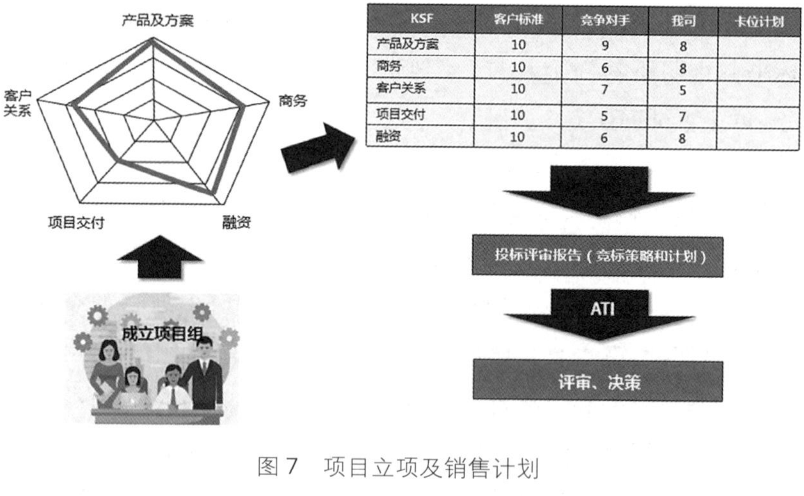

KSF	客户标准	竞争对手	我司	卡位计划
产品及方案	10	9	8	
商务	10	6	8	
客户关系	10	7	5	
项目交付	10	5	7	
融资	10	6	8	

图 7　项目立项及销售计划

根据华为的经验,打单成功的要素就是客户关系、产品、解决方案、项目交付、融资和商务。有的项目需要融资,客户要求我们给他提供融资方案。这几个维度决定了我们未来竞争的制高点。

首先要和客户的期望对标，能否达到客户的期望，这是底线。接下来，和主要竞争对手对标，看自己和竞争对手相比是领先还是落后，领先多少，落后多少。根据竞争态势，制定销售计划。

最后我们会拟定一个竞标策划报告。竞标策划报告需要进行审批，提交给业务决策团队进行评审，评审通过了，就进入我们正式的打单过程。这是整个的销售计划过程。

在这个过程中，最主要的工作就是要制定解决方案，解决方案要体现出我们的价值和竞争力。那价值和解决方案的竞争力来自哪里？这就需要对客户需求有精准理解。只有对客户需求进行精准的把握，我们的解决方案才更具有针对性，才更容易得到客户的青睐。

举一个华为经典的案例，即华为打开欧洲市场大门的例子。

欧洲市场在21世纪初是全世界通讯市场的高地，拿下了欧洲市场就可以俯瞰全世界。世界著名的跨国性的运营商全在欧洲。当时欧洲市场有一个独特需求，它的2G网络已经非常成熟，3G网络刚刚兴起，大运营商都不想错过3G这一波技术红利。但是欧洲有一个特点，就是站点获取很困难。去过欧洲城市的话，你会发现那里街道窄，建筑密集，而且欧洲的土地是私有的，征地做站点很难谈拢，即使谈拢，站点获取的成本也很高。这就大大抑制了运营商们投资建设3G网络的积极性。

当时大运营商首先找到爱立信、诺基亚他们。诺基亚、爱立信评估了客户独特的需求后，认为这需要进行定制化解决方案的开发，对他们来讲很难实现短期财务的目标，所以爱立信和诺基亚很傲慢地拒绝了。大运营商最后被逼转向了华为。

华为经过评估之后，承接下项目。经过努力，开发了一款产品

SingleRAN，一体化的基站建设解决方案。这个产品在同一个基站的基础上，也就是在原来成熟的 2G 基站基础上，可以同时兼容 3G，并且为未来 4G 网络的部署也预留了空间。这就意味着这些跨国运营商如果再建设 4G 网络，他们就不需要额外地获取站点，这就大大降低了客户的建网成本。

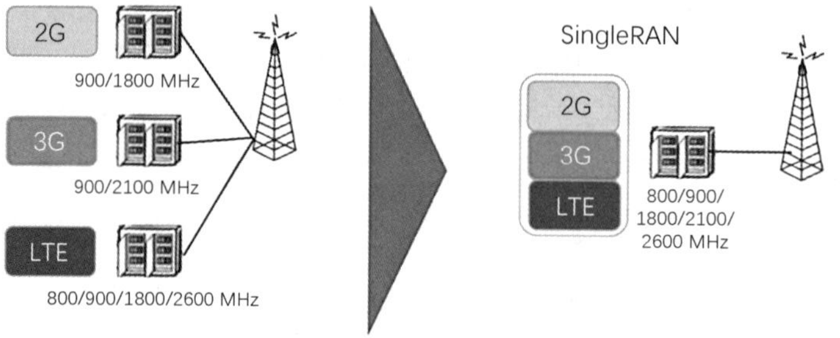

图 8　SingleRAN 一体化的基站建设解决方案

凭借着一体化的独特的解决方案，华为的产品横扫欧洲，占据了欧洲市场的 30%以上的份额。可以说华为的世界通信设备领域霸主的地位，就是从欧洲市场奠定起来的。这就是定制化解决方案的力量。

最后跟大家讲关于合同交付当中的一些问题。

第一个常见问题是合同质量不高，可实施性差。这往往是后端的交付团队经常抱怨的。销售前端为了签合同，跟客户做了很多承诺，没有考虑到项目的可交付、可实施性，给后端的实施挖了很多坑，很难按照预期完成交付工作。为了解决这个问题，华为就采用了铁三角的作战模式。

第二个问题是客户需求理解和变更造成的混乱。比如，后期交付团队对前期客户需求理解不充分。这个问题在 LTC 流程里会有一个环节叫技术交底，前端的铁三角会跟后端的项目交互团队进行很详细的技术交底。客户需求的传递，也会有一个项目交底的清单，保证需求能够完整地传递到交付团队。

另外，按照合同标的可能原来设定了一个 SOW，但在交付的过程中，客户又新增或减少了需求，这也带来交付上的一些混乱。华为早期在这个问题上就吃了很多暗亏。因此，在 LTC 流程里设置了一个核心控制点，就是客户需求变更的评审。通过增加这些环节，我们对客户需求的管理变得更加有序。

交付过程中遇到的第三个比较大的问题是成本难以控制。如果难以控制成本，就会影响盈利能力。所以华为设置了一个很重要的项目岗位，叫 PFC，也就是项目财务管理。PFC 在项目的整个 LTC 业务流程当中，对项目进行“概预核决”的全流程财务管理。什么叫“概预核决”？就是概算、预算、核算和决算。概算是招投标时的一个依据。预算是进行项目交付前制定的预算，是交付过程中成本控制的依据。核算是我们要及时对已经完成的项目进行清理核算，避免项目关闭时才进行核算会出现的混乱，一团乱麻。比如，项目标的有 100 个基站，做完 10 个基站，就要及时核算这 10 个基站的成本。最后等项目关闭的时候，还有决算，也就是对完整的项目财务的表现进行评价。“概预核决”贯穿整个 LTC 运作流程的主要环节，通过这四个点的控制，加强成本控制能力。

第四个问题是回款不及时。2B 业务的一个常见问题就是回款不及时，针对这个问题，我们也分析了原因，总结了一些办法。比如，我们设置了一个专职的催收员，实际上就是我们 PMC，即我们财经团队派驻的项目财务，他是负责去催款的，他配合的客户经理一起唱红脸、白脸，两人配合，一起去做催收，加强我们的催收的力度。再比如，项目管理的不规范造成的关键证据缺失等，导致了客户付款存在难题。LTC 流程也帮助我们加强对文档、票据的管理，使我们有效地改善回款过程中的一些弊端。

最后一个问题就是项目工期达不到预期。项目工期达不到期望，不但客户满意度下降，还带来成本上的压力。华为在IBM帮助下，做了一个集成供应链体系，大大提升了华为的全球供应链效率，有力地解决了工期问题。

以上是我们在合同交付过程中常见的问题。

LTC项目运作的流程是一个端到端的流程，是从发现客户的销售线索一直到最后完成交付和回款的完整过程。其中的核心要点和节点，就跟大家介绍到这里。

四、LTC流程的组织逻辑：铁三角组织运作机制

接下来我们学习LTC的流程组织，也就是如何进行排兵布阵，即铁三角的组织运作机制。

首先思考一下，传统营销组织有哪些问题？

在企业早期，靠着几个精干销售人员打下一片天，但随着企业到了一定规模之后，这批销售人员有的离职，有的自己创业，带走一部分客户，瓜分了公司原有的市场。而留下的那一部分，作战能力也不如以前了，因为他们作战的愿望没那么强了，变成老油条了。

在大公司，销售情况也很复杂，经常会存在这样的问题：售前阶段，销售经理在前线拼杀，得到了一些积极的反馈，回过头来，希望得到组织内部的支持，像研发部门、制造部门、设计部门、采购部门等，但发现很困难，销售需求往往得不到相关部门的有力支撑或快速响应。很多销售经理抱怨，说我们在外边跟客户沟通很容易，回到公司跟自己人沟通很难，这是非常普遍的一个问题。

在售中阶段，好不容易项目得以顺利推进，客户准备签约，公司内部要进行合同的评审，各个部门分别发表意见。研发部门可能会说技术方案还不成熟；财务部门可能会说达不到盈利预期，需要跟客户再去谈价格；采购可能也会抱怨交付周期承诺有问题，采购不一定能赶得及交付时间。

总而言之，每个部门之间的目标是不一致的，立场也不一致。所以在合同评审的时候，表现出各个部门之间互相扯皮，造成合同会签很困难，

在交付的时候，又存在大家互相抱怨甚至指责的情况，交付部门抱怨销售挖坑太多，销售说交付部门能力太差，出现组织内部的一些张力和不和谐。

如何打破弊端，如何解决存在的种种问题？

在一次偶然的机会，华为找到了解决方案。当初非洲的一个代表处，有一次参加了客户招投标工作，惨败而归。

当时代表处领导召集大家开会，分析问题症结到底在哪里。最后，命令客户经理、解决方案经理和交付经理，以后你们三个人就不要再分开，就在一起办公、一起见客户、一起做方案、一起理解客户需求、一起去跟客户做演示沟通。

就这样三个人经过一年时间的磨合，工作默契度非常高，并且对客户需求的理解也变得非常强。第二年投标，华为的解决方案得到客户的高度赞赏。后来总部抓取到这个信息，得知了他们成功的经验。任正非也敏锐地察觉到，这可能是华为进行组织变革的一个很好的启发。所以，公司内部开始研究铁三角作战模式，把这种模式进行系统化的总结提炼，形成一种制度，在部分代表处进行推行成功之后，在全公司进行推行，从此铁三角开始扬名天下。

后来铁三角作战机制也慢慢暴露出一定的弊端，是什么弊端

呢？随着前线业务越来越多，属地管理的铁三角也越来越多，造成了有的代表处人员特别臃肿，好多专家级人物、精兵强将全部堆积在这里，而同时一些新的代表处却没有铁三角。也就是人力资源的不平衡性以及人力资源的不流动性。

所以华为又在思考怎样做进一步的改革，让前线的人员配置更加灵活多变。后来公司从美国军队的作战模式中得到启发。现在美军前线是一个小分队，可能只有十几、二十几个人，这个班组在前线侦察到敌情之后，他向后端呼唤炮火，后端的巡航导弹就呼啸而来，对作战目标进行精准覆盖。

于是华为在铁三角的基础上，又继续进行组织变革和优化，进入3.0阶段，也就是班长的战争。班长的战争本质上来讲还是铁三角，不过是一个能够灵活机动部署的铁三角组织架构。

我们来看铁三角的基本模型。模型有三个角色，第一个叫客户经理AR，第二个叫解决方案经理SR，还有个交付经理FR，这三个角色紧紧围绕着客户。为什么是这三个角？为什么是客户经理、解决方案经理和交付经理，而不是其他的角色？这是由项目的成功要素决定的。华为认为，做项目的成功要素就是解决方案、客户关系和交付，有时候还包含一些融资和商务的需求。但核心的就是解决方案、客户关系和交付，所以华为的铁三角就是这三个角，围绕着项目成功要素配置资源。当然不同的行业、不同的客户类型、不同的业务的属性，未必是这三个角色。

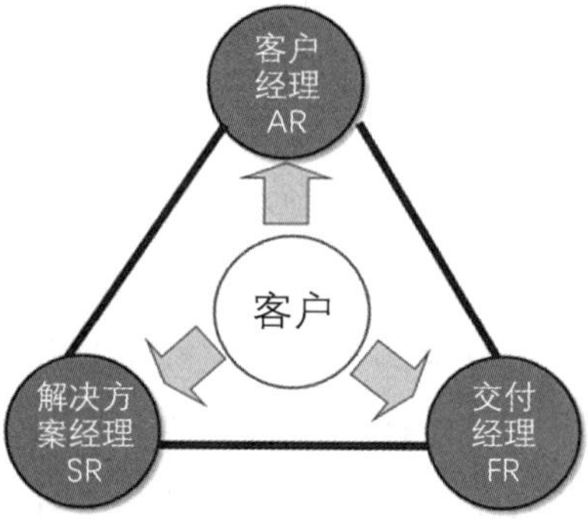

图9 铁三角模型

在华为,这三个角我们也称之为 CC3。

第一个 C 是 Customer,客户;第二个 C 是 Centric,中心;3 是指三个角色。CC3 就是以客户为中心的三个角色。

我们把铁三角的模型继续放大,形成铁三角项目组的配置。

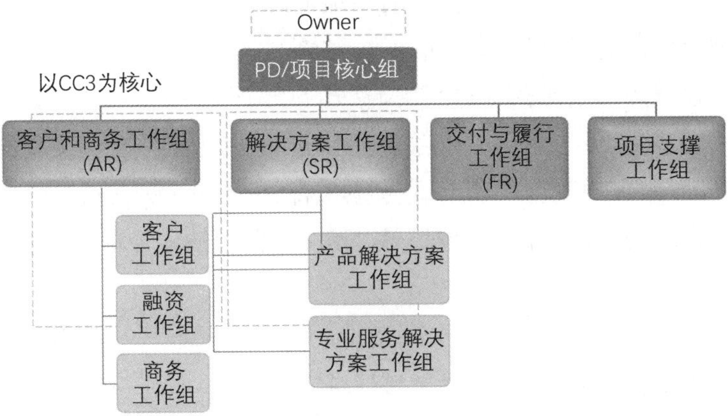

图 10　以 CC3 为核心的销售项目组

铁三角并不是三个人,而是三个角色,每个角色下边往往是一个小团队。比如,解决方案经理 SR 可能涉及多个产品线,那卷入的就是多个产品经理。客户经理 AR 这条线也不仅仅是客户经理一个角色,还有商务、法务、财务等等。

那 CC3 解决了什么问题,达到什么效果呢?

横向,它打破部门壁垒,实现了从线索到回款业务的全流程的贯通,也就是 LTC 整个业务流程,铁三角从头到尾参与。这就有效地避免了过去铁路警察各管一段、部门之间不能有效沟通的问题。

纵向,通过铁三角,我们拉通公司整个的流程,集成了公司各个业务支撑单元,实际上就形成了集成的作战系统,也是集团性作战。我们过去是销售经理一个人在前线单兵作战，而现在是集成作战体系。销售、项目管理、供应链、采购、服务交付和财经等，全部卷入到前线作战场景里。如果单兵作战，任你十八般武艺，武功再高强，也干不过一个装甲洪流。所以这就是我们铁三角真正发挥的威力，它并不是说三个人简单地堆砌在一起，而是通过三个角色把公司所有的资源都拉通、卷入进来。

铁三角在实际落地过程中，有以下几个关键点。

在华为，铁三角是整个项目运作过程中跟客户唯一关联的工作界面，跟客户发生的所有业务往来都必须通过铁三角。任何人无论你职级多高，都不能越过铁三角，去直接插手业务、跟客户发生业务往来。

为什么铁三角在很多公司落地的时候效果不好？因为他们的利益机制没有完全打通，只把目标绑定在一起，而利益没有绑定在一起。在华为，铁三角的 KPI 基本是一致的，KPI 的交叉覆盖率能达到 70%。就是说我的任务如果完不成、KPI 指标达不到，你大概率也是达不到的，反之亦然。在华为，薪酬结构已经实行年薪制，基本上所有的角色，不会跟具体的某一个项目进行直接关联，而是一个综合考核。

规定了清晰的工作界面，实行了绩效考核，也许诺了利益分配机制，但是如果没有足够的资源支撑他在前线打仗，铁三角的有效运作也是会大受影响的。所以在华为，对前端铁三角的授权非常之大，有一个总体原则，就是仗打不打、这个单子做不做以及如何做，是前端铁三角说了算。总部的审批功能越来越弱化，总部是做资源建设、提供炮火的。也就是在整个流程运作过程中，要尽量地把权力上交，把权力交给我们懂业务、在前线的人。

另外我们赋予铁三角以角色两面性，什么叫角色两面性？对外,他代表公司的角色,需要去了解客户需求,跟客户发生商业上的往来,争取利益;对内,他就是客户的角色,是客户驻场代表,他把客户的需求传递给组织内部,并且代表客户监督组织内部有效地履行对客户的承诺。为什么叫客户经理?是因为他要代表客户。

任正非强调:"我们后方配备的先进设备、优质资源,应该在前线一发现目标和机会时就能及时发挥作用,提供有效的支持,而不是拥有资源的人来指挥战争、拥兵自重。谁来呼唤炮火?应该让听得见炮声的人来决策。努力做厚客户界面,以客户经理、解决方案专家、交付专家组成的工作小组,形成面向客户的'铁三角'作战单元。"

五、LTC 流程价值

最后我们来说一下 LTC 的流程价值。

第一个价值是系统化地提升项目运作能力,形成可复制的标准化作战模型。我们看到在 LTC 整个流程的体系中,有流程节点,每个流程节点我们赋予责任人以具体的任务,每个责任人要做哪些销售动作,这些销售动作要输出什么样的结果,以及做这些销售动作需要什么样的工具。这就是一套标准的作战模型。有了标准的作战模型,我们就大大降低了对人的依赖。这样一来,企业将不再依赖个别的销售明星。华为整个团队的平均年龄是 27 岁到 28 岁之间,当年我带团队的时候,我们的平均年龄是 27.5 岁,其实也就是研究生毕业没几年,这么年轻的单纯的一个群体,做的都是上千万美元的项目,没有这套体系的支撑,是很难想象的。

第二个价值是端到端地拉通销售流程,打破部门墙,提升各部门间的协同。我们把各个相关部门拉通到整个 LTC 流程的体系中，打破了铁路警察各管一段的局面，提升各部门之间的协同能力，形成集团化作战的形态，打破个人英雄主义，形成团队作战的氛围。

第三个价值就是我们通过赋予铁三角对外的角色和职能，拉通整个后台的资源，形成对项目的饱和攻击，也就是我们所说的“让听得到炮火的人呼唤炮火”在华为能成为现实、能够落地。

最后一个价值是通过对铁三角的充分授权，使决策前移到作战一线，使一线作战能够快速地响应客户需求。这样我们就不会贻误战机。

当然 LTC 变革的价值还远远不止于此，我这里阐述的是几个核心的关键点。

四、科技赋能

技术科学的无尽疆域：人工智能的未来

黄铁军

北京大学人工智能研究院副院长，信息科学技术学院教授

什么是智能？大家对此有各种各样的理解。我认为智能是一个系统通过获取和加工信息而获得的能力，从而实现这个系统从简单到复杂的演化。

如果我们把系统理解为生物，这个定义就很容易理解。生物的进化过程以及生物从简单到复杂的演化过程，其实就是一个智能不断提升的过程。在这个过程中，生物通过获取环境中的信息，并且对信息进行加工而逐渐变得越来越复杂，智能程度越来越高。

我们把智能定义用到机器上，也就是机器智能，它仍然是成立的。也就是一个机器系统，通过获取和加工信息可以实现能力的提升，这种能力就是机器智能。我认为“机器智能”这个词比“人工智能”更好地刻画了这样一种以非生物为载体的新的智能形态。

生物学讲的生物智能背后的科学，我们称为脑科学。脑科学研究的对象是大脑以及大脑的智能现象。脑科学有一本书叫《自然科学的最后疆域》，意思是说大脑是自然科学最复杂的对象，智能是自然界中最复杂的现象，对其背后规律的研究就是自然科学的最后疆域。

相比之下，我们对机器智能产生的智能以及机器智能背后规律的研究，是一个长期研究的学科方向，它属于技术科学的领域。因为我们制造的机器越来越复杂，产生的智能越来越强，那么对其背后规律的研究也是无穷无尽的。所以我说机器智能科学是技术科学无尽的疆域。

一、人工智能百年史

首先我们来看过去上百年的人工智能发展史。

人工智能这个概念是在 1956 年的达特茅斯会议上提出来的。以 1956 年作为起点，2016 年作为界限，这 60 年大致来说人工智能可以分为前半期和后半期。前半期主要是以符号主义为代表，通过给机器灌输规则，甚至灌输知识，让机器执行的这样一种思维方式在主导。后半叶也就是在 1985 年前后发生了变化，通过机器学习的方法，让机器从数据里面学习规则和知识来发展。那么今天我们讲的人工智能主要是后半叶思想的一个产物。

我们讲智能，不能忘记这些智能是在机器上产生的，什么样的机器其实决定了智能的水平。1956 年之所以出现人工智能的概念，很重要的原因是 1946 年人类发明了第一台计算机。后面的 10 年时间，大家开始思考在计算机这样一种新型机器上可以发生什么样的学习以及其他的智能行为。

那么在计算机出现之前，实际上大家也在思考机器智能是怎样的。其中比较有代表性的是英国数学家图灵提出的，这种机器可能不仅仅是我们今天理解的计算机，它是像生物大脑一样的机器。

人工智能前 30 年和后 30 年的转折时期，除了机器学习这个重要的新的研究方法出现，在机器的研究方面也有很大进展。也就是在 1986 年前后，全世界范围内开始了神经形态这一研究方法，计算神经形态工程的这种新的智能机器研究也一直在进行。到 2016 年，全世界至少有三套计算系统已经上线运行，它不是用传统的，而是探索全新的体系结构。基本上这些机器的理念就是模仿生物大脑的神经网络结构，来重现生物大脑的信息处理能力以及大脑所具备的其他功能。

按照这样的方向发展，从 2016 年往未来看，有很多的研究方法。比较有代表的是通过构造新的机器，然后训练它产生智能，甚至于超越人类的智能，很有可能在 30 年左右的时间得到实现。这也是未来人工智能发展最引人注目的方向，就是超越人类的强人工智能。

简单回顾人工智能发展史，可以发现对人工智能的研究，尤其是对人工智能未来的预测是很难的。但从本质上看，智能是一种功能、一种现象。我们真正预测未来要看的不仅仅是智能本身，也要看实现智能所依赖的机器载体的变化，这种变化会带来根本性变化，这也是我们预测未来的一个主要依据。此外，任何机器，不管是计算机还是更复杂的机器，都离不开学习，通过学习实现能力的不断提升。

这是我对人工智能过去历史的一个总结，也是对未来预测的基本出发点。智能为用，机器为体，学习为魂。通过这种基本思想，我们来看机器会怎么发展。

二、现代各国的人工智能研究

这几年人工智能主要是深度学习、强化学习这些机器学习方法的改进，与大数据的出现、大算力的提升合在一起，形成了今天人工智能的一次浪潮。未来大家自然而然地就会想，是不是更多的数据、更大的算力，再加上机器学习的发展，人工智能就可以线性地发展下去？我认为未来 10 年、20 年甚至更长的时间，可能要跳出这样一个线性思维，而要从本质上思考未来的智能系统要干什么。我认为未来智能系统的基本任务是要在自然环境里，进行开放环境下的探索，面对真实的挑战去解决问题。实现这种智能，它应该是一个模型，这个模型我认为是仿生物神经系统的模型，而这个模型的运行需要出现性能上超越生物大脑的芯片，来构造大型的机器系统。这是我对未来的一个基本判断。

在计算机上能实现什么样的智能，这也是人工智能发展历史中大家一直思考的问题。1936 年，可以说在整个计算机科学甚至于人工智能的第一篇重要论文里，图灵清晰定义了理论的边界。图灵构想出一种通用的计算机器，这种计算机器它可以去计算数。而在实数域里，更多的数实际上是不可数的，所以计算的能力范围限制在有限范围之内。那么这个计算本身到底能解决多大的问题，或者说是不是人脑所有的智能都可以通过计算进行表示，这一点图灵并没有给出明确的答案。

大家也还在争论，但是我们有理由相信大脑能做得更多。比如，大脑是一个动力学系统，可以无中生有地涌现出新的东西。我们可以冒出新的想法，但是作为一个计算、一个严格的机械过程，它是不能无中生有的。所以在这个意义上，大脑有很大的可能性超越计算。

怎么构建一个超越计算的大脑？这个问题一直有多方面的研究。生物大脑的进化速度相对研究来说是很慢的，但是机器大脑的发展边界是无穷无尽的疆域。为什么我们非要去研究大脑？研究超越计算的新系统，或者研究更强的算法是否可以？实际上我们可以看到目前人工智能有很多需要完善的地方。比如说人脸识别系统，只要在人体或者是人的额头上贴上对抗图片，那么这个人脸识别系统就会被骗过去，它就看不到这地方有张人脸，更别说识别出来。主要的原因不是说靠什么方法或者是简单的增加数据训练能解决的，而是要重新思考智能模型。

实际上生物视觉系统，它在做识别背后的物理基础是一个复杂的生物神经网络，神经网络的复杂性跟深度学习的人工神经网络相比，是远远超越生物系统的，所以它不能轻易被骗过。现在的深度学习还远远没有抓住人类视觉系统的复杂性，所谓的深度学习感知超越人类只是在某一些方面的指标。在1948年的时候，冯诺依曼就提出过一个看法，他说："生物视觉系统最简单完整的模型就是视觉系统本身，大脑最简单的完整模型就是大脑本身，任何形式的简化描述都会使得事情变得更复杂，而不是更简单。"也就是说你如果试图实现生物视觉系统具备的那些功能，比如说不那么轻易被骗，你就得有一个跟它一样的神经网络才能达到同样的功能。偷工减料，一个简化的模型，就想完成同样的功能是做不到的。

图灵在计算能做什么、不能做什么方面也有很多思考，但也没有一个确定的结论。比如，1943年初，图灵在访问贝尔实验室时，就和香农讨论过机器能否学会思考的问题。香农提议可以把"文化的东西"灌输给电子大脑。而图灵反驳说："不，我对建造一颗强大的大脑不感兴趣，我想要的不过是一颗寻常的大脑，跟美国电报电话公司董事长的脑袋瓜差不多即可。"在1948年，图灵写了一篇论文，讨论的是让机器表现出智能行为的可能方案，其指导原则就是模仿大脑。1956年，图灵发表《形态发生的化学基础》，这篇文章明确地提出，真正的智能机器必须具有学习能力，而制造这种机器的方法就是先制造一个模拟童年大脑的机器，再教育训练它。所以图灵的出发点很清楚，他并没有说设计算力越来越强的计算机就能实现智能，而是要模仿人的大脑。经过六七十年的发展，这方面已经有很大的进展，他们曾经的梦想在未来的几十年就有可能实现。

现在大家在媒体上可能关注到一些关于人工智能未来的观点。2014 年开始，霍金和马斯克公开宣称人工智能的价值难以估计，但同时人类也可能招致灭顶之灾。他们都参加一个机构叫“生命的未来”，是 MIT 的一个研究机构，该研究机构在 2015 年 1 月 12 日发布一封公开信，这份公开信是在 1 月 2 日至 5 日举行的人工智能未来大会上形成的一封信。

这次大会讨论了超越人类的这种强人工智能什么时候出现。有的专家认为永远实现不了，有的专家认为可能在几十年之内就实现。把专家们的预测按照时间长短排序，那么其中位点的时间就是 2045 年。那也意味着有超过一半的人认为，在 30 年左右就有可能实现超越人类的智能系统。当然我们更要关注怎么去应对这种挑战，所以他们就发表了刚才提到的那封公开信。

在 2019 年的一次会议上，主要围绕有望彻底变革现在经济与社会的通用人工智能，探讨其技术实现方式、未来 AGI（通用人工智能）的机遇与挑战，以及确保未来设计出来的 AGI 造福于人类发展的措施。在这次会议上，与会专家初步达成了十项共识，即 AGI 应当追求的十大目标，依次是：物质充盈、渐进主义、人类福祉、多样性、可持续性、繁荣、和平、幸福、无疾病等。

现在一个研究方向叫“类脑计算”，就是我们先要知道大脑功能背后的机理原理，然后基于原理去做算法、做模型，我认为这种想法是有问题的。因为这里设定的前提，也就是我们清楚生物大脑智能背后的机理这件事情，比做出一个具有同样功能甚至于超越它的功能的机器更难。我们不应该等我们揭开生物大脑奥秘的时候开始，而应该从模仿生物神经系统的结构开始。比如，飞机的发明并不是空气动力学的原理理论指导的结果，飞机发明先于空气动力学。1903 年，飞机就发明出来，但空气动力学实际上是在 1939 年和到 1946 年才初步建立起来。

同样我们做未来的智能机器，要先发明机器，这个机器拥有一定的智能的功能，至于弄清智能的功能是如何产生的，那是下一步的事情。我们第一步是要把机器做出来，而不是要理解智能背后的原理，不是我们不想理解，而是说那是一个更难的、更长远的问题。

作为空气动力学理论的提出者，冯卡门也是这样的一个研究过程。他说科学家发现现存的世界，工程师创造未来的世界。我们今天面对未来的人工智能系统，要做的是创造具备强大智能的机器，而不是等科学家告诉我们智能的原理，反而应该是我们先创造出机器，然后给科学家的智能研究提供新平台。

要构造这样一个大脑电子系统，实际上我们需要生物神经元的数学物理模型作为基础，这个问题已经解决了，在 1963 年的诺贝尔生物奖和医学奖就是授予了这样一个模型。

构造这个系统也有一个过程，我们可以从简单的生物大脑开始，不是上来就构造几百亿神经元的人类的大脑。目前大家正在做的是果蝇级别的大脑，它有 302 个神经元。

这方面全世界都在进行各项研究。比如，2018 年，美国工程院提出 21 世纪的 14 项大挑战，其中一项是大脑逆向工程，就是解析人的大脑。北京大学有一个分子医学研究所，研究开发的仪器可以清晰观测神经系统中突触的产生和生长的过程。2019 年，中国的国家重大科技设施已经开始建设多模态、跨尺度生物医学成像设施，就是要提供大脑的结构和功能成像和神经网络成像，要给出这样一个蓝图。

更早的 2005 年，在一些生物数据的基础上，瑞士联邦理工学院做了蓝脑计划，他们通过几年的努力，在 2009 年构造出来一个 1 万个神经元和几千万个突触连接的一只大鼠的新皮质柱模型，模型大脑出现了 γ 振荡现象。

2013 年，欧洲人类大脑计划正式启动，其中的一个核心任务就是构建一个精细大脑模型。美国脑计划从 2013 年开始，开发新的技术探知大脑，对大脑的结构功能进行成像，目标是绘制出像人类基因组图谱一样的人类大脑动态图。

2016 年 4 月全球脑计划研讨会（Global Brain Workshop, 2016）提出：10 年内希望能够完成包括但不限于以下动物大脑的解析：果蝇、斑马鱼、鼠、狨猴。2019 年 1 月，MIT 和霍华德・休斯医学研究所（HHMI）成功对果蝇的完整大脑进行了纳米级成像。2019 年 8 月，谷歌与霍华德・休斯医学研究所（HHMI）和剑桥大学合作，开发 Neuroglancer 软件自动重建整个果蝇大脑。切片精度 40 纳米，整个大脑 40 万亿像素，实现神经元级结构分析，突触精度还需努力。

北京市也在 2015 年春天，组织了“脑认知与类脑计算”专项。专项目标是设计开发神经形态器件，也就是模拟神经元神经突触的电子器件，构造相应的芯片和系统，对视听感知、自主学习这些功能进行时限验证。经过五年的努力，我们也取得了一定的进展。

总的来说，目前进展大概到果蝇大脑研究这样的一个阶段，果蝇大脑有几十万个神经元。现在对果蝇大脑进行精细的扫描重建，对它的升力过程仿真也都在进行中。

这里我想说明的比较重要的是，一方面我们是在逼近生物大脑的过程中，另一方面我们要谈神经网络的规模，比如像刚才说鼠脑有1亿神经元，狨猴有10亿神经元。另外我们对神经元仿真的精度也要达到一定的程度。我所在的北京大学研究组这几年一直在做这方面的工作，对模型进行优化，现在做到的性能差不多是神经科学领域应用最广的一个仿真平台。我们希望通过几年的努力，在2025年的时候能做到鼠脑的高精度仿真，2035年做到人类大脑的精细仿真。

三、智能之源：视觉感知的探索与发展

视觉是智能中目前应用最广的一个方向，可以说是智能的源头。如果一个系统没有视觉，我们很难想象它能够发展出高级的智能。

人类大脑是一个复杂的系统，视觉的功能非常强大。我们70%的信息获取都是视觉来的。我们的每只眼睛背后都有上百万根神经纤维通向大脑后脑勺的视频区域，向它源源不断地发放神经信号。举个例子，当光刺激眼睛时，10毫秒，视网膜完成光电的转换和编码；35毫秒，视网膜就把这样的一个信号变成一个神经脉冲，通过神经纤维送给大脑；55毫秒，大脑皮层接收到信号开始做出响应；100毫秒，大脑中专门人脸识别的敏感区，它能感觉到眼前出现人脸；200毫秒，它能对眼前的事物进行分类和识别。这样一个大概的过程我们现在都是知道的，但是对这里边的细节所知很有限。

所以在北京市脑计划的支持下，我们进一步了解生物视觉加

工细节。一共有 3 个组协作研究。来自北大的生命学院和医学院，他们负责对生物视网膜以及生物视皮层进行观测。我这个课题组负责从前面两组拿到生物数据，在计算平台上做高精度的仿真。

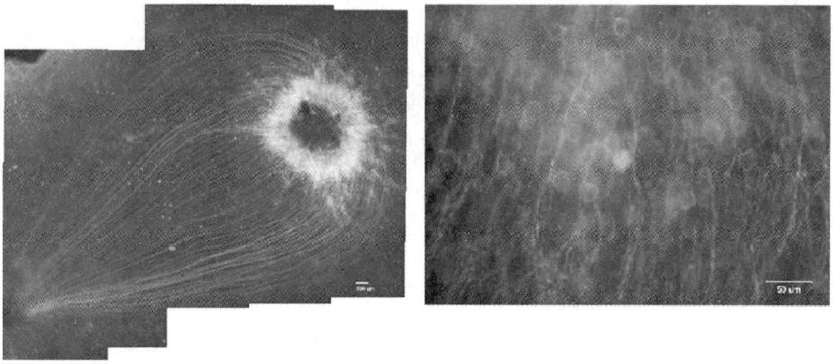

图 1　猴视网膜解析

比如图 1，这是一只猴子视网膜神经网络的扫描的结果。左图接近圆心的就是猴子视网膜的中央凹区域，那些一根一根的线就是神经纤维，这一束神经纤维大概是 100 万根，它进入我们的视皮层形成视觉。

对视网膜中的细胞经过高清晰的成像后，我们就可以看到它的结构。右图是一个神经节细胞，中间的是神经细胞的胞体，下面部分是树突收集信号的，右上角的是轴突，也就是神经纤维把信息送给大脑视皮层的细胞。

通过生物实验得到的这一结构后，我们对它进行高精度的重建，主要包括两个内容。第一是形态。就是类似于电镜扫描的结构，把它在计算机上重现出来。第二是用电极测量生理数据，通过电让它接受不同的刺激，产生脉冲响应，用模型进行表示。在这个

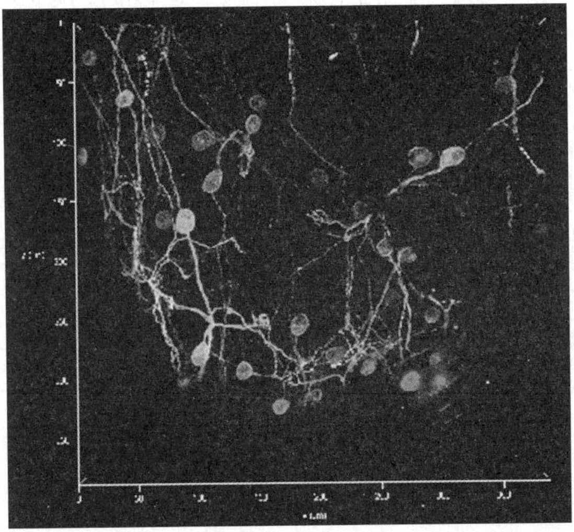

图2　中央凹

过程中要调很多参数，才能用方程去刻画神经元的生理过程。

我们采用这种方法仿真出了细胞，图 2 中就是视网膜中的中央凹区，也就是我们视觉中最精细的那一部分。这部分的神经元细胞大概有十几种以及相应的连接，每一个都做精细仿真，然后按照生物连接结构，把它连成一个网络。

在此基础上，我们开始做电子实现。刚才是纯粹从科学研究的角度把它仿真出来，下面要做的是按照这个模型去设计芯片，希望能够代替今天用的摄像头。芯片采用的是生物原理，当然它比生物神经网络的过程要简化很多，否则在今天的常规芯片供应下是做不出来的。简单来说，这个模型就是把光信号累积到一定阈值之后，如果超过阈值，它就发放一个神经脉冲。这也是生物视网膜做的类似的事情。

按照这种方式设计出的视觉芯片，它的工作方式就跟大家熟悉、现在常用的视频方式完全不一样。现在的视频实际上是每一秒钟采集几十幅图像，电视是每秒钟 30 帧，电影是 24 幅图像，在无人驾驶里可能用到 50 幅或 100 幅画面，也就是每秒钟采集几十幅图像来记录视觉过程。

生物不是这么做的，生物从来没有采集一幅图像，再把这幅图像送给大脑，而是像刚才说的，它把光的变化过程转换成神经脉冲的方式。视达芯片也是做同样的事情。

对于视达芯片能达到的效果，举个例子，我们把装有视达芯片的相机拿到高铁上。我们知道中国高铁的速度是每小时 350 公里，用这个相机去拍对面开过来的另外一辆高铁，这两辆高铁错车交会的时候，它们的相对速度是每小时 700 公里，两列高铁之间距离不到两米。可以发现，相机可以清晰地拍到这次高速列车交汇的画面。如果用传统高速相机要达到这样一个效果，可能需要几十万的相机才能做到。但是，用装有视达芯片的低成本摄像头加上就能做到。此外，装有视达芯片的摄像头还实现了更高的要求，不仅能够用生物视网膜的方法把信息采集下来，还能用类似于生物脉冲信息处理的过程，来实时识别高速目标，并且进行跟踪。

四、结语

实际上我们今天讲的未来智能系统，结构上是模仿生物大脑，但是在性能上是超越生物大脑系统的。因此未来的人工智能超越人类，可能跟大家想象的场景有所不同。比如，在好莱坞电影里，经常会出现机器人跟人类作战的场景，那是因为大家把机器人想象得跟人一样，只不过在某些能力方面比人类更强大，当然有的方面人类比机器人还强大，所以最终还是人类的英雄战胜了机器人。

但实际上这样的场景我认为不会发生，因为机器人的速度比人类可能要快多个数量级，它以高速的方式运行，人类根本没有通过枪、子弹的方式来跟机器人交战的可能性。

交流电发明人尼古拉·特斯拉在1896年讲："我认为任何一种对人类心灵的冲击，都比不过一个发明家亲眼见证人造大脑变为现实。"在科技发展的推动下，我们很有可能在未来30年左右把这个梦想实现。如果实现了这样一种超越人类的机器，其实我们人类面临的挑战是巨大的。

但事实上我认为人工智能跟人类兼容是一个很重要的选择，也许超越人类的智能有多种形式，但以人类的大脑为蓝图构造成的智能系统，总的来说在智能的形态方面是能够跟人类兼容的。它是我们的"后裔"，是我们的"后代"，我们有可能通过协作技术路线进行合作，这也是值得我们去思考去探索的一个重要的方向。

数据空间：纯粹的人工世界

涂子沛
前阿里巴巴集团副总裁

回顾人类的历史，从农业社会开始，人类早期仅仅是在大地上劳作，靠大地的产出生活，但人类对大地的影响微乎其微；进入工业文明之后，人类在地表架设机器、开采资源，对地表进行改造，创造了玻璃、钢铁、水泥、自来水、电、气等新的材料和基础设施，城市成了文明的中心，人类的精英在此集聚，在地表之上，城市堪称一个半人工体；再到信息社会，人类创造了一种新的资源——数据，互联网成了人类社会沉淀数据的大陆架。在短时间内，数据迅猛增多，而且不断相连接，人类正在创造一个崭新的空间——数据空间，这意味着在宇宙之外又出现了一个空间，在这个新的空间里，数据是滋生万物的土壤，人类是它完全的主人。

换句话说，数据空间，是一个纯粹的人工世界。人类从这个新的空间中获得能量“加持”。

数据表示的是过去，但表达的是未来。如果我们有了足够的数据，是否可以预测一切？其实在量子物理时代，这个问题就已经有了答案。本文主张用量子思维看待人类社会，提出大数据存在一种“预不准原理”。此外，人类无法记录一切，时空可以扭曲、局部再现，但时空不可能被完全复制。智能社会虽然美好，但也有各种局限和无奈，甚至存在巨大的风险。

一切皆可预测：拉普拉斯之妖

天色已晚；
天文学家在那人迹罕至的山顶，
搜索茫茫宇宙，
研究远处金光闪闪小岛般的天体。
他断言，那颗放荡不羁的星星，
“将在10世纪后的这样一个夜晚回归原处”。
星星将会回归，
甚至不敢耽搁一小时来嘲弄科学，
或否定天文学家的计算；
人们会陆续去世，
但观察塔中的学者
也会一刻不停地勤奋思索；
纵然地球上不复有人类，
真理将代他们看到那颗行星的准确回归。

这是诺贝尔文学奖得主、法国诗人普吕多姆的诗作《约会》，他用奔放、抒情、夸张的文字和韵律，称赞了天文学家不可思议的预测能力。

人类预测未来的能力，首先是在自然科学领域获得突破的。我们知道，人类在相当长的一段时间里都处于蒙昧的状态，前不见古人，后不见来者，不知过去，也不知未来，人就像天地间一个浑浑噩噩的过客，只能怆然涕下。一直到近代科学出现，人的境况才曙光微露。

近代科学的确立，首功要归于英国人牛顿。1687 年，他在《自然哲学的数学原理》一书中，系统总结了物体运动的三大定律，创建了经典力学，这三大定律在人类历史上第一次将宏观物体的运动概括在一个理论之中，即给定一个物体在空间的具体位置，我们就可以通过分析它的环境和受力，来计算、描绘它即将展开的运动轨迹。

牛顿把视线投入天空之后，他又在哥白尼、开普勒、伽利略有关“日心说”的学说基础之上，证明了天体运动其实和地球上普通物体的运动一样遵循着相同的规律，他用数学的方法精确地描述了古老天体运动的自然法则，在他的解释之下，整个宇宙在人类面前立刻呈现出新的图景。

可以说，牛顿把支配整个自然界的自然规律都用量化的方式表达出来了。他的理论是经典物理学和天文学的基础，也是现代工程学的基础。第一次工业革命之所以后来在英国发生，人类之所以可以进入使用蒸汽机、纺织机的机器时代，都是拜其科学发现所赐。

又过了 100 多年，到了 19 世纪末，以牛顿理论为核心的经典物理学已经相当完善，人们发现，几乎所有的物理现象都可以通过牛顿力学和麦克斯韦的电磁理论加以描述和解释，有人甚至认为，绝大部分自然界的规律都已经被发现完了，科学到此终结。

经典物理学的方法论和思维方式影响了人类工业化和整个工业文明的进程。它的核心是客观、机械、精确，在这种方法论的背后，是把世界视为一台钟表，它内部的各部分机械地连接、精确地运行，物体的轨迹是客观条件导致的，与人类的主观意识无关，不存在不确定性。

受此启发，心理学、经济学和社会学都以物理学为参照，认为人类的社会生活也可能是一个恪守规律的精密系统，只不过这些规律我们还尚未认识，社会科学家的目标，就是寻找社会现象背后的法则和规律。

拉普拉斯是牛顿之后的法国科学家，他担任过拿破仑的老师和法国政府的内政部长。1773 年，拉普拉斯把牛顿的万有引力定律应用到整个太阳系，解决了一个当时著名的难题：木星轨道为什么在不断地收缩，而同时土星的轨道又在不断地膨胀？在完成了对整个太阳系的解释之后，拉普拉斯把视线投向了人类社会。1781 年，他对巴黎出生的婴儿性别比例进行了统计，并用经典物理学的方法描绘出误差曲线，他兴奋地发现，其概率天然地呈现出物理现象一般都具有的平衡性和对称性，这使他相信，社会问题和自然问题有共通之处，它们都有普遍适用的规律。1814 年，拉普拉斯进而提出：

> 宇宙现有的状态，我们可以视之为其过去的果以及未来的因。如果有一个"智者"，他能知道某一刻所有自然运动的力和所有自然物体的位置，假如他也能对这些数据进行分析，那宇宙里从最大的物体到最小的粒子的运动都可以用一条简单的公式来表达。对这位智者来说，没有任何事物会是含糊的，未来只会像过去一样出现在他面前。

拉普拉斯在这里所说的"智者"，被后人称为"拉普拉斯之妖"。

这是决定论登峰造极之时。按照牛顿和拉普拉斯的理论，万事万物，包括人类，都受规律的支配，人类的思想、行为和他们的心脏一样，都像被上了发条的钟表一样工作，它们沿着预定的轨迹运行，一切皆有定数，一切皆可预测，只要我们有足够的数据，就完全可以预测下一秒会发生什么。

之所以不能预测，是我们没有掌握足够多的关于万事万物的记录和数据。

▷ 量子思维：不确定的现实

进入 20 世纪，人类把视线投向了微观领域，开始研究分子、原子和基本粒子。出人意料的是，科学家发现有越来越多的微观现象无法用牛顿的经典物理学进行解释，整个经典物理学大厦开始动摇，就在这个时候，爱因斯坦、普朗克、玻尔、薛定谔等一批科学家，用大无畏的勇气打破了原有理论的桎梏，用全新的概念和理论体系创建了量子力学理论。

自此后来数十年，量子力学成为研究微观粒子运动规律的新兴学科。

所谓的"量子"，它不是指分子、原子之类的粒子，而是代表一种状态：当一个物体的某种测量数值结果是离散的，例如，1、2、3、4……，不能在 1 和 2 之间连续地、任意地取值；例如，1.11、1.111……，这种状态就被称为量子化，这个最小的单位则被称为"量子"。自然和社会生活中的很多现象都可以量化，但当我们试图记录其量化结果时，就会有连续和不连续之分。例如，当车加速的时候，不可能一下就到每小时 100 公里，它是个从 0 到 100 逐渐加速的过程，即它的变化范围是连续的；再如，在进行人口普查的时候，人口只能以"个"为单位，是一个一个的，决不会出现"1.23 个"这样的结果，这种不连续的变化，就是量子化。

你也可以理解为，一个物理量存在最小的、不可分割的基本单位，在这个最小单位之内的状态，人类无法确定。

德国物理学家普朗克最早假设，一个粒子的能量是一份一份的，不能取连续的值。除了能量的不连续性，海森堡后来又提出了“测不准原理”，他认为微观物理现象不可能在未被干扰的情况下被测量和观察，一旦进行测量，参与观察的人和测量的仪器就会对该粒子发生作用，即干扰，而且这种干扰处于决定性的地位。也就是说，当观察者进行观察时，他的观察、记录、测量这些行为本身就会影响观察的结果。由此，量子理论认为，微观世界的粒子具有跳跃性和不连续性，即使我们掌握了所有的信息和数据，我们还是无法预料粒子下一步的运动方向，因为我们一旦去观察、预测，它就开始改变，这就是它和“拉普拉斯之妖”的本质区别。

为了对付这种不确定性，描述粒子的活动轨迹，量子力学又引出了一个重要的术语——概率。我们无法确认一个粒子的位置和状态，只能用一个函数来表示某电子在 t 时刻、在空间某一位置 r 点附近的单位体积内出现的概率，即我们平常所说的可能性有多大。

经典物理学的思维特点是客观、机械、精确以及“拉普拉斯之妖”反映出来的决定论。所谓的量子思维，则是认为主观世界和微观世界是一个整体，无法分割，人类认识微观世界，必须通过感知、测量和记录，但微观世界一旦被感知、测量和记录，它就开始扭曲，也就是说，微观世界是不确定的。思想实验“薛定谔的猫”甚至认为，“只有在揭开盖子的一瞬间，才能确切地知道猫是死是活”，一切无法预测。

这和人类世界何其相似。我在前面已经谈到，当史官拿起笔跟着皇帝、当镜头对准演讲者，他们的语言和行为就开始调整，尼克松的办公厅主任也坦承，当他意识到录音机的磁带正在转动的时候，主导他话语的意识就会扭曲。当人们知道自己在被观测、被记录的时候，会不由自主地修正自己的行为，从而改变了下一时刻的行为和轨迹。

人，正像微观世界的粒子一样，不可观测，不可记录。对现实的观测，将会导致现实的坍缩。量子思维这些新的信念，逐渐被引入了经济学、社会学和哲学等领域。

▷ 数据相对论：普适记录的极限

数据源于人类的记录。

记录无边界。苏轼在《赤壁赋》中说，人类在所处的环境中“耳得之为声，目遇之成色”，这些声色“取之不尽，用之不竭”。这意味着，可记录的对象没有边界、无穷无尽。即便愿意，人类穷尽一切力量也记录不完。

虽然记录之路没有尽头，但人的记录能力存在边界。不得不承认，对很多事情，人类目前还无法记录。

美国小说家霍桑讲述过一个很有意思的故事，从中我们可以看到人类记录的局限，同时意识到，人类如果突破记录的局限，又将会是如何不堪重负。

大卫是一位英俊的少年，有一天他准备搭乘马车去波士顿。因为途中劳累，他在一棵大树下乘凉，不知不觉睡着了。

他睡着后不久，就有一对商人夫妇因为马车故障停在了他的身边。这对夫妇刚刚失去儿子，没有了财产继承人。当他们看到熟睡中的大卫，就被他身上“令人敬畏的气息”感染了，他们感慨于大卫的青春和健康，突然动心想要认识他，把他选为财产继承人。

“好像是上帝把他安放在这儿似的。”正在这对夫妇差一点就要叫醒大卫的时候，仆人过来告诉他们马车修好了，催促他们上路，他们突然从想象中惊醒过来，意识到这个想法如此荒唐，结果匆匆离开。

马车驶离之后，又走来了一位姑娘。当她看到熟睡的大卫，感觉自己"好像闯入了绅士的卧房"，脸色变得通红。她停下脚步，被他的英俊所吸引，还为他赶走了叮人的蜜蜂。要知道，姑娘的父亲是位成功的商人，他要找的正是大卫这样一个小伙子做女婿。如果大卫这时候醒来，那他的命运将为之改变。然而大卫还是没有醒来，"少女的呼吸急促起来，脸也更红了，她偷偷瞥了一眼熟睡中的年轻人"，最后不舍地离开了。

接着出现的，是两个路过的歹徒，他们盯上了大卫脑袋下压着的包裹。就在他们拿出匕首的时刻，一条大狗突然跑了过来。因为担心引来狗的主人，歹徒收起了匕首，说笑着走开了。

霍桑在小说中这样评价两名歹徒："可能几个小时后，他们就把这件事忘得一干二净，但他们不曾料到，负责记录的天使已为他们的灵魂加上了意图行凶的罪名，记载在永不销毁的档案之中。"

没过多久，大卫就醒了，在这短短的一小时内，他已经和财富、爱情、死神擦肩而过，但他浑然不觉。他登上了去波士顿的马车，回到了他原本的人生轨道。

如果有记录，一切都可能改变。大卫可以下车，重新去认识那对失去继承人的夫妇和那个对他动心的女子，也可以将威胁自己生命的歹徒绳之以法。问题是，当我们闭上眼睛的时候，就失去了对世界的洞察。即使我们瞪大眼睛，也难以获知、更无法记录别人心里的真实想法。迄今为止，心理世界还是一个难以记录的空间，也正因为没有记录，小说家可以天马行空地展开想象，对小说人物的内心世界做出各种猜测、推理和描述，创作出多种多样的、匪夷所思的文学作品。

我认为，恰恰是因为"无法记录"，文学才有了现在的发展空间，文学的核心目标是人性，人性的幽暗难以明确，人性的复杂难以穷尽，它就像星空一样浩渺深广、难以记录，但文学可以对人性做出不断逼近式的呈现，这是文学相较于科学所能提供的独特价值。

当人性中的一部分可以被记录的时候，它就将演变为科学，从而缩减文学的立足之地，这也是普适记录能改变人性的原因。

如果我们能记录一切、洞察一切，那我们的精神也将不堪重负。霍桑在小说中这样描述，如果人们能够预知自己命运中所有可能的转折，那"生活就会充满太多的希望和恐惧，狂喜与失望，使我们一刻不得安宁"。这也从另外一个方面，说明了人类个体的生活不可预测。

那么，对于事实和真相，到底是记录、知道好，还是不记录、不知道好呢？事情的透明度和幸福感未必成正比，是做一个先知更英明，还是做一个傻瓜更幸福，我们无从得知。这也是人性和世界的纠结之处。如果我们了解到人类世界不可记录的空间之浩瀚广大，就会动摇我们对数据业已形成的信念。

除了不可记录之事，可记录之事同样有巨大的局限性。数据一经产生，就是碎片化的，数据就像碎玻璃，它从来都是断片的、不连续的，数据只能记录事实的一个或数个侧面，无论怎么记录，它从来没有也不可能形成一个全然完整的事实。

十几年前，我刚到美国学习研究生课程。开学不久，就听到一位教授在课堂上引用了一句名言："每个人都可以有他自己的观点，但不可以有他自己的事实。"我们必须区分事实和观点。从此，我将这句话奉为圭臬。

然而，随着经验和阅历的增长，我又感悟到，大千世界之所以意见纷争、共识稀少，还是因为每个人拥有自己的事实。客观事实确实只有一个，但一个事实有千万个面，人们因为自己的局限，往往只能看到自己认同的那一面，很少有人能面面俱到，看到一个事实的全貌，人们各有各的事实。

这带来了一个巨大的时代风险：数量庞大的数据将导致“人人皆有数，人人都有理”。一个人要做出与其他人迥异的结论，总可以找到相应的数据来支撑自己。其中的本因就是，数据再多，我们都有可能无法掌握事实的全貌。

数据会逼近事实，但数据再大，终究不是事实。

如果有上帝，那只有他的眼睛才能看到万事万物的全貌，人做不到，再大的数据也做不到。

数据记录的是事实，但一记录，事实就成为过去。记录永远在追赶事实，这就是记录的局限。因为事实不断在变，记录的价值永远是相对的，我把它称为“数据相对论”。爱因斯坦的相对论是关于时空和引力的，新的相对论是关于数据和事实的。我不禁想起，为了掌握真实的人口数量，美国历经200多年的、曲折反复的人口普查。

美国政府曾经绞尽脑汁，想掌握全国真正的人口数量。19世纪60年代开始，美国的历任总统就开始给美国的普通公民写信，请公民不要因为害怕人口普查而隐瞒人数，他们以总统的名义保证，这些数据只是为了掌握美国的真实人口数量，而不会用于征税、征兵和法庭调查等其他用途。此后历届美国总统都致力于排除人为因素，保证数据的客观性。他们还想方设法缩短人口普查时间，最初一次普查要两年时间才能完成，到后来慢慢缩短至两个月，乃至两三天。

每时每刻，都有人出生、死亡或者濒临死亡，这些事发生在不同的家庭、医院甚至野外。现实不会静止地等待你给它画像，任何一次人为组织的人口普查，都没有办法在同一个时间点掌握全部这些事实，从而计算出某个时间点这个世界真正的人口数量。

直到今天，信息技术、互联网、手机如此发达，这个问题仍然不能得到解决。

人类是万物之灵长，我们迄今为止仍无法准确地掌握这个星球上有多少同类，遑论其他事情？世间万物，一颗红豆、一碗牛肉面、一辆汽车、一段感情，其中的知识，往往都丰富得令我们难以想象，正所谓“一花一世界，一叶一菩提”。

世界之大，包罗万象，周行不殆，须臾万变，人类就像刻舟求剑的楚人一样，能掌握的永远只是某一个节点、某一个范围内的“小事实”，有混乱和困惑之感是再自然不过的事了。

在纷繁复杂、持续演变的世界中，人类又在不断地努力。纵使人口数量不断变动，美国政府亦不断改进数据获取方式，以提高效率、逼近真相。今天的美国人口普查局已经开发了一个“人口钟”，每分钟可以预测一次美国人口的变化情况。

数据永远在追赶事实，就像钟摆那样永不停歇，随着记录能力的提高，在追求真理的道路上，我们进入了一个更为清晰的相对论时代。数据是人工智能的基础，统治数据空间的不是人脑，而是人工智能。既然记录有极限，数据空间存在边界，那人工智能也必定存在边界。

要正确认识人工智能，就必须把握它的边界。

▷ 表情分析：人工智能的边界

当下，人工智能实际的应用和发展有三大标志性领域：一是无人驾驶；二是语音识别；三是图像识别。它们都有清晰的边界。

第一是无人驾驶。虽然最近几年无人驾驶技术有较大的进步，但它与普适性的应用还有相当大的差距，其未来的发展路径，关键在于人类的道路要向机器靠拢，要修建适合机器运行的封闭性道路，这涉及基础设施的大面积更新，显然不是一日之功，但在一些特定的场景之下，例如，工业园区内部的固定路线、午夜之后的城市清扫、短线交通运输，在这些方面我们会很快看到一些应用。

无人驾驶当然会让司机下岗，但我相信，对人工智能导致失业的恐惧终究会消失的。人工智能在消灭一些工作的同时，会带来一些新的工作，我们迎来的，是新一轮不同的增长。就像工业革命开始的时候一样，机器像野草一样蔓延和扩张，人类也害怕自己被机器替代，但机器最终带来的，是全人类生活水平的普遍提高。

在这个过程中，人类也将付出代价。在智能时代，所有的发明和进步都在指向一个方向，那就是给机器赋予智能，而人类本身也在向机器靠拢。很多时候，人类将被迫调整自己的工作、行为模式和技能，以适应机器。这是一种相向而行。人和机器最终在一个旅程的中点相遇，然后它们互相补充、协同，在这个点上共生。当人要和机器高度协同的时候，人也将遭受程序化的侵蚀。

第二是语音识别，它属于机器听觉。近几年，深度学习在语音识别方面也取得了巨大的进步，市场上出现了大量机器速记和语音翻译产品。在一个叫 WSJ Eval'92 的基准测试中，机器听力的错误率已经下降到 3.1%，比正常人的听力错误率(5%)还要低。

在语音识别中，我们也能看到人和人工智能相向而行，有的时候，我们必须模拟机器的声音说话，以便我们的语音可以被识别，这就是人被训练了，人在机器化。就好像为了发明能够自动收割农作物的机械设备，人类不断努力，最终农作物也会长成方便机械自动收割的样式和形态一样。

除了语音识别，机器听觉还包括通过声波识别身份、通过语音变化识别一个人讲话的情绪以及让机器模拟某个人声音的语音合成。对专门的声音，例如音乐，机器听觉还有旋律识别、和弦识别和体裁识别等精细化的应用。

第三就是图像识别，即机器视觉。这也是三者之中最值得关注的领域，原因我们讲过，人类在日常生活中获得的信息主要来自视觉，视觉信息要比听觉信息多得多，事实上，无人驾驶能否成功在很大程度上也依赖于图像识别。

图像识别，特别是人脸识别具有巨大的价值和意义，但对人脸的图像分析，其意义并不仅仅在于识别，它还有一朵并蒂之花：表情分析。虽然研究的对象同样是人脸，表情分析和人脸识别并不相同：人脸识别是要找到一张人脸独特的地方，以区别于其他人脸，表情分析却要找到人类各种表情的共性，并做出解读。

人有七情六欲、喜怒哀乐，这些情绪最直观的体现就在面部。对面部表情的研究，无论东方，还是西方，都有专门的学问，察言观色和古老的面相学就是其中两个典型的代表。古书《智囊全集》记载了下面这样一个故事。

春秋时期，齐桓公上朝与管仲商讨伐卫，退朝后回宫。卫姬一看见齐桓公，立刻走下堂一再跪拜，替卫君请罪。桓公问原因，她答道："臣妾看见君王进来时，步伐高迈、神气豪强，有讨伐他国的心志，看见臣妾后，却脸色骤变，一定是要讨伐卫国了。"次日齐桓公上朝，管仲问："君王取消伐卫的计划了吗？"桓公疑惑地问："你怎么知道的？"管仲说："君王上朝时，态度谦让、语气缓慢，看见微臣时却面露惭愧，微臣因此知道。"

正是因为善于察言观色，卫姬、管仲才能参透齐桓公内心的玄机，这在传统中国代表着非常高明的智慧，但另一方面，察言观色、投人所好，又往往被视为奸臣和小人的必备技能。就技术而言，察言观色和人脸识别一样，需要大量的数据和复杂的计算模式，而在过去，奸臣只凭借个人经验就能快速判断，这说明他们都有一颗善于运算的脑袋，说他们聪明，并非虚言。

如果机器能够解读人类的表情，就可以读懂人类的情绪和内心，那人工智能又将向前迈出重大的一步，机器将理解部分“人性”，人机交互的想象空间将骤然扩大。

我预计，表情分析、情感计算，未来将会和更多的传感器、可穿戴设备所获得的数据相结合，即通过人类的表情、语言、手势、大脑信号、心血管血流速度等生理数据，实现对人的情绪、生理状态的全面解读。基于这些数据，机器甚至可以对人类的生理、心理甚至情绪的变化进行预测。机器做出的这种解读和预测，要比人类更为准确。这种场景首先会在实验室里出现。这也预示着，全面记录的时代必定同时是一个全面计算的时代。

在分析解读的基础上，机器也可以利用43块肌肉组合的方法，再造和人类一样的表情，埃克曼已经为人类3 000多种有意义的表情总结出了清晰的编码和规则。毕竟，只要我们清楚地掌握一件事情的规则，人工智能就可以对其进行模拟和复制，这意味着，未来的机器人可以具备和人类几乎一样的表情。

这就是边界：只要在可以用逻辑、规则和数据表达的领域，人工智能会向人类逼近，但对无法用规则清晰表达的隐性知识，人工智能就无能为力，人类显性知识的边界，就是人工智能的边界。

▷ 转型智能社会：怀揣瓷器花瓶，进入花花世界

人工智能推动我们进入了一个新的社会形态：智能社会。在智能社会中，精细化、个性化、智能化登峰造极，但新的危机也在四周潜伏着，特别是现阶段，人类的一只脚迈进了智能社会，但身体

的重心还处于传统社会。这将是一个问题多发阶段，社会就像一个玲珑剔透的水晶球、一只瓷器花瓶，越精致光鲜，可能就越脆弱，这是我们向智能社会转型时可能遭遇的风险。精致与脆弱并存，这就是智能社会的一体两面。

原因在于，在智能时代，整个社会将成为一个强关联系统，这在人类历史上未曾有过，这种强关联性对社会治理的影响也将史无前例。

在过去的时代，整个社会是机械的、粗放的、松散的，就像一个大座钟，它不仅巨大笨重，而且一天还要走慢几分钟。但未来的智能社会处处电子化、数据化，它是由集成电路驱动的，整个社会就像由无数块精致的石英电子手表组成，它们互相协同、共同决策，和大座钟相比，这些彼此相连的小单元不仅精致、精确，而且更加灵活。

在农业社会，四季更迭、秋收冬藏、生老病死，结构相对简单，锄头断了可以换一把，误不了农时，一个农户的问题不太可能演变成集体的问题。

在工业社会，复杂的机器加快了社会的运转，也增加了社会系统的复杂程度。一旦机器的某个部分出现问题，整个机器就会停止运转。一个小小的故障就可能导致电力系统的瘫痪，整个区域陷入黑暗，这在蜡烛和油灯时代是不可能的。1986 年，美国“挑战者号”航天飞机发射 73 秒后在空中解体，7 名宇航员丧生，最后查明，这起事故竟然起源于一个小小的橡胶圈，因为发射当天气温骤降，这个小橡胶圈变形，引发了热气泄漏，导致爆炸。因此，没有哪个零件是多余的，也没有哪个细节是不重要的，国家必须投入更多的资源进行管理，以杜绝任何意外。

到了智能社会，借助软件、网络和传感器，整个社会由强关联进一步联结成为一个整体，这在工业社会的基础上又迈进了一步。与火箭、航天飞机相比，其复杂程度有过之而无不及。人的错误常常是孤立的，人类可以自觉纠正；对机器的故障，人们可以多花点时间去排查、检修并改进；对智能联接体主导的社会而言，其运转不是依赖某个具体的人或某台具体的机器，而是依赖一个复杂程度呈指数级增长的智能系统。算法无比庞大、复杂，在包含着各种传感器、中控设备、协议和数据库的网络之中，它们紧密关联、环环相扣，一个参数出现问题，就可能引发连锁反应，造成大面积的瘫痪，而且一出问题，要迅速完成检修、纠错，难度很大，很多时候唯一的选择就是让整个系统停摆，而系统停摆则可能意味着一场灾难。

道理很简单，万物互联将会更频繁地诱发蝴蝶效应。蝴蝶效应是指一只蝴蝶在巴西扇动翅膀，可能会在美国得克萨斯州引发一场龙卷风，而一旦龙卷风出现，人类却很难确定是哪一只蝴蝶扇动翅膀引发了问题。

更复杂的社会，也意味着更复杂的纠错机制、更高昂的纠错成本。

令人不安的是，只要是系统，就会存在漏洞，而且漏洞可能随时爆发。Windows 系统自 1985 年面世至今已 33 年，每一年它都在不断地升级、打补丁，例如，2015 年它还宣布弥补了 135 个漏洞。这些漏洞随时可能受到攻击，防守方在升级，攻击方也在不断进步，因为有盾就有矛，有矛就有盾，相生相克，生生不息。所有的软件、手机 App 都面临着这种矛与盾此长彼消的挑战。

墨菲定律告诉我们："如果事情有变坏的可能，不管这种可能性有多小，它总会发生。"

有时候，它无伤大雅，但有时候它的后果又是灾难性的。2016

年 7 月 20 日，美国西南航空因一个数据路由器的部分故障导致业务瘫痪，4 天内共取消了 2 300 个航班，成千上万名旅客滞留。其 CEO 这样描述当时的情形："路由器失灵时，数据开始堆积，就像高速公路上发生交通拥堵一样。"

传感设备将渗入整个社会的每个角落，成为社会的有机组成部分，而这些物联网设备，因为内存空间有限，无法安装安全软件，很容易受到攻击和挟持。

2016 年 10 月，为美国众多网站提供 DNS（域名系统）基础服务的 Dyn 公司遭遇了大规模"拒绝访问服务"攻击，导致多个城市断网。据估计，半天的瘫痪造成了上亿美元的损失。这次攻击涉及的 IP（网络协议）数达千万量级，其中很大部分来自物联网和智能设备。这就是说，一台连接了互联网的咖啡机也可能成为黑客的帮凶。2014 年，黑客就曾"劫持"10 多万台物联网设备，发起了 70 万份垃圾邮件的攻击，这些设备就包括冰箱、路由器和智能电视。

有一次，泰国的财政部前部长素察坐进自己的宝马汽车，其车载计算机突然发生故障，发动机停止工作，空调被关闭，车门被锁死，车窗无法开启。身边的人束手无策，最后不得不用大锤击碎车窗玻璃，素察才得以脱身。

当系统过于复杂、智能，它发生死锁的可能性不是更低，而是更高。这种风险凸显了社会的脆弱性。

人会犯错误，但在智能社会，计算机和算法犯的错误可能引发灾难。我预计，人类很快会认识到不能任由算法和网络扩张，人类最终会立法限制算法的扩张，人类的最终目的，是要在人的机动性和算法的程式化自动性之间找到人机结合的平衡。

在向智能社会的转型过程中，我们可谓怀揣瓷器花瓶，进入花花世界。我不仅担心社会过“脆”，还担心社会过“花”，未来的世界是一个海量信息争奇斗艳的花花世界，乱花渐欲迷人眼，塑料花可能以假乱真。随着机器视觉和机器听力技术的进步，表情可以复制、语音可以合成，我们很难让这些技术不被用于造假。

2016 年 3 月，德国纽伦堡大学发布了一个名为“Face2Face”的应用。通过机器学习，它可以将一个人的面部表情、说话时面部肌肉的变化，复制到另一个毫不相关的人的脸上，即让目标对象说出同样的话，让他的脸上出现和这番话相匹配的表情。“Face2Face”并不是唯一一个能实时进行面部“表情移植”的应用，但它的准确率和真实度已经高到令人吃惊的程度，一般人难以看出端倪。

2017 年 8 月，华盛顿大学的研究人员发表论文，他们把美国前总统奥巴马发表过的电视讲话放置在神经网络中让机器学习，在分析了数百万帧影像之后，机器掌握了奥巴马讲话时面部表情的变化，然后它可以用唇形同步的视觉形式，让奥巴马讲出一段他实际上从来没有说过的话。2018 年 3 月，科大讯飞的董事长刘庆峰在参加“两会”接受采访时表示：“科大讯飞的梦想，是让机器像人一样，能说话、会思考，如今科大讯飞的语音合成技术已经能让机器开口说话了，我们用机器模仿特朗普讲话，连美国人都信以为真。”

当然，这项技术可能被用于全世界任何一个国家的领导人、任何一个公众人物或明星，甚至任何一个普通人。

面对这些造假的视频、音频和大量图片，在短时间内即使专业机构也难以分辨。要打击类似的造假行为，还是要靠机器学习。通过检测计算机合成的视频，人工智能可能会发现它们过于完美、缺乏真实世界的原始瑕疵和统计特征，因而判定它为合成视频。在向智能社会转型的过程中，我们必将看到，造假者和打假者利用人工智能的最新成果你追我赶，这将是一场新的“军备竞赛”。

这种新的“军备竞赛”令人忧虑，当机器以人类千万倍的能力去感知、记忆、学习、分析、决策和合成的时候，人类的能力被无限放大，但同时每一个坏的可能也会被无限放大。技术是中立的，天降雨于好人，也降雨于恶人。数据空间是虚拟空间，但我们不希望它成为一个虚假的空间。问题在于，历史已经反复证明，面对一个花花世界，人性其实缺乏免疫力和抵抗力，大众也缺乏判别力。悖论在于，只有人工智能才能让我们免于人工智能的伤害，它是这个时代的矛，也是这个时代的盾，我们必须发展，没有回头之路。

重启数字化认知，构建智慧生态

段永朝

苇草智酷创始合伙人　信息社会50人论坛执行主席

这几年大家都很关心数字化转型的话题。很多企业家也在不停思考，企业下一步转型的动力何在、方向何在？新冠疫情的暴发和持续，也助推了企业的数字化转型，越来越多的人意识到数字化转型不是锦上添花的问题，而是生死存亡的问题。

关于数字化转型的意义、路径、方法和案例，已经有很多学者讲得很清楚透彻。如果用一句话概括什么是数字化转型，我的定义是数字化转型让不可能成为可能。本文将从四个方面和读者朋友分享我的感悟，第一是认知重启，第二是我们现在面临的困境和挑战，第三是对未来的想象，最后是聚焦生态问题。

一、后疫情时代，认知重启

后疫情时代用两个关键词来概括就是常态化和大变局。常态化指的是疫情的后续影响有可能会波及几年。常态化对企业家带来的思考是，有可能我们在疫情过程中所采取的一些手段会常态化。比方说，云办公、云课堂可能会在一定程度上替代传统的办公模式、组织方式或教学模式。大变局指的是这次疫情对企业的供应链、营销结构、消费者组织以及企业间的协作关系都带来重大的挑战。后疫情时代在整体上会带来经济社会的大变局，这是一个大的背景。

当然这个背景也要放在数字化的更大的背景中去审视。

从1969年阿帕网第一次联网成功，到现在已经50多年。这50多年中，只有一半的时间是对社会公众开放。所以对普通人而言，互联网的历史不到30年。就在这短短的时间里，互联网已经带来了翻天覆地的变化，全球和中国的网民数量，已经超过自然人口的一半。互联网催生了新的商业文明，形成了新的文化形态、组织生态，极大地改造了生产方式和消费方式——一句话，人们已经须臾不可无网，须臾不可离网。以至于，有人将Wi-Fi添加在马斯洛人类需求三角形的最底层，作为跟吃喝一样的基本生存需求。

这虽然是调侃，但凸显出一个基本的判断：互联网已经深深嵌入到人们生活、工作的日常百态，嵌入对生存和生命的理解当中。

我们身处一个伟大的时代，同时也是一个复杂无比的时代。

未来学家们说，再过30年，人造生命将会出现，人与智能机器人将会实现人机合体。生物医药学家预言，未来10到20年内，人类将彻底攻克癌症、糖尿病等顽疾，甚至人的预期寿命将超过120岁。特斯拉的马斯克说，30年后人类将会移民火星。

这些大胆的预言，听上去好像还比较遥远，人们还很难想象。但是，我们只要回过头来，看一下20年前或者30年前，你立刻就会有一种时光飞驰、日月如梭的感觉。

20年前还没有智能手机，甚至手机的普及率都很低；30年前互联网尚未进入商业领域展开大规模应用，那时候还没有“网民”这个“新物种”。全球的网络用户估计在100万左右，而中国的网络用户可以认为是零。

而在二三十年后，互联网、智能科技、生物科技，已经极大地改变了人们的日常生活、商业形态、生产方式和组织模式，极大地改变了这个世界的面貌。但是我们仍然需要静下心来认真思考、回味，这个巨变时代对我们意味着什么？

互联网带来的心智结构的重塑，可以把它看作是人类石器时代数十万年演化史中，非常重要的一次新的觉醒。这次新觉醒的序幕已经拉开，我们注定会在未来数十年、几代人的尺度内，见证一个崭新的世界。

从 1993 年开始算起，到今天整个互联网的商业化过程经历了 28 年的历程，这 28 年可以划分成四个波段，我们现在正处在第四个波段。非常有意思的是每一个波段大致是 7 年的时长，第一个波段是从 1993 年到 2000 年，信息化/数字化阶段，进入数字世界。第二个波段是从 2001 年到 2008 年，系统化/平台化，出现了包括谷歌、脸书、油管等平台新物种。第三个波段是从 2009 年到 2016 年，微信、小米、滴滴出行等生态实现了全民参与，呈现出长尾化/创客化的特征。从过去的三个波段来看，7 年这个数字是靠谱的。第四个波段便是从 2017 年开始至今，很多事物都在被智能化及数字化所重新定义。

那么这四个波段它的特点是什么？

第一波是信息化和数字化。我们只是进入了数字世界。第一波数字化开启了信息化和数字化的过程，当年硅谷有一个说法，叫从 A 到 B。也就是从 Atom（原子）到 Bit（比特）。从图 1 中可以看出，第一波互联网公司中，今天还有很多顽强地生存着。比如，中国的 BAT（百度、阿里、腾讯），美国的亚马逊、谷歌。但是也有一些公司已经没有了，比如，雅虎。

第二波是系统化和平台化，出现了平台这个新物种。Facebook、Twitter、YouTube，以及国内的微博等等，都是在第二波数字化过程中涌现出来的。今天平台又发生了重要的变化，它不单单是一个中介，不单单是买方卖方的中介，或者是供方需方的中介平台，它变成了一种组织的力量。

第三波是长尾化和创客化。它是由智能手机带来的，2009 年乔布斯 iPhone 4 发布之后开启了第三波创客化和全民参与社群化这样一个浪潮。这个过程中，涌现了很多全民参与的分享经济模式的新业态，比如美国的 Airbnb、中国的滴滴等。

第四波是智能化和数字化。从 2016 年开始到现在，出现以人工智能、区块链、大数据为主要技术特征的第四波数字化。也就是我们很多人今天都在谈的重新想象或者叫重新定义一切。

我们再把第四波数字化放到更大的工业革命浪潮中去审视。我们现在正在面临所谓第四次工业革命的浪潮，这是一个跨百年的浪潮。

简单来说，第一次工业革命发生在大约 250 年前，瓦特发明的蒸汽机开启了蒸汽时代，在工业生产中导入动力能源的使用。第二次工业革命是 150 年前开启的电力工业时代。第三次工业革命是在 100 年前开启的自动化信息化的时代。过去的这三个工业革命，可以说展开了整个人类波澜壮阔的工业文明的进程。

第四次工业革命中，德国提出工业 4.0，美国提出产业互联网，中国提出工业互联网。可能有人认为第四次工业革命是前三次工业革命的延展。确实是可以这么理解，但仅止步于这个理解是不够的。第四次工业革命之所以是革命性的，它与前三次最大的不同就在于前三次工业革命聚焦效率革命。第四次工业革命不只是关心效率和速度，更加关注公平，关注财富的分配问题。

现在我们有了虚拟现实，人工智能、区块链大数据以及物联网5G之后，都使得社会的焦点更多地从过去的财富增长转向财富的公平模式。这就是我们说要用更大的视角来看数字化转型，我们要越过明天，去想象后天。这次疫情的冲击，很多企业家朋友感觉到生存难以为继。所以想象后天变得更加不可能，有些朋友讲我连明天都熬不到，怎么可能去越过明天想后天呢?

想象后天有两点理由，第一点是后天是被重新定义的。所有的行业，所有的存在方式，所有的供应链组织，甚至包括所有的机构都在被重新定义。如果我们没有能力想象后天，当后天终将来临的时候，我们就只能生活在别人定义好的后天之下。第二个理由是你只有想象后天，才能知道为后天做哪些准备。

数据已经变成了新的生产要素，成了土地、劳动、资本力之外的一种新的生产要素。生产力与生产关系的相互关系已经发生了深刻的变化。我们必须拥有对后天的想象力，必须意识到奠基于工业时代的生产逻辑、组织逻辑正在发生深刻的变化。

二、企业数字化转型的困境与挑战

2020年的新冠疫情可以说给所有企业，特别是中小微企业带来非常残酷的困境和挑战。表现出来的现象就是掉链子、两张皮和救火队。

“掉链子”也可以说是断流，这是一个非常冷酷的现实。由于疫情的冲击，很多企业面临资金的压力、物流的压力、供应链的压力、销售压力等等；“两张皮”指的是我们今天几乎所有的企业其实已经是数字化企业，在不同程度使用数字化产品，比如财务报表、核算系统等等，可是这些系统都只能在常态下运行，遇到突发情况，企业数字化的外衣是非常脆弱的；“救火队”是指在今天出现重大的突发公共事件或者突发的事故灾难时，很多企业只能够仓促应战。

所以疫情给企业带来的非常重要的一个启示，就是企业要重新回到本质问题，也就是永续经营。

过去几十年来，随着经济改革的深入，很多企业在追求更高更快更强的发展，把企业做大变成企业家乃至董事会非常重要，甚至压倒一切的战略目标，他们始终思考的问题是怎么样成为独角兽、怎么样占领更多的市场份额、怎么样击败对手。

疫情突然爆发之后，很多企业被打回原形。追求速度，追求一城一地的得失，追求攻城略地，并不能确保一个企业具备活下去的可能。所以老生常谈的永续经营再次摆到面前。

这次疫情要求企业具备三个非常重要的能力，就是资源链接能力、快速重组能力和优化迭代的能力。

拿优化迭代能力来说。疫情给我们非常重要的一个启示就是没有人能够独善其身。我们身处一个你中有我、我中有你、彼此相依为命的生态环境中。在这个情形下怎么共生？需要仰仗我们的纠错能力。所谓的优化迭代能力就是快速纠错的能力，我们不能够期待或者假设所有的决策都能精准落地，所以我们必须小步快跑，快速迭代。

同时，企业在数字化转型的过程中也面临挑战，我总结成六个方面。

第一个是后来者如何居上。有些企业家认为，我们在数字化转型领域肯定没有办法跟先行 20 年的 BAT 比，甚至没有办法和新兴的互联网公司比，我们的企业还很传统。那么在这种情况下，我们如何适应数字化转型的挑战、后来者居上呢？

在这里，我用5G作为例子。2019年被认为是5G的元年，那一年正式颁布了4块5G运营牌照。后续5G应用会全面大规模地铺开。后来居上，不要只想居上，一定要想如何准备。

那么5G带来的变化是从3C到6C。第一个C是控制，第二个C是计算，第三个C是通讯。5G导入了后面的三个C，也就是Content内容、Community社群和Customization定制。前三个C偏硬，后三个C偏软。理解5G带来的后三个C，你就看明白了最近几年大火的网红和直播带货现象。

第二个挑战是数字化和信息化的区别。很多前浪级的企业家，已经经历过20年前信息化、数字化的折磨。ERP、CRM这些已经在过去被折磨过一遍。今天发现，为什么讲企业数字化转型的人给我推销的依然是这些，只不过是增加了一个云、一个端，增加了管道和私域流量。两者到底有什么区别？

这里有三个关键词，数据算法、智能plus、智能＋。今天的企业数字化转型跟20年前的信息化，最本质的区别就是重新创造企业的内在引擎，真正把数据这个生产要素落到实处，把大数据做成活数据。我希望企业中会有越来越多的业务工程师介入到算法中去。过去很多的算法都来自代码工程师，这样企业的数字化恐怕将来会走偏。我们需要有更多的业务工程师或者业务专家介入到算法的构建中去。

第三个挑战是组织能力构建。企业数字化转型一定是跟组织能力构建紧密联系的。这里有三个关键词，敏捷、迭代和自组织。衡量一个企业在数字化转型中，它的组织形态能不能有一个质的变化，我认为就是这三个关键词。你的组织中有没有跟消费者社群、生产者社群、供应链社群、设计师社群相互对接的组织内自组织社群。这和第二点把大数据做成活数据是一样的。

第四个挑战是重新认识消费者。今天重新认识消费者到了一个重要的十字路口,第一要理解消费者是用户,第二要理解消费者的消费意愿。

如何理解第一点消费者是用户?我几年前碰到一个做开关插座的传统企业。老板跟我说,老师,我们的产品是再传统不过了,我们如何拥抱数字化?我说你要重新思考你的产品,今天你是冷冰冰的产品,只注重安全、美观、实用等等,但是你没有注意到这个开关的数据。比如,几点开,几点关闭,开关装在了卧室还是洗手间,这个插座插的是电脑还是电视、电饭煲,插了几分钟,用了多少电等等。这些数据在你今天的产品形态中统统不可见。

如果没有这些数据,企业怎么去接近消费者?怎么去感知消费者?

当然大家第一时间想到数据采集的合理性和隐私保护的问题。这是对的,但不要停止思考。未来的智能家居、智能厨房一定会涉及大规模的数据采集。大规模数据采集的合理性与隐私保护不是对抗的关系。

5G之后一定是大规模数据采集,重新认识和理解消费者必须建立在大规模数据采集的基础上,注重营造与消费者感知的第一界面。我们在传统营销学里无非是采用轰炸的模式,铺天盖地的视觉轰炸,然后去俘获消费者。这种模式在5G之后,在真正的数字时代之后,恐怕会面临失效。所以我们也必须营造与消费者友好交互的界面。

第二是了解消费者的消费意愿,了解消费者心里面内心到底想什么。现在的技术已经为我们提供了各种可能。第一种方法是透过大数据的行为踪迹的分析,判断消费意愿,进行关联分析。第二种更直接,脑机接口、神经元脑科学,比如马斯克做的脑机接口。所以具有前瞻性眼光的企业家，都必须高度重视这些问题。

第五个挑战是重新定义财富。比方说数字货币，央行关于数字货币的部署已经在扎扎实实地推进，并且已经在很多地区出现了数字货币的试验区。我个人认为用不了几年，数字货币一定会大行其道。

为什么我说数字货币和区块链会重新定义财富？就是前面提到过的，第四次工业革命和前三次最大的区别是，第四次工业革命不只是关心效率，还关心公平。重新定义财富意味着不只是重新定义财富的生产方式，还会重新定义财富的分配方式。

最后一个挑战是处处留心皆商机。比如，要真正理解赛博空间，未来的赛博空间或者叫全数字空间，它跟我们过去习惯的物理空间的不同之处，我把它总结成三个词——交互、协同和联动。这三个词看上去有一定的同质性，但他们还有一定的递进关系。交互，比如打个招呼、点个赞，这是初级的接触协同。协同表明交互的双方或者多方涌现出一个共同的使命愿景或者任务。协同最后走向联动。联动就是彼此找到了自己的位置，产生了某种默契。所以交互、协同、联动这三个词虽然有共同的一面，但更重要的是层层递进。

那么怎么理解赛博空间？赛博空间充满着交互，对协同的要求和默契的联动。

所以回过头看企业的数字化转型是什么？我相信你一定会豁然开朗。企业的数字化转型绝不只是上一大堆系统，装很多软件，做很多算法，把自己武装到牙齿。今天我们重新审视数字化，共赢更重要。共赢从来不是一句漂亮话，共赢是自己活，也要让别人活；自己开心，更在乎别人是不是开心，这才叫共赢。

在工业时代，当我们讲共赢时，因为缺乏技术手段，以至于共赢还停留在漂亮口号的阶段。但今天共赢扎扎实实有了它的可能性。

三、对未来的想象

关于未来想象，我总结为四个关键词——万物互联、认知重启、产消合一和数字孪生。这四个关键词都很大，我简单阐述他们的概念。

第一，必须深刻理解未来数字世界是万物互联的世界。在万物互联的世界中，所有的业态都是传播业，所有的业态都是服务业。

第二，认知重启，必须改变我们过去工业时代形成的思维模式。比如，两分法、精准营销、独角兽、增长主义，这都是工业时代的心魔。认知重启之后要理解双边、多边、平台运营、平台生态。自己好，别人也好，大家一起好。

第三，产消合一。今天我们已经感受到生产者就是消费者，消费者就是生产者。生产者和消费者中间的边界消失了。但是我们不得不依然使用生产者和消费者这样的两分法来看问题，所以你大脑中要警惕，我们使用的很多概念都是过去的老概念。

最后是数字孪生。数字孪生大概是十年前美国人提出来的概念，美国人看待未来的数字世界叫 Digital Twin。他们认为不只有一个物理世界，还有一个数字世界跟物理世界融合共生。

这四个关键词贯穿于一点，就是德鲁克在 20 世纪非常重要的一本书《21 世纪的管理挑战》。德鲁克认为传统的经济学、管理学没有解决知识工作者的生产力的问题。

四、理解生态：生态思想

为更好地理解生态，我总结了三个关键词——复杂性、连通性和共生演化。在具体解释关键词之前，我先讲一个小故事。

在20世纪二三十年代生态思想开始萌发，大家都在研究湖泊自然生态或者一个小生态，它到底怎么样维持稳定性。耶鲁大学生态学家林德曼通过大量的实证研究和观察思考，在1941年发表了《一个老年湖泊内的食物链动态》的研究报告。他对50万平方米的湖泊作了野外调查和研究后用确切的数据说明，生物量从绿色植物向食草动物、食肉动物等按食物链的顺序在不同营养级上转移时，有稳定的数量级比例关系，通常后一级生物量只等于或者小于前一级生物量的十分之一。林德曼把生态系统中能量的不同利用者之间存在的这种必然的定量关系，叫作“十分之一定律”。

现在的分享经济、社群经济模式下，已经产生很多新的合作方式。比如，疫情暴发最严重的时候，有些餐饮公司活不下去。盒马鲜生就提出来可以共享员工，你的员工到我这里来上班，还是你的人，但是他可以到我这里工作赚钱，至少员工可以自己活下去。这就打破了组织的边界。

十多年前上海就在做研发公共服务平台。因为上海有大量的科研资源，不光是国家的、高校的，还有大型企业的。大家都知道科研过程中需要用到大量的科研设备、装备仪器，比如质谱仪、离子探针，这些东西动辄几百上千万，不是每一家企业都买得起。上海的研发公共服务平台就是大家把有的设备拿出来，到我这里注册之后，把机器的空余时间卖出去。如果中小企业要做一个质谱仪测试，就可以买机器工时。

用这些例子我想说明未来的商业就是关系，就是互动，商业无所不在。你的企业能不能变成一个弹性组织并不在于你弄了一个朋友圈，把过去在报表中的客户，现在硬拉到朋友圈里。这样十之八九会失败，眼睛不要只盯着一个终端消费者，要记住，消费者就是生产者，生产者就是消费者。

所以在这种情形下，一定要重新组合你的供应链组织、研发团队、设计师团队、员工和消费者，想方设法让他们变成一个有机的生态组织。

怎么才能变成有机生态组织？有道具吗？有界面吗？有方法套路吗？如果你提出了这样的问题，你就开启了当今时代数字化转型的思考。

我再结合新的运营闭环来解释为什么提到林德曼定律。营销的漏斗模型大家都很熟悉，漏斗的五层对应了企业搜索营销的各个环节，从展现、点击、访问、咨询，直到生成订单过程中的客户数量及流失。在数字化时代，这个模型会逐渐失效。失效的原因就在于它的流程是从上到下的。如果把漏斗倒过来，就变成了一个林德曼的金字塔。

林德曼金字塔的顶层是铁粉。如果你们公司某一款产品要有10个铁粉，你应该有100个消费者，有1 000个感兴趣的潜在消费者，让1万个人都接触到你的产品信息，有10万个人的渗透率，有100万的覆盖量。表面看上去它跟漏斗模型的逻辑是一样的，但是路径不同，思考的出发点不同。这就是传统营销为什么失效，数字化营销必须逆向思维。

所以对一个企业来讲，可贵的是你的铁粉有多少。围绕铁粉形成你的社交圈，然后不停地让新的铁粉卷入，打造品牌联盟，最后在这样一个朋友圈中进行新品创意。所以今天的社群运营为什么注重零的慢定律，就是因为如果你不知道你的粉丝在哪里，不知道你的铁粉是谁，你的社群运营是失败的，你只是个换了个朋友圈而已。

所以，大家一定要重视认知重启和数字化转型企业组织能力的重塑。相信明天一定比今天更好，但明天并不自然地呈现在你面前，明天是可以被畅想、被重新定义的。只有畅想、重新定义未来，你才能够更好地把握当下，避免伪问题对你的干扰和困扰。

最后用“感知世界、拥抱变化、创新引领”这 12 个字总结一下。感知世界一定要让你的每一个头发丝都变成一个天线，对世界保持敏锐，保持敏锐的前提，是要懂得营造跟这个世界相关联的全新的数字化界面，这样你才拥有了拥抱变化的可能。如果你没有一颗敏锐的心，只有一颗挑挑拣拣、喜新厌旧的心，只有一颗成为独角兽的心，那是不够的。只有拥抱变化，你的创新才能真正开始。

五、资本加速

中国资本市场：变革，透视与展望

周勤业

原上海证券交易所副总经理、总会计师

2003年，党的十六届三中全会首次提出“建立多层次资本市场体系，完善资本市场结构”，多层次资本市场的建设之路由此启程。中小板、创业板、新三板、地方区域性股权交易市场、科创板、北交所相继设立。

现在，站在中国经济高质量发展的新阶段，中国资本市场正承担着更为重要的使命和功能。

一、关于注册制改革

中国资本市场正在发生巨大的变化，核心是全面注册制改革。此前，资本市场是审批制与核准制，大量国内优秀企业或因无法达到上市标准和“同股不同权”等相关制度，或因排队周期过长等原因，被迫选择港股或海外市场上市，从而造成国内投资者难以分享到这些企业成长带来的红利。比如，阿里巴巴、京东、网易等过去十来年成长飞速的互联网企业。

在此背景下，资本市场全面注册制改革提上日程。

2019年6月13日科创板正式开板；7月22日，科创板首批公司上市。打响了试点注册制的第一枪。

2021 年 4 月 6 日，深交所主板和中小板合并，整体优化深交所板块结构，形成主板与创业板各有侧重，相互补充的发展格局。

2021 年 9 月 2 日，北交所宣布设立。11 月 15 日，北交所试点注册制。至此，中国资本市场仅剩沪深主板市场未实现注册制改革。我国资本市场正在迈入注册制改革的深水区，注册制试点向全市场铺开。

2021 年中央经济工作会议也提到 2022 年市场的全面注册制改革。证监会多次强调，要坚持注册制三原则：尊重注册制的基本内涵；借鉴国际最佳实践；体现中国特色和发展的阶段。

先来看第一个原则，尊重注册制的基本内涵。证监会主席易会满指出，注册制必须坚持以信息披露为核心，使发行人在符合基本发行条件的基础上，更加注重以投资者需求为导向，真实准确完整地披露信息；投资者根据发行人披露的信息审慎作出投资决策，形成合理价格，从而更有效发挥市场在资源配置中的决定性作用。我理解的注册制的基本内涵包括如下内容：首先，企业拥有发行股票筹集资本的天然权利；其次，以信息披露为中心；再次，各市场参与主体归位尽责。最后，宽进严出，重在事后监督。

第二个原则，借鉴国际最佳实践。我对这句话的理解是它包含以下三个方面：首先，设立多元包容的发行上市条件。比如，科创板是硬科技的快速通道，创业板服务于成长型创新型企业，主板服务于成熟企业，北交所服务于创新型中小企业。不同的发行条件，满足不同企业、不同阶段上市的需要，同时也满足不同投资者、不同风险偏好的需要。其次，建立市场化的新股发行承销机制。未来考验券商的是三个能力，研究能力、定价能力和营销能力。注册制成功不成功，关键在于能不能建立起市场化的新股发行承销机制。最后，构建公开透明可预期的审核注册机制。

第三个原则，体现中国特色和发展的阶段。这表现在两个方面：一是逐步取消对发行价格、节奏的行政管制；二是取消发审委，建立由交易所审核发行上市、向证监会注册生效的发行上市体制。

证监会主席易会满也曾说道："注册制改革是这一轮资本市场改革的总纲，是'牵一发而动全身'的重大改革，必须坚持稳中求进，分步实施，尤其需要市场各方积极参与、共同推动。"

二、提高上市公司质量

资本市场在金融运行中具有牵一发而动全身的作用，上市公司是资本市场的基石。提高上市公司质量是推动资本市场健康发展的内在要求，是新时代加快完善社会主义市场经济体制的重要内容。

资本市场交易的是上市公司的股权，上市公司质量好坏会影响股票的交易价格。资本市场的基础是上市公司，因此，提高上市公司质量是永恒的话题。最近三年，证监会在执行提高上市公司质量的三年行动计划，主要是以下六个措施。

第一，提高上市公司治理水平。完善公司治理制度规则，明确控股股东、实际控制人、董事、监事和高级管理人员的职责界限和法律责任。控股股东、实际控制人要履行诚信义务，维护上市公司独立性，切实保障上市公司和投资者的合法权益。股东大会、董事会、监事会、经理层要依法合规运作，董事、监事和高级管理人员要忠实勤勉履职，充分发挥独立董事、监事会作用。建立董事会与投资者的良好沟通机制，健全机构投资者参与公司治理的渠道和方式。科学界定国有控股上市公司治理相关方的权责,健全具有中国特色的国有控股上市公司治理机制。严格执行上市公司内控制度,加快推行内控规范体系,提升内控有效性。强化上市公司治理底线要求,倡导最佳实践,加强治理状况信息披露,促进提升决策管理的科学性。开展公司治理专项行动,通过公司自查、现场检查、督促整改,切实提高公司治理水平。

第二,以注册制为主的把好入口关。一方面,注册制绝不意味着放松审核要求,必须对信息披露的真实准确完整严格把关,从源头上提升上市公司质量。另一方面,防范板块套利,维护公开公平公正的发行秩序。

第三,健全上市公司退出机制。严格退市监管,完善退市标准,简化退市程序,加大退市监管力度。严厉打击通过财务造假、利益输送、操纵市场等方式恶意规避退市行为,将缺乏持续经营能力、严重违法违规扰乱市场秩序的公司及时清出市场。加大对违法违规主体的责任追究力度。支持投资者依法维权,保护投资者合法权益。拓宽多元化退出渠道。完善并购重组和破产重整等制度,优化流程、提高效率,畅通主动退市、并购重组、破产重整等上市公司多元化退出渠道。有关地区和部门要综合施策,支持上市公司通过并购重组、破产重整等方式规避风险。

第四,查处资金占用和违规担保。有些上市公司有两个历史问题,大股东占用资金和违规担保,因此,提高上市公司质量就要对此行为坚决查处。

第五,压降股票质押风险。2018 年新发生的股票质押问题,是一个老问题,也是一个新问题。

第六,落实“零容忍”要求。金融委对资本市场要求的是九个字:“建制度、不干预、零容忍。”零容忍就是提高违规成本,加大违规成本的处罚力度。

三、健全退市机制

近年来，健全退市机制方面的制度建设取得了一定突破。

2020年10月9日，国务院发布《关于进一步提高上市公司质量的意见》，提出要“健全上市公司退出机制”；10月30日，证监会召开党委会和党委理论中心组扩大学习会，提出“以注册制和退市制度改革为抓手，带动发行承销、交易、持续监管、投资者保护等各环节关键制度创新，全面加强资本市场基础制度建设”。10月31日，金融委召开专题会议表示，增强资本市场枢纽功能，全面实行股票发行注册制，建立常态化退市机制，提高直接融资比重。

11月2日，中央全面深化改革委员会第十六次会议审议通过《健全上市公司退市机制实施方案》。表示健全上市公司退市机制，要坚持市场化、法治化方向，完善退市标准，简化退市程序，拓宽多元退出渠道，严格退市监管，完善常态化退出机制。

退市制度得以重视，这对于中国股市的健康发展显然是一件好事。毕竟目前A股市场的垃圾股与问题股太多，严重影响上市公司的投资价值，同时也造就了A股市场的投机炒作之风。

因此，重视退市制度，让更多的不合格公司退市，不仅有利于净化A股市场的投资环境，有利于提高上市公司的质量，而且也有利于培养投资者理性投资、价值投资的投资理念。

四、多层次市场建设

深化新三板改革，设立北京证券交易所，是资本市场更好地支持中小企业发展壮大的内在需要。证监会进一步深化新三板改革，以现有的新三板精选层为基础组建北京证券交易所，进一步提升服务中小企业的能力，打造服务创新型中小企业主阵地。

北交所的主要思路是，严格遵循《证券法》，按照分步实施、循序渐进的原则，总体平移精选层各项基础制度，坚持北京证券交易所上市公司由创新层公司产生，维持新三板基础层、创新层与北京证券交易所"层层递进"的市场结构，同步试点证券发行注册制。在实施过程中，将重点把握好以下原则：

坚守"一个定位"。北京证券交易所牢牢坚持服务创新型中小企业的市场定位，尊重创新型中小企业发展规律和成长阶段，提升制度包容性和精准性。

处理好"两个关系"。一是北京证券交易所与沪深交易所、区域性股权市场坚持错位发展与互联互通，发挥好转板上市功能。二是北京证券交易所与新三板现有创新层、基础层坚持统筹协调与制度联动，维护市场结构平衡。

实现"三个目标"。一是构建一套契合创新型中小企业特点的涵盖发行上市、交易、退市、持续监管、投资者适当性管理等基础制度安排，补足多层次资本市场发展普惠金融的短板。二是畅通北京证券交易所在多层次资本市场的纽带作用，形成相互补充、相互促进的中小企业直接融资成长路径。三是培育一批专精特新中小企业，形成创新创业热情高涨、合格投资者踊跃参与、中介机构归位尽责的良性市场生态。

在融资准入方面，北京证券交易所突出创新型中小企业经营特点，总体平移精选层发行条件以及有关盈利能力、成长性、市场认可度、研发能力等方面的上市条件，提升包容性和精准性。

五、强化中介机构责任

中国证监会主席易会满曾在中国发展高层论坛圆桌会上作主旨演讲时指出，从目前情况看，不少中介机构尚未真正具备与注册制相匹配的理念、组织和能力，还在“穿新鞋走老路”。

监管部门正在积极研究完善相关制度规则，逐步提升保荐业务监管的规范性、标准化水平。积极推进保荐机构执业标准体系的建设，重点考虑对尽职调查、信息披露、辅导验收等制度规则加以完善，细化执业标准，提高可操作性。逐步构建起全面覆盖、责任清晰、层级分明的执业规则体系，进一步研究明确各中介机构之间的责任边界。同时，也在考虑进一步研究优化发行定价、承销配售等相关制度。

针对“一查就撤”“带病闯关”“提前占坑”等市场关注的问题，监管部门会结合 IPO 申报项目现场检查和现场督导情况逐步完善相关制度，加强监管执法，坚决遏制这些乱象。此外，监管部门还在推动构建投行业务质量管理体系，通过对保荐业务全链条、质控全流程、公司治理全方位的跟踪评价，做到过程留痕，实时评价，结果公开，让市场约束机制充分发挥“优胜劣汰”的作用，促进保荐机构主动归位尽责，切实把好“入口关”。同时，也加大中介机构的追责力度。

六、投资端改革

资本市场三要素，筹码、资金、指数。筹码相当于容器，资金相当于里面的水，指数相当于水位。当扩容的速度快于资金进来的速度，等于把这瓶水倒到浴缸和水盆里。当暂停发行，意味着容器不动，资金进来，水位上涨。现在扩容动力很强，不需要动员，但是扩容一定要和进来的资金匹配，所以不能因为大量的扩容，最后造成水位下降，投资者来承担股市下跌的风险。

所以证监会提出一个很重要的改革就是投资端改革。

2021 年 1 月 31 日，中共中央办公厅、国务院办公厅印发了《建设高标准市场体系行动方案》。方案中提出要培育资本市场机构投资者。证监会发言人高莉指出，资本市场引入中长期资金，壮大专业机构投资者力量，有利于优化投资者结构，增强市场韧性，促进投融资平衡，对于资本市场长期稳健发展意义重大。下一步，证监会将聚焦"提高直接融资比重"重要任务，以更大力度推进投资端改革。一是不断壮大市场买方力量。进一步优化基金注册机制，提升权益类基金产品供给与服务质量，支持更多优质资产管理机构申请公募业务牌照，稳步扩大基金投顾业务。二是持续优化中长期资金入市环境。加强多层次、多支柱养老保险体系与资本市场的衔接，推动个人养老金投资公募基金政策尽快落地，继续推动社保、保险、银行理财等资金入市，促进提升权益投资比例，实施长周期考核机制，完善"愿意来、留得住"的市场机制。

具体来看，以加大权益类基金产品供给力度为方向的"机构化"，正推动越来越多的中长期资金入市，并开始发挥"稳定器"作用。包括养老资金在内的"长钱"有着巨大的配置需求，权益类基金应在产品和服务上进行创新，搭建起连通投融两端的桥梁，为多层次资本市场的持续稳定健康发展提供源源不断的动力。

七、完善证券执法司法体制机制

我国资本市场从无到有，从小到大，无论是挂牌上市公司数量，投资者开户户数，中介机构的发展，以及在全球资本市场中的影响力等方面，与当初诞生时相比，都早已不可同日而语。但在市场发展过程中，也催生出诸多方面的问题，这些问题的产生，扰乱了市场秩序，也严重影响着资本市场的健康发展与长治久安。因此，完善证券执法司法体制机制极为关键。

2002 年，公安部就设立了证券犯罪侦查局，并派驻证监会办公；2007 年，证监会与公安部、央行、最高法、最高检等成立整治非法证券活动协调小组，以严打证券期货违法犯罪行为；2011 年，最高法、最高检、公安部、证监会联合印发《关于办理证券期货违法犯罪案件工作若干问题的意见》，以完善行政执法与刑事司法的衔接机制，不断提升打击证券期货违法犯罪行为的效果。2018 年，设立上海金融法院。2021 年 3 月，北京金融法院设立。2021 年 9 月，最高人民检察院驻证监会稽查室设立。此举将有利于增强行政执法与刑事司法部门之间的衔接与沟通，有利于深化证券司法部门之间的协调与合作，从而以更快速度、更高效率打击市场上的违法行为，严惩违规者，并在资本市场上产生威慑与警示效果。

在最高检驻证监会检察室成立后，最高法驻证监会机构何时成立显然值得期待。在不久的将来，如果最高法驻证监会机构也能成立的话，那么，公安部、最高检、最高法都将在证监会设立派驻机构，这对于完善证券执法司法体制机制将迈出非常坚实的一步。完善证券执法司法体制机制，对于推进行政执法与刑事司法部门依法从严打击证券违法活动，加大对重大违法案件的惩处力度，打造一个良好的资本市场生态，保护好投资者利益，促进资本市场发展等方面，都将发挥非常重要的作用。

八、稳步推进对外开放

中国资本市场是改革开放的产物。从 2001 年 12 月 11 日中国加入世贸组织至今,资本市场经历了新形势下改革开放的二十年。

资本市场的制度型双向开放是中国坚定不移改革开放的一个缩影。目前,中国证监会正按照国家新一轮高水平对外开放的统一部署,研究推出进一步扩大开放的相关举措,为境外机构和投资者参与中国资本市场提供更加公平、高效和便利的服务,继续稳步推进资本市场高水平对外开放。主要包含以下三个方面内容:

第一,逐步提高合资证券经营机构外资持股比例,扩大经营业务的范围。目前中国有一大批中外合资的证券公司、基金管理公司、期货公司,本来外资持股只能是 33%,后来到 49%,2018 年从 49%提高到 51%。当初说三年以后不受 51%的限制,2020 年提前一年宣布可以超过 50%。所以 2021 年摩根大通已经持股 71%了,高华已经是持股 100%了。截至 2020 年,在我国资本市场上,外资持股市值增至约 3 万亿元,占 A 股流通市值的比重超 4.6%;原油、铜、铁矿石等期货品种的国际影响力不断增强。

第二,推动境外企业在境内证券交易所上市。俄罗斯铝业已经在上海证券交易所发行债券。科创板不需要撤红筹架构回来发行,这就是境外企业在境内交易所上市。

第三,完善企业境外上市监管制度。证监会将进一步推动与境外主要市场证券监管机构,完善跨境证券监管合作安排。一是与境外证券监管机构建立备案信息通报机制,加强境外上市监管信息共享。二是加强跨境执法合作,共同打击企业财务造假等违法违规行为，维护市场公平和秩序，保护投资者合法权益。三是积极推进跨境审计监管合作，为企业境外上市营造良好的监管环境。

2021 年中央经济工作会议之后，证监会对于未来的工作重点提到了以下几点。第一，坚持稳字当头、稳中求进，全力做好资本市场改革发展稳定各项工作。第二，以全市场注册制改革为牵引，全面深化资本市场改革开放，也就是我们前面讲的各个方面的改革。第三，强化资本市场服务功能发挥，助力实体经济高质量发展。资本市场要服务实体经济，加大对制造业、中小企业、绿色经济的支持。第四，坚持底线思维，持续巩固资本市场重点领域风险防控成效。风险防控讲了两个很重要的方面，一是防止债券市场的违约，二是要给资本设置红绿灯。第五，是自觉坚持和加强党对资本市场的全面领导。

未来，通过全面、持续和深化改革，更好地服务国家的科技创新战略，推进资本市场提升服务实体经济的能力，建设更加高质量、健康的资本市场。

基于价值创造的企业财务管理

郑永强
三井住友(中国)有限公司副总经理兼首席投资官

如何判断一家企业是否成功呢？又如何判断其运营的能力呢？我觉得首要的判断依据是企业价值。那又如何体现它的价值呢？又是以哪些因素作为依据呢？答案可能众说纷纭，因为运营企业所要依靠的条件太多，每一要素都是极为重要的，只有兼顾所有又相互平衡，才能保证企业的可持续发展并且保持盈利。那么，相对重要的因素有哪些呢？我认为是：产品、效率和财力。

▷ 产品——利润表的解读

看一个产品或者服务好还是不好，最重要的是看两点："好不好卖"和"赚不赚钱"。好卖，表示销量好，客户喜欢。赚钱，这是企业生存的关键。好卖不赚钱，企业越卖越亏；赚钱不好卖，企业没销量也无法生存，所以这两者需要并存。企业在关注产品时，要做到既"好卖"又"赚钱"。

哪里可以告诉企业是不是好卖？是不是赚钱？说对了，只有利润表！利润表的第一行，英文称为"Top line"一般都是公司的销售收入，好不好卖就看这个数字，这个数字越大越好，增长越快越好。而与第一行相对应的是利润表的最后一行"Bottom Line"，它是公司的净利润，赚不赚钱就看这个数字。净利润是正数代表赚钱，正数越大，就代表越赚钱；而净利润是负数，则代表亏钱，负数越大则亏得越多。所以第一行和最后一行一般是越大越好，这样就是我们所说的"卖得好而且赚钱"的公司。我们还必须关注一点，净利润通常情况下永远不会有可能超过销售收入，当然做假账的情况除外；净利润比销售收入大是不科学的。所以，不仅要关注"卖得好而且赚到钱"，同时也要关注两者的关系。我们喜欢的企业应该是，"卖得好"而且"更赚钱"。这里"更赚钱"是指企业的利润率更高，也就是同样的销售收入净利润更高。

关注产品，我们要关注企业的利润表，一家企业的产品好不好，就是看利润表好不好。

▷ 效率——资产负债表的运用

前面也说了，一家企业好不好，效率很重要。那么从哪里可以了解一家企业的效率呢？企业的效率管理到底从哪个方面入手呢？

效率，总是指某样东西、某个人甚至某个项目的效率，我们一般不会说某个产品的效率。我们经常听到的是某某公司效率很高，某某机器生产效率很高。

说简单一点，效率就是企业做事的速度要快，比如生产周期、销售周期、收款周期都要比别人短。生产周期与公司的机器设备有关，机器设备的生产效率越高，则生产周期就越短。销售周期，则和企业的库存商品有关，库存商品卖得越快，说明销售周期越短、效率越高。收款周期和企业的应收账款的回收能力有关，应收账款回收越快，收款周期越短，公司收款管理效率越高。

万科就是一个特别好的案例。2015 年，万科销售收入超过 2 500 亿元，世界 500 强排名第 356 位，中国房地产公司排名第一。

如果大家有心关注过万科,会发现万科的楼盘通常既不在各地市中心占有黄金地理位置,也不是中国定价最贵的楼盘,甚至只能算是中国中等售价的楼盘,但是万科的的确确是中国最大的房地产公司和最赚钱的房地产公司。那么是什么原因导致万科做到行业龙头的呢?从效率来看,万科是整个中国房地产行业造楼效率最高的公司,其造楼速度全行业第一,造楼速度快、效率高,这意味着“钱”生“钱”的效率高(生产过程中会涉及固定资产的使用效率)。

那么我们从哪里可以获取直观的生产周期、销售周期、收款周期数据呢?很简单,通过上面的描述,可以发现企业的生产效率、销售效率、收款效率和企业的固定资产(机器设备)、存货(库存商品)以及应收账款(客户欠款)的管理效率直接相关。固定资产、存货以及应收账款的管理好坏,直接影响到企业的效率。固定资产、存货以及应收账款又是企业资产的主要组成部分,因此要管好企业效率就是要管好企业资产的运用效率。所以资产负债表就是用来监控企业效率的报表。通过对资产负债的解读分析和管理,并结合利润表的要素,从而轻松提升企业的效率。

▷ 财力——现金流量表的意义

企业的竞争不仅是“产品”的竞争、“效率”的竞争,同时也是“财力”的竞争。那么了解一家企业的“财力”情况看哪张表呢?非现金流量表莫属。现金流量表记录了公司现金的流入流出以及运用情况,钱从哪里来又到哪里去,一目了然。

不过,光知道钱从哪里来用到哪里去,仅仅是第一步,你还要知道如何利用好资金。之前听过这样一个故事。有一位射击运动员,刚开始训练的时候,教练每天给他 300 发子弹,而他训练时漫不经心,成绩迟迟无法提高。之后教练改变了训练方法,每天只给他一发子弹，没有射中靶心不准离开靶场，从此以后他训练就变得格外认真。最后他成了奥运射击冠军，他叫鲍格丹诺夫。这说明，成功并不取决于你手上有多少资源，而在于你如何利用好你的资源。其实，企业也是一个道理，财大气粗的企业一定能够成功吗？答案是不见得，高效利用资金的企业往往才能成为排头兵。所以，这里的“财力”是指运用资金的能力。

我们举一个简单的例子。市场上有一套房子，目前市值 100 万元。作为普通老百姓，我们很可能会倾其所有，用手头上所有的现金支付房款。等若干年后，房价涨 200 万元时，我们抛出净赚了 100 万元。这个时候，我们已经非常高兴了。然而，同样面对这样的机会，有这样一部分人群，采取了另一种方式。他们用手头有的 100 万元，买 10 套房子，每套房子 10 万元首付，剩下的钱全向银行贷款。等过若干年后，房价涨到 200 万元，而他们则赚了 1 000 万元，整整比我们多 10 倍。

这可不是我虚构的故事，10 年前我们温州同胞就是这么干的，他们巧妙地运用了银行贷款，我们赚 1 块的时候他们赚了 10 块。这也就是浙商历史上被广为传颂的“十个罐子九个盖”的商业逻辑。从财务上来讲就是，巧妙地应用了资产和负债的比率，俗称“财务杠杆”。

所以，把握一个企业的“财力”，不仅要看现金流量表这份监控企业现金流状况的表格，同时也要结合资产负债表上资产负债结构（财务杠杆），用最优的方式充分利用企业的资本结构，以取得更高效的回报。

▷ 数字化分析企业管理的“五力”模型

我们了解了管理好企业就是管理好企业的“产品”“效率”和“财力”。那么接下来，我们该怎样去分析这些要素，如何去把握这些基点，从而切切实实把握住方向，管理好企业呢？数字化管理企业的基本模型——"五力"模型将是我们分析和解决问题的入手点。

一家好公司必须具备的五个方面能力，其中包括与"产品"相关的"发展能力"和"控制能力"；与"效率"有关的"营运能力"；与"财力"管理有关的"偿付能力"；以及综合涵盖所有方面的"盈利能力"。一旦企业家掌握了这五大能力，那么基本上一家企业尽在掌握。"五力"模型的详细解释如下表：

表 1 "五力"模型内容

企业价值最大化＝产品（利润表）×效率（资产负债表）×财力（现金流量表）			
发展能力	• 销售收入增长 • 收入增长的驱动因素		
控制能力	• 成本控制 • 预算控制		
营运能力		• 应收账款 • 存货 • 固定资产	
偿付能力		• 资产负债率	• 经营活动的现金流
盈利能力	• 毛利率 • 净利率	• 资产周转率	• 财务杠杆

作为企业的管理者，第一步，永远必须重视"产品"的发展能力，找到"产品"发展和增长的基本动因和原动力，推动企业的快速和稳步发展。

第二步，是强化企业的控制能力，尤其是针对"产品"的控制能力。这里的控制能力，不仅包括"产品"制造成本的控制，而且包括

“产品”销售和管理预算的执行情况的控制；不仅控制结果同时控制过程，建立全面预算管理体制，指导日常工作。

第三步，是把握企业的营运能力，从企业内部的应收账款、存货和固定资产等内部资产运作入手，找出并突破资产运用“效率”的瓶颈，找到商业模式的基点和关键点，从而使企业运作“效率”大幅度提升。

第四步，重视企业的偿付能力，关注企业的“财力”，监控资金的流动情况，避免资金链断裂，同时充分利用财务杠杆，力求投资者价值最大化。

最后是，必须整体把控企业的盈利能力，通过毛利率和净利率、周转率和财务杠杆的分析，制定企业发展战略，决胜未来。

▷ 企业控制能力

受限于本文篇幅，我仅对第二步，强化企业的控制能力加以阐述。因为我们总是讲企业要发展，那么一家企业只注重发展行不行？答案是否定的。实际上，企业不仅要具备高速的发展能力，同时也要具备良好的控制能力。企业的控制能力来自两个方面，一是和产品相关的成本控制能力，另一个是企业执行力相关的预算控制能力（计划的执行力）。

▷ 成本控制能力

成本是指企业取得资产或劳务的支出，成本应当与销售商品或提供劳务而取得的收入进行配比。

收入高低，对于企业来说，只能决定活得是好还是坏；但是成本高低，却要决定企业的生死存亡。收入多了，企业赚钱就多了，应该可以发展得更好；但是如果成本比其他企业高得多，那么销售价格就可能比别人要高，产品就有可能卖不出去；卖不出去，企业只能等待灭亡。所以成本高低关乎企业生死。企业不断降低成本，就跟人体不断呼吸一样，是必须的，是非做不可的。不降低成本，企业早晚要灭亡。巴菲特在选择企业时，就先看这个企业的成本是不是能够不断地降低、降低再降低。能有效降低成本的公司是巴菲特投资的标准之一。

我以世界500强企业沃尔玛为案例，来阐述它是如何提高成本控制能力的。

▷ 成本控制之沃尔玛："低价才是王道"

按照"不断降低成本"这一选股标准，巴菲特发现了一家超级公司，同样也是一只超级大牛股——沃尔玛。沃尔玛公司于1962年在美国阿肯色州成立，经过多年发展，沃尔玛公司已经成为美国最大的私人雇主和世界上最大的连锁零售商，2016年营业收入达4 858.7亿美元，同比增长0.8%，连续四年荣登财富世界500强榜首，沃尔玛的核心经营原则，只有两个字"低价"，公司之前在中国的口号就是"天天平价，始终如一"，并努力实现价格比其他商号更便宜的承诺。成本控制就是沃尔玛成功的最大秘诀。

正是通过不断降低成本，沃尔玛不断地降低销售价格，吸引更多的客户来购买，销售收入不断增加，利润更加大幅地增长，从而推动它的股价也越涨越高，1972年8月沃尔玛上市时0.05美元，到2014年6月底时75美元，42年累计上涨1 100倍，但是如果按照1974年12月份沃尔玛最低价价格复权价格0.014美元，2013年12月底最高价是79.83美元，这40年，沃尔玛最大涨幅超过5 000倍。

我们已经记不清过去10年的世界五百强的王冠上刻上过多少次沃尔玛的名字了，但从1950年山姆·沃尔顿在美国阿肯色州创立第一家特价商店以来，到目前在15个国家拥有超过8 500家门店的零售业巨擘，拥有全世界最多雇员的沃尔玛本身可以代表美国的公司文化的历史。在从一家小店铺发展成为跨国行业巨头的过程中，沃尔顿家族一代又一代的企业家通过不断的并购实现了跳跃式发展，沃尔玛的管理智慧也一直是全世界工商管理课程中津津乐道的话题。

这里我们不再探讨沃尔玛过往的辉煌，我们尝试分析沃尔玛近年来在中国如何运用成本战略巧妙地撬动中国市场。沃尔玛于1996年进入中国，在深圳开设了第一家沃尔玛购物广场和山姆会员商店。目前沃尔玛在中国经营多种业态和品牌，包括购物广场、山姆会员商店、中型超市等，截至2014年4月30日，已经在全国21个省、自治区和4个直辖市的约170个城市开设了400多家商场、7家配送中心和9家鲜食配送中心，在全国创造了约9万个就业机会。为了更好地布局全国，在中国这个最大的零售市场复制美国的成功模式，从2007年起沃尔玛在中国接连发起了让业界侧目的收购行动，先后收购台湾超市品牌“好又多”和互联网超市“1号店”，2014年的关店风波更是把沃尔玛推上了风口浪尖，2016年京东宣布收购“1号店”，沃尔玛成为京东的战略投资者。这一切的背后，恰恰是沃尔顿家族几十年的“低成本”经营智慧在中国的实践。

▷ 并购的智慧——沃尔玛的中国成本战略

2007年2月27日，在获得商务部批复后，沃尔玛正式宣布收购BOUN-TEOUS COMPANY LTD.（简称BCL）公司35%的股权。据悉，好又多超市正是BCL公司的全资子公司。这一消息的确认，使此前沸沸扬扬多年的好又多收购案终于尘埃落定……沃尔玛整体收购好又多的资金事实上合计为9.6亿美元。首先，沃尔玛以2.64亿美元收购BCL公司35%股权，之后又支付3.76亿美元拥有另外30%股份的投票权。根据收购协议，2010年2月底前，在满足一定条件后，沃尔玛将进一步支付3.2亿美元，收购余下股份。

——《南方都市报》

2012年2月20日，沃尔玛百货有限公司（纽交所代码：WMT）宣布已达成协议，增加对发展迅速的中国电子商务网站1号店控股公司的投资，使沃尔玛持有股份增至近51%。这标志着只用了短短一年，沃尔玛就完成了对国内第一家线上虚拟超市的控股。

——《21世纪经济报道》

2013年10月起，沃尔玛开始在中国市场启动门店调整计划：在未来18个月，计划在中国市场关闭15—30家门店。2014年3月份，沃尔玛关停了全国6家店，关停的城市分别在湖南、江苏、重庆、安徽、上海等省市……2013年沃尔玛全球对中国和巴西市场提出缩水计划，要求关闭两大市场约50家业绩欠佳店，中国市场预计关闭25家店。而沃尔玛数年前疯狂扩张时所选的一些地理位置不佳、营业额低的门店因此成为关店的重灾区……

——中国经济网

这三则看似普普通通的财经新闻，如果把它们连在一起，对于沃尔玛中国战略来说，无疑是至关重要的，尤其是“低成本”战略的成功实施。第一则新闻（2007年），沃尔玛兼并好又多，用兼并的方式，实现了快速的门店铺设和地域扩张，实现了资金成本和时间成本之间的转换，以资金换取“时间”，实现快速扩张。第二则新闻（2012 年），沃尔玛再次出手，收购并控股 1 号店，实现了线上和线下的业务整合，通过线上和线下的资源优势互补，发挥了各自优势，不仅打破空间和地域限制拓宽了客户来源，同时也降低了营运成本。第三则新闻（2013 年），沃尔玛开始大规模地进行门店调整，关闭业绩欠佳门店，从而进一步提高效率、降低成本。这一套“组合拳”，每一步对于沃尔玛的中国战略都是紧密配合密不可分的。第一、第二步是扩张，通过收购换取时间和空间，同时提升营运效率降低营运成本；第三步则是收缩，通过关闭门店，缩减成本，步步为营，从而为沃尔玛中国未来快速发展打下了坚实的基础。下面我们尝试将这三步逐一深入分析，将沃尔玛的中国成本战略重新展示给大家，期望从中得到启发和借鉴。

▷ 争时间——布局全国（时间成本）

作为沃尔玛在内地最主要的竞争对手，同为全球零售巨头的家乐福先进入台湾地区的市场，然后以上海为基地进军中国大陆。沃尔玛则先进入香港地区，然后选择深圳作为桥头堡进入中国大陆。之所以选择深圳，是因为在深圳的扩张得到了深国投在线下选址和开店方面的帮助，加上深国投的门店的土地资源，沃尔玛放弃了以北上广为中心拓展内地市场，这也为沃尔玛之后的发展埋下了祸根。

在 2006 年之前，沃尔玛一直未能进入北京和上海，在广州也没有开出任何一家店。相比之下，到 2006 年上半年，家乐福在华共有店铺 79 个，上半年销售额 119 亿元，排名所有零售企业第 5 位，远远超过沃尔玛。此时，在广州店铺数量位居所有零售企业首位的好又多进入了沃尔玛的视野。虽然沃尔玛与好又多之间存在巨大的企业文化差异,但好又多在广州店铺的巨大的销售规模和出色的盈利能力还是吸引了沃尔玛,沃尔玛决定将收购好又多作为进军广州和华南市场的一条重要途径。

沃尔玛成功的关键之一就是其“天天平价”的特色,按照沃尔玛在美国的运作模式,通常由一个区域性的配送中心作为圆心,以500公里作为半径,密集建立门店,配送中心可支持的门店数量高达120家。此外,沃尔玛的信息技术优势也是一大优势,除了庞大的信息处理中心将供货商联系到一起,沃尔玛还拥有一颗商用卫星来支撑全球店铺信息传输及运输车辆定位,以此高效合理地补充库存,降低成本,实现市场竞争优势。有了强大的物流系统作为

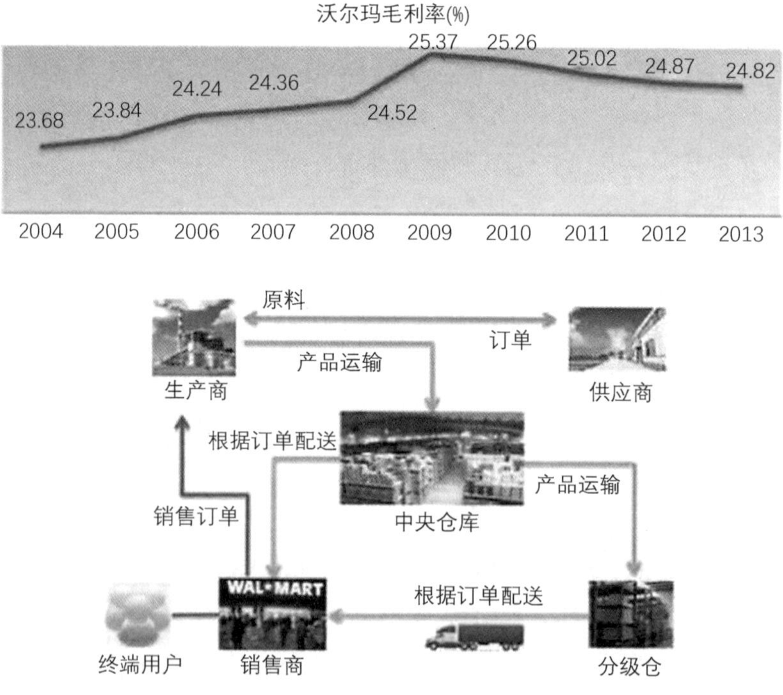

图1　沃尔玛的毛利率和物流系统

后盾,沃尔玛毛利率一直稳定在较高水平。

不过2007年前,沃尔玛在中国只有两家配送中心、数十家分店,而且分店布局极为分散,远没有建立起像美国那样高效、完整的物流配送体系。当时,上海南浦大桥店大部分商品统一由深圳配送中心进行采购和配送,按照500公里配送半径圈,深圳到上海的距离已经超过了配送中心能够辐射的合理距离,配送成本居高不下,补库存时间没有保证,同时也无法精确把握库存消耗,所以货架上常常出现缺货状况。

此外,在全球市场上,《财富》推出2006年度全美最受尊敬公司排行榜,因受到对劳工等问题的一系列批评,再加上股票表现欠佳,沃尔玛从第4落到第12。沃尔玛急需在中国这个最大的零售市场确立自己的地位来改善业绩。2006年沃尔玛宣称计划在该年年底前在中国新开设42家购物广场,将在华购物广场总数增加近一倍。2007年沃尔玛反复声明会开始大规模开店扩张,不过除了单店建设成本高、进度缓慢外,店铺的选址和面临的大量政府公关和文化融合的工作让习惯了美国式文化的沃尔玛感觉难以从容应对。为了降低开店的经济、政策成本,收购一家已在内地广泛布局的成熟零售企业成为沃尔玛低成本快速扩展的首选。

好又多1997年进入广州,陆续在全国各地开业100多家店,成为中国大陆连锁分店数量最多的外资商业企业,上海是其新总部所在。对于1/3店铺布局华南,在广州一片空白,又计划在上海、北京大展拳脚的沃尔玛而言,并购好又多不仅可以花较少的时间成本将空白市场填充,并在最短的时期内形成区域优势,而且门店总量超越家乐福。并购完成后,在华仅73家门店的沃尔玛一下子把门店数扩张至174家,规模一旦形成,沃尔玛耗资十多亿元巨资打造的物流配送体系便能真正物尽所用,把美国的成功模式真正复制到中国。

2007 年 2 月 27 日，沃尔玛宣布购买 Bounteous Company Ltd.公司 35%的股权，作价 2.64 亿美元，BCL 唯一业务为圈子控股中国境内 101 家好又多超市。这 101 家门店中 31 家属直营店，为 35%股权的范围，剩余 70 家非直营店则须在好又多方面进行清理、门店整改完成后，再由沃尔玛在未来三年进行增资，直至完全收购，总体收购框架价格为 9.6 亿美元。

▷ 抢空间——拓宽渠道(销售和营运成本)

当淘宝们的销售额一次一次刷新市场的认知时，当亚马逊开始取代百货店成为年轻人购物的首选时，当线下的百货店逐渐成为试衣间时，我们知道电商时代来了。在这股大潮中，即便是沃尔玛这样的零售业航空母舰，也无法避免来自网络购物的冲击。沃尔玛拥有充足现金、先进的信息服务系统、高效的物流、强大的议价能力、天天平价的策略和管理优势，但电商们说："我们便宜。"

2008 年 7 月 11 日，1 号店的上线开创了电子商务行业网上超市的先河，覆盖了食品饮料、生鲜、进口食品、美容护理、服饰鞋靴、厨卫清洁用品、母婴用品等领域。成立以来，1 号店持续保持高速的增长势头，2013 年实现了 115.4 亿元的销售业绩。1 号店已成为国内最大的 B2C 食品电商。1 号店借助电子商务的 B2C 商业模式，在各个城市均拥有了仓库。

事实上，线下实体店租金不断上涨，零售企业向线上发展已不可避免地成了趋势。不过很多人把沃尔玛对 1 号店的收购看作是其中国公司无法在电商渠道取得发展，那就显得片面了。

在中国发展了多年后，沃尔玛已不再是传统意义上的销售终端，收入来源于商品差价和品牌入场费，而是一个整合了上下游资源的综合零售企业。2006年，沃尔玛超市已经有了40多种服装、食品的自有品牌，到了2010年沃尔玛自有品牌占比已突破20%。自有品牌比外部品牌的价格普遍低5%至20%，有的甚至低30%至50%。可以说，向下游品牌拓展奠定了沃尔玛的价格优势。

此外，沃尔玛在2008年设立了蔬菜直采基地，辽宁瓦房店市也成立了“沃尔玛绿色水果转换有机水果直接采购基地”，对当地5 000亩果园绿色水果进行有机转换，并直接供应有机沃尔玛华北地区的店面。到2011年，上游的100多万农民直接参与到了“农超对接”项目。就这样，沃尔玛整合了整条供应链的上下游，许多在售商品在促销时的价格都直逼其他零售商的价格底线。

物流上，普通零售商销售额中10%左右要被消耗掉，而沃尔玛凭借在中国的6 000多辆卡车，62个面积相当于24个足球场的配送中心，以及可比拟美国军队的全球最大的信息处理中心，每一台货物运输车辆上都有卫星移动计算机系统，可以全面监测货物运输，把物流成本控制在销售额2%左右，这也给沃尔玛腾出了更多精力去整合产业链的上游和下游。

因此，收购1号店更可以看作是一次前瞻性的战略布局，因为家乐福等主要的竞争对手，尚未在中国建立成熟的线上销售平台，只有亚马逊已铺开中国网站。沃尔玛对1号店的收购，将使其成为中国目前规模最大的线上虚拟门店与线下实体门店多渠道营销布局的零售企业。而其产生的影响主要有以下几个方面：

首先，沃尔玛2%左右的物流成本依旧好于传统电商的5%物流成本，将在线上渠道拓展上抢占成本优势；其次，由于沃尔玛已控制了部分食品百货的上下游，因此通过线上销售将打击线下竞争对手；再次，通过1号店，沃尔玛除了继续巩固食品类商品的竞争优势，还可以把其他品类的商品带到以食品饮料为特色的1号店平台，侵蚀京东和苏宁们的市场份额；最后也是最直接的，1 号店上海的仓库为沃尔玛未来在华南与家乐福、大润发进行竞争奠定了良好的配送优势，除了发展电子商务业务外，1 号店不断建立的仓库为线下已有的实体店以及未来要开设的实体店提供服务，大幅降低其入仓和出仓配送成本，加上沃尔玛仓库一直是盈利单元（向供应商收取 5%左右的仓储管理费用），拥有更多仓库在降低成本的同时也增强了其仓储盈利的提升。

此外，一般大型超市服务半径在 3 公里左右，即便通过我们常见的超市班车的接送，服务半径也无法超过 5 公里，因此，大型超市服务的客户群体受到地域的严格限制。所以在网上超市兴起之前，大型超市都是以地域扩张为快速发展的主要途径，沃尔玛的发展也是一样路径。与此同时，我们经常见到，在大城市里，一家大型超市 3 公里范围内一般必然有另外一家相同规模甚至更大规模的大型超市存在并与之竞争，有的区域甚至同时存在 3 家以上大型超市。对于同地域客户资源的争夺，大型超市之间的竞争可谓白热化。而 1 号店则很好地打破了大型超市的地域界限和延展了服务半径，因此收购 1 号店，沃尔玛的服务半径无疑得到了很好的延伸和扩大，同时获得了很大一部分不在沃尔玛服务地域范围内的客户。

所以，对 1 号店的收购，除了想最大化业务规模和利润外，更是觊觎中国电商市场的一盘大棋，目标直指线上线下的融合和引领消费习惯变化的下一代零售业态。

▷ 要效益——整合资源（降低直接成本）

2012 年沃尔玛的扩张步伐有所缓解，新开门店为 30 家，同时有 4 家门店宣布关闭。继百货店关店潮后，零售企业也开始了所谓的关店潮。2013 年我国主要零售企业共关闭 35 家门店，而到了2014年上半年，这个数字达到了158家，其中超市类门店关闭146家，仅沃尔玛在2014年就关闭了14家门店。2014年8月，沃尔玛旗下的好又多准备关闭广州闹市的东山店，因员工的集体维权引发了轩然大波。在此之前的三个月内，杭州也有两家沃尔玛门店因业绩不佳为由被关闭。

分析超市业态关店潮的背后，主要原因有两个：其一是因经营原因而主动关店，包括竞争激烈、整体布局调整和电商崛起的冲击；其二是年年高涨的店租推高了单店的运营成本，同时人力成本也水涨船高。

不过考虑到经过十多年的粗放型扩张，大卖场式的超市业态本身也进入了一个瓶颈期，大卖场百货部门的业绩占比已从15年前的40%—45%下降到30%以下。经过了前一阶段快速密集开店发展，沃尔玛等零售巨头早已完成了市场布局，但区位上以一线和二线城市为主，不断上涨的租金和人力成本给单店盈利带来了越来越大的压力，因此大卖场的转型势在必行。

2013年沃尔玛打出了"优化商业布局"的转型战略，随即开始对全国范围内一些业绩不佳的店铺进行调整，这也是对好又多收购后的一次重大的资源重整。2013年好又多广州前进店正式停业是一个开端，沃尔玛高层透露："未来18个月，沃尔玛中国还将非常谨慎地关闭15到30家门店。"沃尔玛清楚地知道，每个商店都会有自己的生命周期，在目前零售业持续低迷的背景下对现有的店铺进行资源整合，优化布局将使企业能以更好的结构去应对未来超市业态向线上线下融合转型的需求。

同样值得注意的是，2013年沃尔玛共有26家门店开张，其中有六成以上选址在三四线城市。事实上，在美国，沃尔玛走的就是"农村包围城市"的战略，通过培育低等级的市场来获得更多远期利润，而竞争对手家乐福在欧洲一直就是定位于中产阶级的平价超市。因此沃尔玛在中国通过战略调整拓展三四线城市市场，探寻三四线城市消费升级潜力的战略目的清晰可见。

2014 年 8 月 10 日，沃尔玛中国宣布成立了新的地产团队，以支持山姆会员商店的业务增长。未来山姆会员商店会考虑采取买地自建物业的模式经营。目前沃尔玛在国内的门店绝大多数都是以租赁店为主，只有少量试点门店为自建店。此次，沃尔玛中国新地产团队的亮相，也预示了山姆会员商店将考虑更多地尝试走买地自建物业的道路。通过进军地产，自持物业，一方面可以减轻高额租金所带来的成本压力，另一方面也有望享受物业长期投资所带来的高收益。山姆会员店这种经营模式的设想是尽可能降低商品毛利，商品售卖利润仅用于支付店面基本运营费用，而会费收入才是真正的利润来源。

这样一来，沃尔玛在中国发展的战略调整就一目了然了：首先，关闭业绩不佳的门店，优化一二线城市的门店布局；其次，把握三四线城市消费升级的潜力，加快这些区域的布局；最后，通过自建物业，发展山姆会员店减轻租金成本压力，享受物业长期投资的好处。此外，通过加强 1 号店与线下仓库和实体门店的融合，沃尔玛也在加快发展 O2O（Online To Offline，是指将线上的商务机会与互联网结合，让互联网成为线下交易的前台），以获得零售业互联网转型的先发优势。2016 年后，沃尔玛与京东达成战略合作，1 号店并入京东，沃尔玛入股京东，占股 5%。

通常为了寻求企业发展和扩张，是产生并购行为的基本动因。内部扩张可能是一个缓慢且耗时耗力的过程，并且还充满着不确定性。通过并购寻求发展则会迅速得多，尽管并购本身可能会带来企业融合的挑战。并购的动机大体分为三类：首先，扩大规模，提升市场份额和品牌知名度，降低成本和费用；其次，整合上下游资源，获得原材料、生产技术、管理经验、经营渠道和专业人才等；最后，实施多元化发展，进入新行业，分散投资风险。

从沃尔玛接连收购好又多和1号店的行为来看，都是围绕着“低成本”的主题开展，节省开店成本、迅速布局全国和打开线上渠道是沃尔玛这一系列组合拳的主要考量，同时可将沃尔玛在美国赖以成功的高效产业链模式更好地复制到中国市场，将低价策略贯彻到极致。而并购后通过关闭一二线城市业绩不佳的门店，拓展三四线城市的市场，同时发展自持物业和山姆会员店，将并购后的协同效应发挥到最大。

成本过高的企业会难逃亏损结局，成本可控制的企业才能活得更久，那些能够把成本降到最低水平的企业，才会成为超级大牛股，沃尔玛就是最好的例子。

▷ 科技赋能，助力企业数字化转型

最后我们来谈一下，在数字化转型的时代背景下，科技如何赋能企业的财务数字化转型。

在智能化的发展趋势下，企业可以应用人工智能、区块链、可视化技术、机器人等手段提升财务部门内部效率。例如，RPA 帮助各分支机构财务人员完成每日收付数据核销，并实现业务交互，一站式自动核销制证；RPA 结合智能聊天机器人及图像识别，通过企业数据库对报销信息智能匹配，简化报销采集流程和审核流程；RPA 结合智能聊天机器人、图像识别、NLP 以及硬件设备，实现全自动的分公司财务业务流程处理。利用科技赋能，实现从 RPA 到“RPA＋AI”再到 Hyper automation（超级自动化）的过程。

所有的金融创新，都需要依托业务场景；所有的业务场景，都

离不开数据和流程。很多人在规划数字化体系时，都会先想"我现在手头有哪些数据"，其实应该反过来想——未来应该产生哪些数据？到底哪些数据是驱动公司业绩的？产生数据的是流程，因此，在设计数字化体系时一定要从数据反推流程，从流程反推场景。

对于智能化如何落地，我认为重点在于通过大数据、区块链等技术实现渠道的多样化，可大致分为四步：

第一步，业务标准化，包括数据标准化、流程标准化和产品标准化；

第二步，在梳理好业务流程的基础上，利用智能化寻找效率优化的可能空间，提升整个业务流程，比如 RPA 业务流程自动化、区块链提高外部沟通流程以及移动化提高业务效率等；

第三步，建立数据平台，打通业财数据，实现内外数据一体化；

第四步，基于业财数据，利用人工智能帮助企业做出决策。

我所在的企业三井住友是日本的三大银行之一。目前，三井住友在中国的体量并不大，但是也有 74 个产品，总共涉及 1 909 个条款。对于财务来说，其分析需要细化到每个条款是否能够产生适当的经济效益。如果把各地区各分公司的条款全部罗列出来，一个月大概需要形成 2 000 页左右的报告。所以，如何为企业管理层和各个业务线提供更快速、更系统的报告，让他们能便捷地获得所需的数据分析，真正运用数据来创造价值，是财务团队需要思考和解决的问题。

一般的财务分析只能分析到省份地区的业务条线，而三井住友的财务管理可以实现分析到单一客户，基于对历史数据的追踪，为客户提供包括过去十年数据的利润表。以打破"28 法则"为目标，即 20%的客户贡献 80%的利润，思考如何让 20%的客户买更多的单，让剩下 80%的客户创造更大的价值。

资本皇冠上的明珠

——企业并购重组与整合

马永斌

清华大学副研究员、市值管理与并购重组专家

“没有一家大的公司不是通过某种程度、某种方式的兼并成长起来的，几乎没有一家大公司是靠内部扩张成长起来的。”

——诺贝尔经济学奖获得者乔治·斯蒂格勒

一、资本并购与价值经营

随着多层次资本市场改革的不断深入，注册制的稳步推进落地，企业发展的空间和方式变得更宽广、多元和纵深。上市后，强大的资本平台、丰富的融资工具、更高的战略视野为并购上下游产业链公司提供了切实可靠的实现方式。公司上市后的经营目标，不再是简单的利润最大化，而是企业价值创造的最大化，由此带来企业经营理念和战略的进化；市值管理不是一味地炒股价，而是真正基于资本市场和企业成长的价值经营创新。

因此当企业发展到一定阶段的时候，并购重组便成为一个绕不开的课题和选择，如果说注册制后带来的 IPO 红利是未来 5

年，那么并购的红利将是未来的 20 年。从目前的情况来看，并购重组活跃度和交易规模整体将会逐渐呈井喷态势。

并购重组能够从根本上改变一个公司，对公司的兴衰周期产生强烈的冲击，可以使处于价值流出阶段的行业向价值稳定和价值流入阶段转变，从而实现转型升级和产业突围。对于众多的非上市的中小企业来讲，将企业卖掉也是实现资本退出的一条有效路径，这是把企业价值创造功能放大的一种选择。

目前很多企业家逐渐意识到了并购带来的超额红利，却忽视其同样蕴含着的巨大风险。

二、并购的作用

首先和读者朋友们探讨企业为什么要进行战略投资和并购重组的相关问题。

▷ 并购重组与企业成长

对于上市公司来说，如果企业还是单纯地停留在产品经营阶段，而不真正通过资本运营的思路来进行投融资和并购整合，那么，大企业将可能失去竞争力，中等企业将会被淘汰，而小企业将会在“温水煮青蛙”中死去。

分众传媒和聚众传媒这两家公司原本是行业中的“老对头”。在资本市场上的领先有可能会出现一步先、步步先，只有第一、没有第二的局面。分众传媒采取“擒贼先擒王”的策略，先一步抢跑市场，获得风险投资和资本市场的青睐，进而利诱对手背后的资本力量。由于缺乏资本的长期支持，聚众只有束手就擒。上市后的分众传媒拥有了更强的资金调动能力，出资 3.25 亿美元全资合并聚众传媒，掌握了98%的楼宇视频广告市场份额，成为该市场当之无愧的主导者。在资本市场上很多时候不仅仅是“大鱼吃小鱼”，还可能会出现“快鱼吃慢鱼”的情况。

▷ 并购重组与市值管理

一般来说，并购重组的消息可以对市值产生直接的影响。思科和谷歌便通过并购进行市值成长。

思科是在1990年纳斯达克上市，当时的市值约为3.7亿美元。截至2021年4月1日，其市值约为2 194.48亿美元，翻了将近600倍。截至2021年4月底，其总共收购公司数目为185个，并购对于市值产生的贡献功不可没。

谷歌成立于1995年，但其市值和影响力却远超很多有百年历史的大企业。谷歌是靠搜索起家，但如今也是网络视频和移动操作系统的霸主。谷歌2004年8月19日纳斯达克上市首日收盘价100.34美元，市值约为226亿美元。10年后，2014年8月19日，市值约为3 960亿美元。截至2021年5月18日，市值约为1.56万亿美元。16年时间里市值总共增长了将近63.72倍，其成长方式和市值管理的主要方式就是并购重组。截至2021年5月，谷歌上市之后共收购273家公司。通过并购，不仅市值倍增，而且商业模式和业务布局也成功从一个互联网搜索公司变成了一个“搜索＋视频＋人工智能＋大数据＋软件”的互联网平台型公司。

▷ 并购重组与产业突围

在目前行业竞争加剧的情况下，并购重组是产业链纵向整合以及横向并购将竞争对手变成合伙人的不二选择。

正泰的创始人南存辉在温州绝对可以算是一个另类，温州的企业大部分是家庭作坊发展而来，老板往往就是唯一的股东，几乎没有人愿意接受股份制的形式，更不愿意家族外的人拥有自己公司的股份。但是，在正泰的成长过程中，正是南存辉的三“释”股权，才使得正泰成为低压电器开关行业的龙头老大。正泰的股权稀释之路实际上就是中国民营企业和家族企业的资本之道。

正泰第一次是用家族股权稀释了个人股权，将家族的力量整合起来，完成了家族的增资扩股。第二次是用社会资本稀释了家族股权，通过并购提高了正泰的市场议价能力，正泰得到很大发展。第三次是用知识资本稀释了家族股权，这次股权稀释，南存辉所看重的不再是资金，而是另一种对企业发展更为重要的资本——“人力资本”。一大批技术专家、管理、经营精英人员所起的作用越来越大，家族中坚与核心的作用被淡化。

上市后正泰电器以内部整合为主，利用 IPO 募集的资金，投入智能电器和诺雅克产品生产基地的建设；并利用并购等手段加强自动控制相关产业的布局。2015 年起，在以光伏等新能源产业为第二跑道的战略规划中，内部整合和外部并购成为正泰主要手段。目前正泰电器的光伏业务和低压电器已经齐头并进，成为正泰电器为股东创造回报的双重引擎。

▷ 并购重组与产融结合

利用金融资本促进产业的发展，这只是产融结合的第一阶段；在产融结合的第二阶段，需要在利用金融资本促进实业发展的基础之上，成立综合金融平台，通过产业和金融产生良好的互动，实现企业稳健而快速地增长，复星集团是中国企业在产融结合第二阶段非常成功的翘楚。

复星国际有限公司是一家科创驱动的家庭消费产业集团，深耕健康、快乐、富足三大业务，为全球家庭客户提供高品质的产品和服务。复星在产融结合第一阶段，主要是以“主业＋投资”的模式推动产业并购。进入产融结合第二阶段后，开启了“实业＋投行”模式，并布局保险业，找便宜的钱进行价值投资，最终形成“实业＋保险＋投资”的格局，围绕中产阶级家庭的富足、健康和快乐，进行商业模式创新和业务布局调整，形成了如今的巨无霸商业帝国。

▷ 并购重组与结构调整

结构调整可以分为两部分，一是国内的并购。自 2017 年以来，国有资本在 A 股上买壳的行为屡见不鲜。这股国企并购浪潮在 2018 年达到高峰，此次国企买壳和与之前最大的不同在于，国有资本变聪明了，不仅仅是单纯扮演“救火队”的角色，而是利用反周期投资原则进行的一次抄底。

其中经典的案例包括“零首付＋提供贷款”式并购，如海科金集团 1 元收购金一文化；“明股实债”式并购，如奋华投资（浙江国资背景）通过增资的方式受让顾家集团 20％股权；“协议转让＋表决权委托”式并购，如华融国信收购红宇新材；“分期付款”式并购，如国风投基金收购海虹控股，等等。

二是海外并购进行的产业布局，海外并购是国家进行经济结构调整和产业布局的重要环节，各国为了支持海外并购的发展，纷纷出台了不同的政策进行扶持。

紫光进行的海外并购就是在国家支持下的全球产业布局。2013—2019 年，紫光集团斥资千亿元投资并购逾 16 家公司，其中有 11 家从事芯片行业。如此大手笔的投资资金来源从何而来呢？除了自有资金以外，背后不乏国家开发银行、中国进出口银行的授信，以及国家产业基金的支持。与之完全相反的例子是 2016 年年底，监管层踩下急刹车，严厉整治海外并购中的非理性并购现象，复星集团、万达集团、海航集团等海外并购规模靠前的企业也引起了重点关注。

三、中国进入并购时代

接下来看当前中国与世界并购市场的现状。

从 19 世纪末至 21 世纪初，以美国为主全球掀起了五次并购浪潮。在第一次并购浪潮中，以横向并购完成了现代产业结构的布局；在第二次并购浪潮中，以纵向并购进行了产业链整合，逐渐形成国家垄断资本；在第三次和第四次并购浪潮中，通过混合并购、杠杆收购和恶意收购完成对行业结构的调整；在第五次并购浪潮中，通过跨国并购和战略并购重塑了市场竞争格局。美国所有的大公司都是在这五次浪潮中通过并购重组成长起来的，没有一家是通过内部扩张成长起来的！

2013 年起，在全球范围内，大型并购交易不断涌现，竞购大战层出不穷，恶意收购时有发生，跨境并购交易比例不断上升。2014 年并购重组交易额飙升至 2008 年金融危机爆发以来的最高水平 4.80 万亿美元，2015 年达到史上最高全球并购交易额 6.01 万亿美元，2016 年全球史上第四高并购交易额达 4.73 万亿美元，2017 年史上第三高并购交易额达 4.74 万亿美元，2018 年重新冲高至 5.30 万亿美元，跨境并购交易占全球并购交易的 40%左右。这些足以说明第六次并购浪潮已经发生在当下。

前五次并购浪潮，是以美国市场为主。在第六次并购浪潮中，虽然美国继续领跑全球，但是来自中国的买家已经成为跨境并购交易的主力军，而且国内资本市场的并购交易自 2014 年开始也是风起云涌,中国企业已经身处第六次的全球并购浪潮中。

2020 年是我国资本市场注册制改革探索的关键之年,在注册制正式落地之后,资本市场对实体经济的支撑作用进一步稳固。伴随着上市门槛的降低,国内企业进行并购和资产重组的通道亦同步拓宽。即便在 2020 年初新冠疫情的黑天鹅事件和美国政府对华投资设限、“长臂管辖”制裁、并购审查趋严等逆全球化贸易政策影响下,并购浪潮依旧没有停下汹涌而来的脚步。可以预见,在不久的将来,全球范围内量化宽松的大环境和国内资本市场的改革带来的上市公司资金充裕小环境互相叠加,将为并购市场带来充足的“火药”。而新冠疫情导致众多中小企业现金流断裂,以及上市通道开启后涌现的小市值公司,则提供了巨大数量的“木柴”。干柴烈火相遇,并购市场一触即发。

对于任何一家中国企业而言,除了做好自身的经营和发展外,不可避免地要在全球或局部区域内面对一个现实的问题:要么去并购别的企业,要么被别的企业并购!在这方面,似乎大多数中国的企业还认识不足。作为一名有抱负的企业家,积极对产业转型、国际化等问题进行思考是具有战略意义的。

四、并购动机与决策

并购决策的逻辑框架主要从“为什么买”“买谁”“怎么买”这三个方面出发。

▷ 为什么买?

积极的公司并购动机主要是为了获得协同效应,这是公司并购行为中最重要、最普遍的动机。并购后的公司较收购前的单一实体，为股东创造出更多价值。其中包括运营协同效应、财务协同效应、节税、实现国际化目标等等。

非积极的公司并购动机可能包含，为使用闲置资金而进行并购、多元化战略、谋取管理者的控制权私利、引导盈利等等。

▷ 买谁？

在选择并购标的的时候一定要明确“决策必须为明确的目的服务”。

在决定买或者买的时候首先要考虑行业的吸引力，在业务实力矩阵中进行定位。

行业吸引力 \ 业务实力	强	中	弱
大	I. 优先投资。即大力投资发展，寻求行业支配地位。	II. 择优投资。增强竞争能力，力争行业领先地位。	III. 投资发展以增强竞争力，或退出。
中	II. 择优投资。保持行业领先地位。	III. 识别有前途的业务进行投资。	IV. 减少投资，逐步退出。
小	III. 尽量回收现金，适度投资以维持竞争地拉。	IV. 减少投资，逐步退出。	V. 回收投资，及时退出。

图1　行业引力——业务实力矩阵

对于经营难度和投资风险都小的业务领域，应该当作老婆看待，设立全资子公司，100%收购，老婆是自己的，不容别人染指。对于经营难度大，但是投资风险小的公司，应该当作儿子养，购买50%以上的股份，掌握绝对控股权即可，未来可以和别的公司联合经营谋求更好的发展。对于投资风险大而经营难度小的公司，可以当作女儿养，购买 20%—30% 的股份，参股即可，未来嫁出去给其他公司控股经营。最后是投资风险和经营难度都大的，就当作猪养，迅速做大卖给其他公司，后续做财务投资者即可。

图 2　经营难度与投资风险示意图

▷ 怎么买?

在这个环节考虑的主要是购买资产还是购买股权。如果购买资产的话，对买方的法律地位和组织形式没有限制，可避免承担卖方的"或有负债"，降低并购风险。如果购买股权的话，投资规模灵活，有可能实现资本控制的以小博大。

五、并购估值与对价

估值模型的基本原则在于定性与定量相结合，基本思路主要是贴现和可比这两种方法，应用场景可以是一级市场、二级市场，以及我们称为“1.5 级”的并购市场。

企业发展有四个阶段，分别是产品阶段、运营规模扩张阶段、持续经营阶段以及资本扩张阶段。每个阶段企业所侧重的价值是不同的：

产品阶段首先要体现使用价值（超预期的体验）和交换价值（客户愿意为产品支付代价），能否引起市场的注意（注意力经济）。

运营规模扩张阶段侧重的是管理（规模）价值（规模价值是管理出来的）。企业需要组建销售队伍。注意力经济要转换为注册用户，注册用户能否转换为消费用户，消费用户能否成为活跃用户（DAU）。这个阶段关注 DAU 和单个用户贡献，以及投入成本。

持续经营阶段侧重股东（财务）价值，企业需要行政管理力。代表创业成功，已经可以用卖产品或服务的钱来维持周转。对投资人的依赖很小。

资本扩张阶段侧重系统价值，企业需要整合力。

估值就是对以上价值进行估价。企业处于哪个阶段，我们就用哪些数据，就去观察它有哪些资源和能力。需要注意的是这些价值不是叠加，能力需要融合。

那么估值具体有哪些方法呢？比较常用的有现金流贴现法（收益法）、可比公司法以及可比交易法。

现金流贴现法/收益法是 A 股上市公司在并购时常用的估值方法，同时也是最复杂的方法。收益法的定义是，将预期收益资本化或者折现，确定评估对象价值的评估方法。所以，收益法的核心是要预测未来收益。这种方法首先需要确定所有投资者，在为公司持续经营支出必要（利润营运资本、资本支出）费用后，未来预计可用的自由现金流（FCF），预测值和终值现金流的现值之和为公司的估值。

可比公司分析使用类似公司的相对估值指标进行市值估算，然后加上收购溢价，从而确定出收购者为收购目标公司支付的公允价格。第一步要找到一组具有可比性的公司。第二步需要根据样本中公司的当前市值计算各种相对价值指标。最后根据基于可比公司估算的股票价值和收购溢价的和计算目标公司的估计收购价。一旦算出了收购价格，收购方应将其与并购带来的预计协同效应进行比较，保证该价格具有经济合理性。

可比交易分析使用最近发生的由类似公司进行的类似交易的详细信息来估计对目标公司的收购价值。最大的挑战是，能否找到足够的最近发生的交易。和可比公司法一样，首先要找到一组最近发生的可比较的收购交易；接着根据样本已完成的并购交易价格，计算各种相对价值指标。此处使用的指标与可比公司分析中使用的指标相同（例如 P/E），但它们是基于完成的并购交易的价格而非当前市场价格。最后，计算相对价值指标的描述性统计数据，并将这些指标应用于目标公司。

乐视网收购乐视影业、中远海控收购东方海外、美的集团收购 KUKA、宝钢换股吸收合并武钢、格力收购珠海银隆等一系列案例中都蕴藏了以上估值的方法与经验，感兴趣的读者朋友可以去进一步了解。

除此之外，其他的一些估值方法，还包括资产基础（账面价值）、清算价值、重置成本价值、梅特卡夫定律估值法等等。

从理论上来说，估值中对未来的每一个参数的预测都会存在误差，估值其实就是以“市场公允价值”为基础，使用不同的估值方法从多个角度逼近“真实价值”，最后再加上协同效应的价值。另外其中还存在着动态博弈的过程，估值是买卖双方谈出来的。资产评估机构的评估结果是第三方的结论，这个结果只有买方和卖方都觉得合理才会成为最后的交易价格。如果买方或者卖方不接受这个估值，那么就要通过并购谈判调整交易价格。

六、交易结构设计

交易结构设计的出发点在于“你定价格，我定条款”。交易结构可以看作解决两方或多方参与者存在的经济问题的方案。它不仅仅只是价格问题，交易设计问题的解决方案涉及多个方面的选择。交易是一个体系，因此要用“全局观念”来进行交易结构的设计。所以交易结构是复杂的，改变一个交易条款就意味着必须同时改变一系列的交易条款：需要权衡众多条款，即这边放弃一些而那边得到一些。

在这个板块中，企业要基于“全局观念”来搭建整体交易结构框架，然后通过交易对价和支付方式的设计来平衡买卖双方的利益诉求。

当下美国资本市场上有一种非常火的模式，叫 SPAC（Special Purpose Acquisition Company），即特殊目的并购公司，也被称为“空头支票”或“空壳公司”，其本质是一种为公司提供上市服务的金融创新工具。

通俗来讲，SPAC 就是由投行、基金公司等专业机构作为发起人设立的一家壳资源公司。而这家公司上市的唯一目的就是寻找目标公司，通过反向并购的方式，实现目标公司的上市融资。SPAC 能够给发起人带来超预期的回报，最典型的例子是 2020 年高盛成立的第二家 SPAC 公司。这家公司在 6 月完成了 IPO，募资总额为 7 亿美元，在这个过程中，高盛出资 5 000 美元以超低面值获取了大概 5%的 SPAC 公司股权，根据协议，如果后期高盛成功完成反向并购，那么他将获取新公司 20%、大概 1.4 亿美元的股权。也就是说，如果后期反向并购成功，新公司顺利实现上市，那么，相当于高盛仅花了 5 000 美元赚取了 1.4 亿美元的收益，实现的账面回报率接近 2.8 万倍！

所以进入 2020 年后，SPAC 规模翻了一番。截至 2021 年 2 月，已经有 248 个 SPAC 在美国完成 IPO，总募资金额高达 830.42 亿美元，是美国 2019 年 IPO 总募资规模的 4 倍，更超过了前五年的募资总规模之和。

交易结构设计中还有一个关键问题就是如何选择支付方式，两种最基本的支付方式分别是支付现金及支付债券，在此基础上衍生出来证券加现金的混合付款方式。

其中比较典型的例子就是发行定向可转债，定向可转债实际上是介于发股和现金支付之间的支付工具。简而言之，上市公司发行定向可转债购买资产时，交易对方在股价上涨时可换股来赚取交易差价，当股票下跌时可以行使债权来规避风险。这可以大大增加交易方案的弹性，有助于消除交易的分歧而让并购重组更容易达成。

在选择融资方式上的方案也是多种多样，主要考虑的因素是如下三点：能否募集到足够的资金、安全的资本结构以及降低资本成本。

中国天楹曾“蛇吞象”式收购西班牙 Urbaser。中国天楹通过“上市公司控股股东＋上市公司＋PE”搭建并购基金，通过“股权杠杆＋债务杠杆＋多层结构设计”引入短期股权投资者和海外并购贷款融资，用 8.5 亿元撬动了 88 亿元跨境并购资金，堪称经典的“蛇吞象”式的杠杆收购。

七、如何控制与规避交易风险

并购交易如果失败的话，是存在着在险值的，在险值按字面解释就是“在险价值”，其含义指：在市场正常波动下，某一金融资产或证券组合的最大可能损失。更为确切的是指，在一定概率水平（置信度）下，某一金融资产或证券组合价值在未来特定时期内的最大可能损失。在险值随着交易时间增大，在交易结束前达到最大。

有些公司能够通过深层的财务合并（即承担研究和顾问费用）、大量内部工作人员（即承担那些如果不承担，将落到高层管理人员身上的工作）、战略规划（即如果试图收购的第一选择失败，就靠近行业中仅次于它的目标）以及公众关系（即控制任何名誉损害）进行自我保护，防止损失。最有效的方式应该是将交易本身设计成可以降低失败风险的方式。

那么如何控制风险呢？风险管理类似保险，是有成本的，而且代价不低。在收购谈判中，需要以“交易全局”的视角考虑风险管理条款，即降低风险的同时，也可能要放弃一些东西，比如更有利的价格。

风险管理工具都是各种形式的期权。使用和设计这些条款基本上有赖于你对买方股票和目标公司未来业绩的看法。风险管理特殊条款的价值将与不确定性和不确定性的持续时间直接相关，时间和风险程度是期权价值的重要动因，工具的期限越长，标的资产价值的不确定性就越大，它们的价值就越大。

交易结束前的风险管理工具包括：终止费用、锁定期权、停止收购额外股份的条款、退出条款、封顶期权、保底期权和领子期权。

下面具体介绍下领子期权的运用。在并购交易过程中，特别是需要经过多部门审批的大型并购交易中，从并购开始到交割往往会耗时几个月甚至更长。而这期间，买方的股票价值并不是一成不变的。领子期权是防御买方价值不确定性风险的简单方式。它不仅改变了支付形式，而且经常保证并购的一方或双方在买方股票价格跌至任何执行价格时可以重新协商，主要包括浮动领子期权交易和固定领子期权交易。领子期权在吉利收购沃尔沃的案例中得到了很好的运用。

交易结束后的风险管理工具包括业绩承诺与补偿、或有支付、或有价值权、分阶段收购、远期交割价格锁定、表决权委托、优先购买权、可交换债券等。

业绩承诺与补偿，指的是在重大资产重组过程中，卖方股东对未来一段时间内的经营业绩作出预测，并承诺如果标的资产在承诺期届满实际经营业绩没有达到预测目标时，将向买方承担补偿责任。一般的业绩补偿常常为股份补偿或回购，而且往往与交易作价挂钩。例如，一般业绩补偿的计算公式为：当期补偿金额＝（截至当期期末累积承诺净利润数－截至当期期末累积实现净利润数）÷补偿期限内各年的预测净利润数总和×拟购买资产交易作价－累积已补偿金额。

或有支付是指收购中最终的支付额度大小或支付价格是不确定的，它依赖于收购后所组成的公司的某个经营目标或某种外在的指数。之所以叫“或有”，是因为支付额度的大小或价格取决于公司不确定的未来业绩。或有支付在海外并购中很流行，与A股常见的对赌不一样。或有支付包含了很多提供给卖方的支付形式安排，包括基于财务表现的额外对价条款、有条件转让基金、股票期权和保留款。上文中提到过的中国天楹“蛇吞象”式收购西班牙

Urbaser 就运用了这一手段。

私募 EB 是指上市公司股份的持有者通过抵押其持有的股票给托管机构进而发行的公司债券，该债券的持有人在将来的某个时期内，能按照债券发行时约定的条件用持有的债券换取发债人抵押的上市公司股权。可交换债券是一种内嵌期权的金融衍生品。私募 EB 的条款真实含义以及条款细微差别对投资者回报的影响，是投资私募 EB 的主要难点。不过私募 EB 本身条款的灵活度也是主要优势。在跨境并购、并购基金、“蛇吞象”式并购中搭配私募 EB 方案，条款的灵活设计往往能起到意想不到的作用，解决交易中的募集资金、分期支付、对赌、股权激励等一系列难题。有了私募 EB 这一“百变工具”，复杂的方案也能找到平衡的支点。首旅收购如家的案例中就出现了该方式。

八、接管与整合

对于并购来说，交易失败有两种类型，一是因为各种原因导致最后并购交易没有完成；二是并购交易顺利交割，但并没有达到预期的并购效果。对并购成功概率的研究需要长期的观察，国际上通行的统计口径一般包括从锁定并购目标到谈判、竞购、交割、整合到运营获利等过程，按照这样的口径统计，全球并购从锁定目标到交易成功的概率大致为 50%，从交割完成到整合获利的概率也是 50%，也就是说一件并购案从一开始到最后的成功，平均水平约为 25%左右。交易完成只是并购的第一步，做好接管整合才是并购成功的标志。

根据能力和需求的不同，以自治、相互依存、控制三个战略维度将整合分为了四种模式（保留式整合、联邦式整合、结合式整合、吸收式整合)，再根据并购目的来选择模式，并从中得出结论，战略与结构、人力资源整合、资产、业务、财务、文化的整合是层层递进的。

北斗星收购佳利电子就是分成了两个阶段来进行，在并购整合前期阶段更多的是落实并购交易中确定的具体事项和推进当前业务目标的实现，创造相互融合的氛围；在并购整合的后期阶段启动了战略整合。北斗星将抓紧产业化应用与规模化发展的机遇，重点发展导航核心技术。在此基础上，佳利电子依据企业状况和并购的长期战略，通过 SWOT 分析，进一步认清其竞争地位、发展机遇，制定了佳利电子 2016—2018 年的发展战略规划指导经营工作的开展，并通过每个年度的经营计划细化落实。

另外还有“投资＋收购”的分阶段组合投资，其中腾讯入主 Riot Games，是从投资到并购的经典案例。这种分阶段组合式模式是并购整合的创新，一般都是先成为战略投资人，购买(或增资扩股)目标企业 15%—35%的股份，进入目标公司董事会，了解并熟悉企业，与管理层进行沟通和融合。这种做法实际上是将整合提前到了并购前，将整合和尽职调查一块儿做了，有点像“试婚”。在这个磨合阶段，公司会尽可能地去理解目标企业的商业模式，判断目标企业的发展前景，评估并购后的整合难度。同时，标的企业在磨合期间，也可以适应公司的企业文化、价值观、管理风格等。如果双方磨合愉快，公司会继续增持目标企业直至控股，甚至会继续增持直至 100%。如果觉得不适合并购，可以作为战略投资人，享受投资溢价。如果双方融合不了，则可以择机退出。

九、恶意并购与反并购

自 2020 年 3 月 1 日起，修订后实施的《证券法》宣告我国资本市场也进入了注册制时代。进入注册制时代，上市的公司会越来越多；同时，“宝万之争”为代表的恶意并购与反并购将成为常态。从二级市场来看，面对类似“宝万之争”的控制权争夺事件时，我们不要只做吃瓜群众，可以作为套利者，合规合法地做短线赚钱；从上市公司的角度来看，如何防止控制权被抢，IPO 前就需做好相关制度设计，IPO 之后还需做好市值管理，了解恶意并购与反并购的攻防策略。

“宝万之争”被看作中国版“门口的野蛮人”，对中国资本市场的影响是极其深远的。在这个案例中宝能系凭借着准确的收购决策选定了目标，在二级市场上巧借天时地利，利用股灾时期股价低迷和市场惊慌的情况，事半功倍地收走 15%的股权，取得了恶意收购的第一阶段胜利；第二阶段凭借着强大而又激进的资金调动能力，引入四家券商资金 78 亿元和银行理财资金 155 亿元，对万科股权继续增持扩大胜利果实，最高时期持有万科 24.26%的股权，成为万科绝对的第一大股东，在恶意并购的策略上做得非常漂亮。总体来讲，“宝能系”虽然把能找到的便宜钱都用上了，将资金组织方式用到了极致，但资金组织和资金来源基本上都没有违反现行法律法规。宝能是将当时分业监管的漏洞都找了出来并加以应用，虽然没有违法违规，但是带来了巨大的风险，最终引发了金融的混业监管风暴。

而对比来看，万科管理层的反收购策略，不仅事前防御缺失，事后的防御战术也收效甚微，只有举报信和诉讼起到了拖延时间的作用。

相比较而言，长园集团在面对沃尔核材的恶意并购时，所采取的策略就十分值得借鉴。沃尔核材通过在二级市场上的五次举牌，最终增持到长园集团 26.76%的股份，长园集团的控制权岌岌可危。但是长园集团通过白衣护卫、变相的毒丸计划、小股东诉讼、修改公司章程增设职工董事等一系列措施，成功完成了第一阶段的防守。但是在后来的第二阶段防守过程中，长园集团采用了焦土战术，资本杠杆重组等给自己埋下了祸根，导致市值暴跌。从全局的眼光看，长园集团在金融资本促进了实业发展的方面上做得很不错，加之有格力金融的加入以及国资的支持，未来的市值还是值得期待的。

恶意并购作为资本市场的一种自我纠错机制，其出现与发展从某种程度上来说代表了证券交易的成熟。任何公司都无法完全避免被恶意收购的可能，尤其是股权分散、股价被低估的公司。不管目标公司实际控制人对恶意并购宣告感到多么无助，目标公司其实是可以有抵抗能力的，目标公司可以利用很多按时间分布的战术，恶意收购是控制权争夺的最终呈现形式。随着注册制的稳步推进，我国资本市场将会空前活跃，上市公司数量进一步增加，恶意收购作为一种重要的资本市场参与形式，将成为每一位企业家的必修课。恶意并购的攻击与防守也和矛与盾的关系一样，许多招数在弄清楚原理之后正反皆可使用。任何的攻击防守招数都不是独立存在的，组合拳的应用不仅可以有的放矢，而且还能发挥出更大的威力。除此之外，不论是防守方还是攻击方都应该意识到，无论是敌意投标者还是防守方都要牢记一点，这不是一场一对一的博弈，在场的玩家还有各种搭便车者、中小股东、公司内部团体、潜在买方和其他套利者，如何平衡多方利益以获得最大的支持，才是取得最终胜利的关键。

在资本市场上利益永远拥有最高的地位，对于恶意并购袭击来说，单个成功率最高的战略就是出高价；而对于抵御恶意并购来说，最佳的防守策略就是高市值。但是双方都需要注意，过高的并购价格和虚高的市值实质上是一种损害公司利益的行为。

十、未来的答案不会藏在过去的成功里

众所周知,并购被称为“资本皇冠上的明珠”,主要是难度大,重要性强且无法回避。经常听到我们的企业家说道:“并购这么麻烦,我们不做并购好不好?”但事实上我们是无法改变历史进程、组织行业演进的。尽管只有不到一半的并购是成功的,但没有一个世界 500 强不是依靠并购成长起来的。

目前多是上市公司并购非上市公司,未来上市公司并购上市公司的案例也会大量出现,估值快速滑坡的公司更容易成为标的。并且在企业发展到资本扩张阶段的时候,单纯的产品运营已经无法为企业提供发展动力,只有通过并购来实现外延式扩张。

但是,并购并不是一件容易的事!作为公司金融的终极体现形式,并购活动具有明显的多学科特性,涉及金融、经济学、战略管理、法律、税务以及公司治理等诸多领域的知识;并购实务的流程也非常复杂,并购决策、尽职调查、估值、谈判、交易结构设计、融资安排、支付方式设计、整合,任何一个环节都不能出错,否则精心设计的交易就会无功而返;并购重组同时也是一次对买卖双方的股东、管理层和员工的利益平衡过程,触动利益比触动灵魂更难,任何一点疏忽都会前功尽弃。

资本运作的趋势,最终无法回避一个终局问题:进和退,整合和被整合。整合别人说明有能力,被别人整合说明有价值。面对并购,我们只能选择全面学习和拥抱,用专业去提高胜率。